부동산학 개론

임덕호 진창하

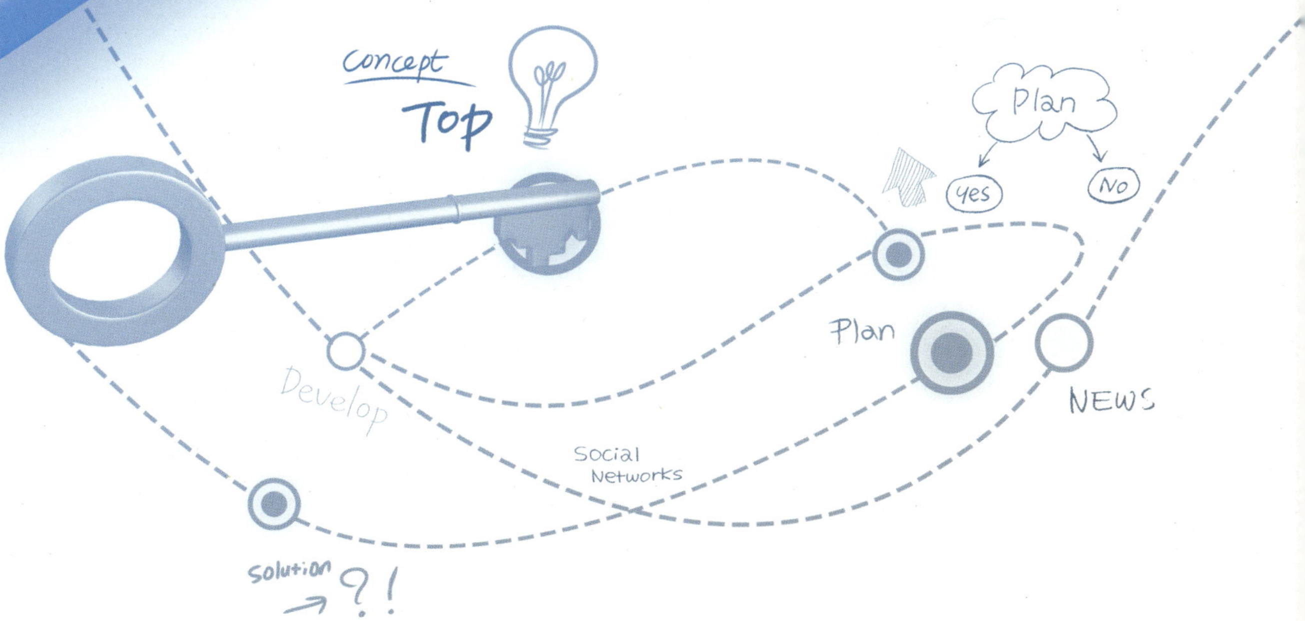

弘文社

책머리에

경제가 성장하면서 부동산이 차지하는 비중은 날로 확대되고 있다. 실물경기와 부동산경기는 상호 밀접하게 연관되어 있다. 우리는 1997년 외환위기와 2008년 서브프라임모기지 사태로 촉발된 글로벌금융위기를 겪으면서 그 중요성을 몸소 체험한 바 있다. 국민들의 자산구성(portfolio)을 보더라도 주요 선진국들 중에서 부동산이 차지하는 비중이 가장 높은 나라가 한국이라는 사실을 감안하면 우리 국민들의 부동산에 대한 관심이 얼마나 큰가를 짐작할 수 있다. 부동산에 대한 폭발적인 관심과 함께 부동산학도 점차 학문으로서의 위상을 자리매김하고 있다. 그동안 비주류 학문으로서의 소외감을 딛고 일어설 수 있었던 배경에는 수많은 학자들의 노력과 헌신이 있었다. 이 지면을 통해 부동산학자 선 · 후배 여러분에게 진심어린 감사의 말씀을 드린다.

이 책은 저자들이 학부와 대학원에서 부동산학을 강의하면서 축적한 자료들을 바탕으로 기술하였다. 저자들은 부동산학에 입문하는 부동산 및 부동산 유관전공 학생들을 염두에 두고 본 교재를 집필하였다. 필자인 임덕호 교수는 한양대학교 경제학부에서 학부생과 대학원생들에게 30년이 넘는 세월 동안 부동산학을 강의하고 연구하였으며, 주택학회장을 역임하면서 국내 부동산학의 이론적 토대 및 학문적 위상을 정립하는 데 많은 노력을 기울였다. 필자인 진창하 교수는 현재 한양대학교 경제학부에서 학부생들과 대학원생들에게 부동산학을 강의하고 있으며, 활발한 국내외 연구 활동을 통해 부동산학의 발전에 크게 기여하고 있는 젊은 학자이다.

저자들은 이 책을 출간하면서 다음과 같은 세 가지 측면에서 기존의 교재들과 차별화를 시도하였다.

첫째, 부동산 중요 이론의 선별과 부동산용어의 통일에 중점을 두었다. 해외 유수의 대학에서 사용하고 있는 부동산학개론 교재들을 비교 · 분석하여 공통적으로 채택하고 있는 이론 부분들만을 선별하여 기술하였다. 특히 독자들에게 혼선을 주고 있는 각종 부동산 관련 용어들을 원어(영어)의 뜻을 살려 충실히 옮기는 데 최선을 다하였다.

둘째, 부동산시장을 이해하는 데 반드시 알아야 할 기초적인 경제이론들을 소개하고, 이 이론들이 부동산시장에 어떻게 접목되는가를 설명하는 데 많은 지면을 할애하였다. 우리나라와 선진국에서 출간하는 부동산학개론 서적들의 구성에서 가장 큰 차이가 나는 것은 경제이론 부문에 대한 시각의 차이이다. 물론 부동산에 대한 연구는 다양한 학문 분야에서 접근할 수 있겠지만, 부동산시장의 작동 원리를 이해하는 데 기초가 되는 학문은 바로 경제학이라는 사실에 대해 이론의 여지가 없다. 따라서 본서에서는 부동산시장을 이해하는 데 반드시 필요한 경제이론들을 포함하였다.

셋째, 부동산학 입문과정인 부동산학개론을 학습한 후, 부동산학 심화과정인 부동산금융론, 부동산투자론, 부동산경제학, 부동산개발론 등을 수강하는 데 반드시 필요한 기초주제들을 체계적으로 구분하여 기술하였다. 국내의 부동산학개론은 저자의 의도에 따라 차이는 있겠지만, 대부분 그 내용이 방대하여 한 학기에 소화하는 데 어려움을 겪는 것이 사실이다. 따라서 본서에서는 한 학기 분량의 강의시간 등을 고려하여 저자들의 관점에서 반드시 포함해야 할 내용들만을 중심으로 장(chapter)을 구성하였다.

본서에서는 부동산학의 심화과목을 총 4개의 부로 구분하여 반드시 이해해야 하는 핵심 11개 주제를 한 학기 분량으로 구성하였다. '제1부 부동산학입문'에서는 부동산학을 이해하는 데 기본이 되는 개념정리 및 학문적 정의와 더불어 기본적인 부동산시장의 작동원리에 대해 설명한다. 부동산시장의 발달과 성장을 설명할 수 있는 도시성장모형과 지역경제 기반산업과의 연계성에 대해서도 기술한다. '제2부 주거용 부동산과 상업용 부동산'에서는 주거용 부동산시장과 상업용 부동산시장의 기본적인 이해와 주택금융 분석기법, 그리고 상업용 부동산 투자의사결정 과정에 대해 학습한다. 특히 2부의 내용을 통해서 주택금융 및 상업용 부동산금융, 그리고 부동산투자에 관한 기본적인 분석기법들을 학습한다. '제3부 부동산개발과 가치평가'에서는 전반적인 부동산개발의 과정과 부동산가치평가의 방법에 대해 체계적인 학습을 하게 된다. '제4부 거시경제와 부동산정책'에서는 거시경제와 부동산시장에 대해서 살펴보고 부동산경기 예측방법에 대해 학습한다. 또한 우리나라 부동산정책의 변천사와 부동산정책의 체계적인 구분, 그리고 지속가능한 주택정책을 위해 당면한 과제에 대해서 학습한다.

저자들이 이 책을 집필하는 데 있어서 많은 사람들로부터 도움을 받았다. 사랑하는 가족들, 동료 교수님들, 그리고 존경하는 은사님들의 은혜와 사랑 덕분에 지금의 저자들이 존재할 수 있었음을 고백하며 감사의 말씀을 드린다. 아울러 이 책을 출판하기까지 실무적으로 많은 도움을 주신 홍문사 관계자 여러분에게 감사의 뜻을 전한다.

2019. 8

저자 임덕호 · 진창하

차 례

제1부 부동산학 입문

제3장 도시성장과 부동산시장

제2부 주거용 부동산과 상업용 부동산

제4장 주택시장의 이해

제5장 주택금융

제3부 부동산개발과 가치평가

제8장 부동산개발

Introduction of Real Estate Studies

01 부동산학 입문

01 부동산의 이해

제1절 부동산의 개념과 정의

1 부동산의 개념

"We shape our buildings; thereafter they shape us." – Winston Churchill(1944)

"우리는 건물을 만들고 건물은 다시 우리를 만든다." 윈스턴 처칠이 남긴 명언은 사람과 공간의 상호 관계를 의미한다. 성공한 부동산 사업가들은 공간에 대한 탁월한 지식과 직관을 활용하여 일반인들의 부동산에 대한 수요를 충족시키고 이를 통해 커다란 부를 창출한다. 다양한 경제 활동들이 바로 공간 안에서 이루어지고 있기 때문에 도시경제학(urban economics)에서는 공간(space)을 하나의 재화로 인식한다.

제1장에서 소개하는 부동산의 개념은 사람과 공간의 상호작용을 바탕으로 이해할 필요가 있다. 대부분의 부동산학자들은 1972년에 그래스캠프(James A. Graaskamp)[1]교수가 정의한 부동산에 대한 광의적 개념을 중시한다. 그래스캠프의 부동산에 대한 정의는 공간

1 제임스 그래스캠프(James A. Graaskamp, 1933~1988)는 미국 부동산학계에 지대한 영향을 미친 학자로 손꼽힌다. 특히 부동산을 학문의 한 분야로 정립하는 데 지대한 공헌을 할 정도로 수많은 이론을 발전시키는 데 결정적 역할을 한 학자이다(James R. DeLisle, 『Graaskamp: A Holistic Perspective, Essays in Honor of James A. Graaskamp: Ten Years After』, pp. 51~85, 2004.).

과 사람의 상호작용에 대한 중요한 개념적 의미를 내포한다.

"Graaskamp defined real estate as artificially delineated space over time with a fixed reference point to the earth. In essence, he viewed real estate as having two key dimensions: space – time and money – time."

"그래스캠프는 부동산이란 지구상에 고정된 좌표로서 오랜 세월을 거쳐 인위적으로 정한 공간이라고 정의했다. 그는 부동산은 본질적으로 '공간 – 시간' 그리고 '화폐적 가치 – 시간'이라는 두 가지의 중요한 범주를 갖는 것으로 보았다." – James R. DeLisle(2004)

부동산은 지구상에 고정된 좌표를 가지고 인위적으로 정한 공간으로 정의할 수 있다. 이것은 인간의 필요에 따라 부동산을 인위적으로 규정할 수 있다는 것을 의미한다. 우리가 경제 활동이나 여가 활동을 하는 공간들을 생각하면 쉽게 이해할 수 있다. 상업용 건물을 살펴보자. 자연의 토지 위에 자연으로부터 얻은 수많은 건축자재들을 활용하여 건축물을 완성한 후 다양한 용도로 사용하고 있다. 수많은 사람들이 모여 그들의 필요에 따라 다양한 공간들을 인위적으로 만들어 내고 있다. 토지와 임야의 경우 상대적으로 그 인위성이 미약할 수도 있다. 그러나 산간지역의 농경지라 하더라도 작은 논길을 사이에 두고 서로 다른 성격의 작물을 재배하고 있다. 이러한 지역도 사람들의 필요에 따라 인위적으로 그 성격을 규정하고 있다. 어떠한 용도로도 이용하고 있지 않는 나대지의 경우도 분명 인위적으로 국유지 혹은 사유지로 구분하여 그 목적에 맞게 따로 관리하고 있다.

부동산 관련 일련의 활동들은 공간을 사용하고 있는 수요자, 공간을 제공하는 공급자, 그리고 공공주체들이 연관되어 있으며, 특정 공간의 용도는 이들의 행위에 따라 결정한다. 그 용도는 시간이 흐르면서 변하며 용도의 변화에 따른 대가는 화폐적 가치의 변화로 환산한다. 다시 말해 부동산은 '공간 – 시간' 그리고 '화폐적 가치 – 시간'이라는 두 가지의 중요한 범주를 갖는다. 예를 들어 조선시대에 '육의전'이 있었던 서울 도심의 중심상업지역이 어떻게 변화를 거듭하고 있는지 상상해보라. 근대화기를 거쳐 고도 성장기인 1970년대를 지나 현재는 높은 오피스 빌딩 숲에 대기업들이 입주하는 공간으로 변모했음을 알 수 있다. 다시 말해 특정 공간에서 존재하는 부동산은 시간의 변화 속에서 화폐가치로 환산가능한 공간의 최유효 사용(highest and best use)을 수반한다. 따라서 현재 생산성이 높은 입지(location)의 경우 공간에 대한 사회적 수요가 높아 해당 부동산의 임대료와 매매가격은 높게 형성된다는 것을 알 수 있다.

부동산에 관한 정의에서 말하는 '공간-시간' 그리고 '화폐적 가치-시간'의 관계에서 우리는 사회적 후생(social welfare)을 고려한 용도 규제까지 포함하여 부동산을 이해할 수 있어야 한다. 이는 부동산 관련 일련의 행위 과정에서 부동산시장 참여자인 부동산의 공급자, 수요자, 그리고 공공주체 중 어느 한 쪽의 이익을 극대화하는 것이 아니라 미래세대를 포함한 사회 전체적인 후생을 극대화할 수 있는 방향을 고려해야 한다는 것을 의미한다.

2 부동산의 법적 정의

부동산은 법률에 따라 인위적으로 정한 공간이므로 부동산의 정의를 이해하기 위해서는 제도적인 접근이 필요하다. 예를 들어 일반적인 토지와 건물을 지칭할 때, 현재 사용 중인 물리적인 특성만을 일컫는 경우와 해당 토지와 공간에 수반하는 제반 권리를 포함하는 경우는 구분해야 한다.[2]

우리나라 민법 제99조에서는 토지 및 그 정착물을 부동산이라고 하며 그 이외의 물건은 동산으로 규정한다.[3] 여기서 말하는 '토지'란 일정 범위의 지면 또는 지표와 정당한 이익을 수반하는 범위 내에서의 그 공중 · 지하를 포함하는 것을 말한다.[4] 정착물이란 토지에 부착하여 그 상태 그대로 계속적으로 사용하는 사회통념상 그 성질이 되는 물건을 말한다.[5] 토지 정착물의 기본적인 특성은 고정성을 의미한다. 정착물에는 크게 건물과 수목 농작물 등을 포함한다.

일반적으로 부동산 정착물과 개인 물품은 다음과 같은 기준에 의해 구분한다. 첫째,

2 부동산을 영어로 표기할 때 'real estate' 혹은 'real property' 두 표현 모두 사용하나 주로 토지와 부동산, 즉 공간 자체를 언급할 때는 'real estate'를, 그리고 부동산 관련 제반 권리를 언급할 때는 'real property'를 사용한다(출처: Diaz III & Hansz, 2010).

3 민법 제99조(부동산, 동산) ① 토지 및 그 정착물은 부동산이다. ② 부동산 이외의 물건은 동산이다(출처: 국가법령정보센터, www.law.go.kr).

4 민법 제212조(토지 소유권의 범위) 토지의 소유권은 정당한 이익이 있는 범위 내에서 토지의 상하에 영향을 미친다(출처: 국가법령정보센터, www.law.go.kr).

5 출처: 법제처생활법령정보시스템(www.easylaw.go.kr).

그림 1-1 토지 소유권의 공간적 범위

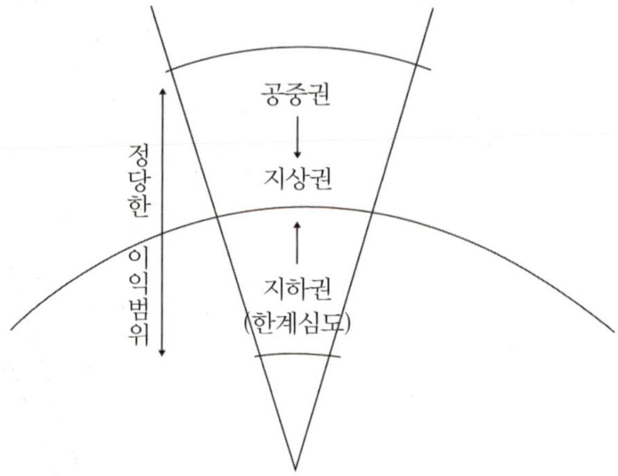

고정성을 판단하기 위해 정착물의 부착 방법을 기준으로 정착물 여부를 판단한다. 물건을 제거했을 때 기존 건물이나 구조물에 영향을 미친다면 그 물건은 정착물로 판단한다. 예를 들어 바닥에 접착되어 건축물에 영향을 미치는 카펫이라면 이 카펫은 정착물로 판단한다. 둘째, 고유성을 판단하기 위해 어떤 형태로 부착했는지에 따라 정착물 여부를 판단한다. 예를 들어 창문틀, 붙박이장, 천정 매립형 시스템에어컨처럼 고유한 형태에 맞게 제작한 물품의 경우 정착물로 판단한다. 셋째, 매매당사자의 의도에 기인하여 정착물을 구분하기도 한다. 예를 들어 가스레인지나 오븐 등 주방제품의 경우 주로 매매당사자의 의도에 기인한다. 다만 이러한 내용들은 매매계약서에 특약으로 기록하여 명확성을 더해야 한다.

부동산을 소유했다는 의미는 부동산 관련 제반 권리를 소유했다는 말과 동일하다. 여기서 말하는 권리란 부동산을 사용할 수 있는 사용권, 임대 등을 통해 수익을 발생시킬 수 있는 수익권, 그리고 자유롭게 매각할 수 있는 처분권을 말한다. 토지 소유권의 공간적 범위는 [그림 1－1]과 같이 나타낼 수 있다.[6] 민법 제212조의 정의에 따르면 토지 소유권의 공간적 범위는 지상의 지표권, 토지의 위쪽을 의미하는 공중권, 그리고 아래를 의미하는 지하권으로 구분할 수 있다.

6 류창호, "토지 소유권의 상하효력 범위에 관한 법제 연구", 법제연구원, 2005.

토지는 지면과 지표의 암석, 지하수 등으로 구성한다. 토지 소유권이 미치는 상하 수직적인 범위를 결정하는 것은 '정당한 이익'이라는 기준에 따른다. 지하권에서는 이러한 정당한 이익의 범위를 고려한 한계심도를 구분하여 소유권자가 지표상에서와 동일하게 그 권리를 행사할 수 있도록 한다. 한계심도의 범위는 공공의 이익을 위해 개인의 지하권을 해치지 않는 깊이에서 이루어지는 지하철 공사를 생각하면 쉽게 이해할 수 있다. 다만, 광업법[7]에서 규정하는 내용에 따라 지하 광물권 관련 개인의 토지 소유권을 제한하는 경우도 있다. 토지 소유권의 범위 중 공중권 역시 토지 소유자가 정당한 이익의 범위 내에서 지표권과 동일하게 그 권리를 행사할 수 있다. 흔히 말하는 조망권과 일조권은 공중권의 범주에 속한다. 그러나 토지 소유자의 정당한 이익을 헤치지 않는 범위 내에서 항공기의 운항이나 전파의 이용 등과 같은 공적인 활용은 예외를 인정한다.

제2절 부동산의 분류

1 용도별 분류

부동산을 용도별로 분류하면 오피스가 중심인 상업용 부동산, 주택 및 아파트 등이 중심인 주거용 부동산, 공장부지 및 물류센터 등을 포함하는 산업용 부동산, 소매업이 중심인 매장용 부동산, 그리고 호텔 및 골프장 등을 포함하는 기타부동산으로 나눌 수 있다.

2 유관산업별 분류

부동산의 유관산업별 분류는 그 기준이 국가별로 상이하다. 이러한 기준은 부동산 관련 산업이 전체 경제에 미치는 효과를 측정할 때 중요하게 사용한다. 그러나 변화의 속도

7 광업권은 국가가 일정한 미채굴 광물의 채굴 · 취득을 위하여 부여하는 권리로서 토지 소유권과 분리된 독자적 권리이며(헌법 제120조 제1항, 광업법 제2조), 토지 소유자라 하더라도 자기 토지에 매장된 미채굴 광물을 채굴 · 취득하기 위해서는 토지 소유권과는 별도로 광업권을 설정하여야 한다(출처: 헌법재판정보, http://search.ccourt.go.kr).

가 빠르고 산업 간 새로운 융합이 일어나는 현실을 고려하면 각 기준별 분류는 상호 한계가 존재하는 것도 사실이다. 따라서 본서에서는 부동산 전공자를 필요로 하는 산업을 중심으로, 즉 사회적인 수요가 있는 부동산 유관산업을 중심으로 부동산을 분류한다.

1) 부동산개발업

부동산개발(real estate development)이란 토지를 매입하여 토지의 최적 유효성을 고려한 개발계획을 수립하고 실현 가능성을 면밀히 검토한 후 건물을 건축하여 소비자에게 공급하는 과정을 말한다. 물론 노후 주택을 매입한 후 계량하여 공급하는 과정도 포함한다. 부동산개발은 전체 과정을 주도하고 책임지는 시행사, 공사를 담당하는 건설사, 그리고 분양을 담당하는 분양업체 등이 진행한다. 부동산개발업은 부동산건설업과 차이가 있다. 건설업은 개발의 주체가 아닌 도급자로서 건설을 담당하지만, 개발업은 주도적으로 건물을 지어 분양을 담당한다. 부동산개발업은 분야에 따라 주거용 부동산 전문업체와 상업용 부동산 전문업체로 구분한다.

2) 부동산임대업

부동산임대업은 부동산권리를 임대하여 발생하는 수입을 원천으로 하는 사업으로서 상업용 부동산 임대를 전문으로 하는 일반 임대사업과 주거용 부동산 임대를 전문으로 하는 주택 임대사업으로 구분한다. 주거용 부동산 임대는 공공성을 기준으로 공공임대주택과 민간임대주택으로 구분한다. 상업용 부동산 임대의 경우 강제적으로 등록을 해야 하는 일반 임대사업으로 분류하나 주거용 부동산 임대의 경우 민간주택을 임대할 경우 사업자 등록이 강제 규정은 아니다. 우리나라의 경우 선진국에 비해 공공임대주택 비율이 낮고 민간임대주택 비율이 높아 임대주택시장의 안정을 위해서는 민간임대주택시장의 제도권 진입이 시급한 실정이다. 최근에는 민간임대주택 사업자 등록을 촉진하기 위해 임대소득세를 대폭 감면하는 등의 정책적 노력을 지속하고 있다.

3) 부동산금융업

부동산금융업이란 부동산 개발, 매입, 임대 등과 같은 일련의 활동에서 자금의 공급을 가능케 하는 업무를 말한다. 다시 말해 부동산금융(real estate finance)이란 주거용 부동산을 매입 또는 임대하기 위해, 그리고 상업용 부동산을 개발 또는 매입하기 위해 자금을 조달하는 것을 의미한다. 부동산금융업은 크게 주거용 부문과 상업용 부문으로 구분할 수 있다. 주거용 부문은 민간 혹은 공공금융기관이 주택담보대출 혹은 전세대출 등을 시행하는 것을 말한다. 여기에는 공공금융기관인 주택금융공사 및 도시주택보증공사와 주택금융을 담당하는 민간은행과 제2금융권 등을 포함한다. 상업용 부문은 상업용 부동산의 개발 및 매각 또는 매입 시 자금을 조달하는 것을 말한다. 부동산개발 시 은행권과 제2금융권 금융기관들이 미래에 발생하는 수익을 기초자산으로 하여 자금을 조달하는 방법인 부동산 프로젝트 파이낸싱(project financing: PF) 대출이 이에 해당한다. 또한 부동산간접투자 상품인 부동산펀드(real estate fund)와 리츠(real estate investment trusts: REITs)를 조성하고 운영하는 투자운용사와 자산운용사 등이 부동산금융업에 속한다. 부동산금융에 대해서는 제5장에서 자세히 설명하기로 한다.

4) 부동산관리업

부동산관리업은 관리 대상과 목적에 따라 크게 시설물관리(facility management: FM)와 부동산임차관리(property management: PM)로 구분할 수 있다. 시설물관리(FM)는 건물의 설비 · 유지 · 보수 등과 같이 시설물을 효율적으로 관리하는 데 목적을 둔다. 반면에 부동산임차관리(PM)란 상업용 부동산시장에서 임대료 조사 및 책정, 그리고 임차인 관리 등을 담당하는 업무를 말한다. 이 두 분야는 긴밀한 협조가 필요한 부문으로서 두 업무를 함께 수행하는 업체들이 많다.

5) 부동산감정평가업

부동산감정평가업이란 부동산의 경제적인 가치를 평가하는 업무를 목적으로 하며, 구체적으로 공시지가 평가, 보상업무, 자산 재평가, 담보물 평가 등의 업무를 수행한다. 감정평가사는 관련 법령에 근거하여 국가자격증을 취득하고 감정평가법인 소속으로 활동하거나 혹은 사무소를 개설하여 전문가로 활동할 수 있다.

6) 부동산컨설팅 및 부동산중개업

부동산중개업은 부동산의 매수자와 매도자 또는 임대인과 임차인 등을 대신하여 부동산거래를 중개하는 업무를 말한다. 중개업자는 국가자격증을 소유한 개인 중개업자와 법인의 형태로 운영하는 법인 중개업자로 구분한다. 중개업자의 주요 임무는 중개대상물에 대한 조사 및 확인을 수행하고 거래당사자간 거래 조건과 가격의 조정을 통해 거래를 용이하게 하며 계약서 작성 및 신고 등의 행정업무 등을 담당한다. 부동산컨설팅이란 위의 업무 이외에 일반적인 부동산시장에 대한 정보 또는 시장보고서 등 부동산 관련 활동의 특정 분야에 전문적인 자문과 정보를 제공하는 업무를 말한다.

7) 부동산 관련 공공기관

부동산정책을 수립하기 위한 기초연구 및 정책연구를 담당하는 부동산 관련 연구원 등이 이에 속하며 국토연구원, 한국부동산연구원 등을 포함한다. 또한 부동산금융업, 중개업, 감정평가업 등의 활동을 지원하기 위한 제 협회와 정부산하기관인 주택금융공사, 자산관리공사, 한국감정원, LH공사와 서울시의 SH공사 등도 부동산 관련 공공기관에 속한다.

[그림 1－2]는 부동산의 세부관리영역을 나타낸다. 세부관리영역은 크게 전략적 구분, 기능적 구분, 그리고 부동산개발 공정별 구분으로 나눌 수 있다. 전략적 구분에는 부동산 포트폴리오 관리, 기업부동산 관리, 공공부동산 관리가 있다. 부동산 포트폴리오 관리란 부동산의 개발, 관리, 매각 등에 있어서 부동산을 하나의 자산(asset)으로 구분하여 관리하는 것을 말한다. 주요 투자자로서 부동산펀드, 리츠, 연기금, 보험사 등과 같은 기관투자자들을 들 수 있다. 이 분야에서 시장의 상황을 반영할 수 있는 부동산시장 지수 및 투자수익률 지수, 그리고 연관 시장의 정보 등은 부동산 포트폴리오 관리에 있어서 매우 중요한 역할을 한다. 기업부동산 관리란 일반 기업 등에서 부동산 자산을 효율적으로 관리하는 것을 말하며 이를 바탕으로 해당 기업의 주주가치를 극대화하는 데 그 목적을 둔다. 공공부동산 관리란 공공임대주택을 포함한 공적 부동산 자산을 효율적으로 관리하는 것을 말한다. 향후 증가하는 임대주택이나 국공유지도 부동산의 영역에서 전략적으로 구분하여 효율적으로 관리해야 할 것이다.

부동산의 세부영역을 기능적으로 구분하면 부동산시장분석, 부동산감정평가, 부동산중개, 부동산투자, 부동산금융, 부동산마케팅 등으로 나눌 수 있다. 부동산시장분석에는 부동산하부시장의 수요－공급 분석, 지역분석, 그리고 해당 부동산의 분석 등을 포함한다. 부동산감정평가란 부동산의 경제적 가치를 산정하는 것을 말한다. 부동산감정평가 방식은 유사한 거래로부터 가격을 추정하는 거래사례법, 발생하는 수익에서 가치를 산정하는 수익환원법, 그리고 신규 건축비용에서 추정하는 원가산정법 등이 있다. 부동산투자란 해당 부동산에서 발생하는 현금흐름 분석을 바탕으로 수익률을 산정한 후 타자산군과의 수익률을 비교함으로써 의사결정을 내리는 행위를 말한다. 부동산금융은 부동산투자 및 부동산 구입 등에 필요한 자금조달방식과 부동산 관련 금융제도 및 특성 등을 포함한다. 부동산 마케팅은 부동산 관련 상품, 가격책정, 그리고 홍보 방법 등의 내용을 포함한다. 부동산의 세부영역을 공정별로 구분하면 부동산개발, 건설관리, 그리고 건물관리로 나눌 수 있다.

제3절 부동산학이란?

1 학문으로서의 부동산학

부동산학은 접근 방식에 따라 학술적인 주제에 있어서 많은 차이를 나타낸다. 대학에서도 부동산전공이 어느 단과대학에 속하느냐에 따라 교과과정에 많은 차이가 있다. 예를 들어 경제 및 경영학 분야에서 부동산학을 접근하는 경우가 있는가 하면 도시계획 및 법학에서 부동산을 접근하는 경우도 있다. 최근에는 부동산과 빅데이터 등 신기술을 연계한 공학에서 접근하는 경우도 있다. 여러분이 재학 중인 대학에서 부동산전공이 개설되어 있는 학과의 교과과정을 살펴보면 그 차이를 쉽게 이해할 수 있다.

학문은 그 성격에 따라 크게 과학과 공학으로 구분한다. 과학(science)은 사회 현상이나 자연 현상을 규명하는 데 목적을 두는 학문이다. 따라서 어느 분야의 현상이나 법칙을 규명하느냐에 따라 사회과학, 자연과학, 인문과학으로 구분한다. 공학(engineering)은 과학의 각 분야에서 규명한 현상이나 법칙에 근간을 두고 인류의 삶을 위해 과학을 계량시키고 발전시키는 데 목적을 둔다. 다시 말해 과학은 새로운 지식을 규명하기 위한 학문이요, 공학은 이 지식을 활용하여 우리의 삶을 좀 더 발전시키는 학문이라 할 수 있다.

주택시장에서 아파트 분양가를 주변시세보다 낮게 규제하면 차익 실현에 대한 기대심리 확산으로 분양아파트에 대한 초과수요가 발생한다는 사실을 새로 발견했다고 가정하자. 마찬가지로 이자율과 주택가격의 일반적인 관계를 통계적 기법을 이용해 일반화할 수 있는 유의미한 결과를 도출했다고 가정하자. 이와 같은 방식으로 부동산시장에서 우리가 알지 못했던 현상이나 사실을 새로 발견했다면 이것은 사회과학으로서의 부동산학을 연구하는 것을 의미한다.

그림 1-2 부동산 유관산업 체계도

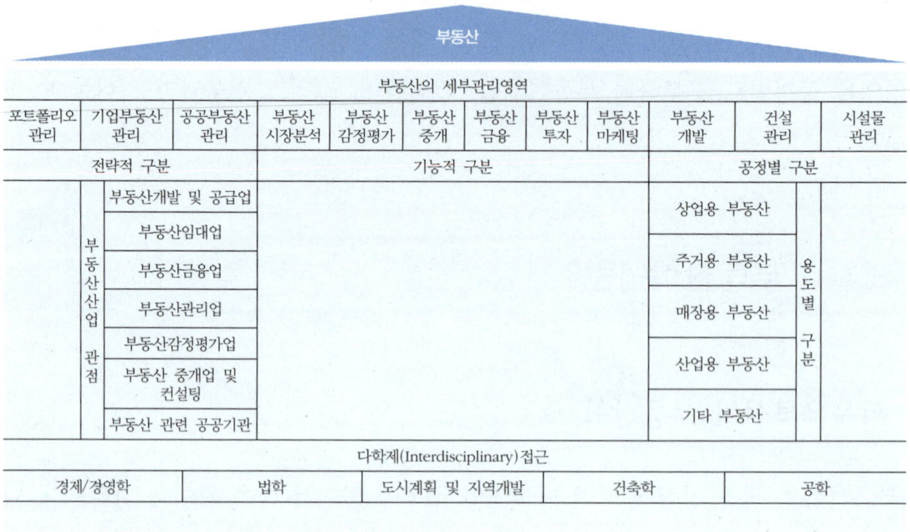

부동산을 공학의 관점에서 살펴보는 것은 다음의 예로 설명할 수 있다. 온라인 플랫폼을 기반으로 직거래망을 개발하고 여기에 가상현실기술을 접목시켜 소비자에게 유용한 부동산 중개시스템을 개발하였다고 가정하자. 마찬가지로 부동산전자계약시스템을 개발하여 부동산중개업에 새로운 기술을 접목하였다고 가정하자. 이와 같은 방식은 기존의 지식을 바탕으로 온라인 거래망과 전자계약시스템을 새로 도입함으로써 우리의 삶을 좀 더 나은 방향으로 발전시킨 공학에 가까운 연구라 할 수 있다. 따라서 우리가 연구하는 부동산학은 새로운 지식을 발견하는 과학의 특성과 우리의 삶을 더욱 발전시키는 기술을 개발하는 공학의 특성을 동시에 갖춘 응용과학(applied science)이라 할 수 있다.[8]

2 부동산 연관 활동으로서의 부동산학

한 학문분야가 풍성한 연구 결과를 만들어 내기 위해서는 그 중심에는 주요한 이론

8 Diaz III(1993) 참조.

적 원리가 존재해야 한다. 부동산학은 부동산을 중심으로 여러 기존의 학문을 응용하는 다학제적 학문(multidisciplinary science)이다. 부동산학은 유형에 따른 분류, 기관 참여자에 따른 분류, 전략적인 관점에서의 구분, 기능적인 관점에서의 구분, 그리고 개발단계를 중심으로 구분할 수 있다.[9]

부동산학의 관계는 [그림 1-2]를 통해 좀 더 쉽게 이해할 수 있다. [그림 1-2]에서 보듯이 부동산의 근간이 되는 학문은 경제학, 경영학, 법학, 도시계획 및 지역개발학, 건축학, 그리고 공학을 기반으로 하는 다학제적 학문영역에서 출발한다. 즉 서로 다른 학문적 특성이 부동산이라는 공통적인 영역 위에서 새로운 유기적인 관계를 구성한다. 이는 위에서 언급한 과학과 공학의 두 가지 학문적 성격을 갖춘 응용사회과학으로서의 부동산학의 구분과 일치한다.

9 본 내용은 Karl-Wener(2001)의 연구에서 언급한 "Framework for Real Estate Economics as a Scientific Discipline"의 내용을 인용하였으며, 일부 용어는 국내 실정에 맞게 의역 및 수정하였음을 밝힌다. 특히 부동산산업의 관점에서 기술은 원문에 포함된 구분을 국내 현실에 맞게 한국은행 산업연관표상의 부동산산업 분류, 한국표준산업분류상의 부동산산업 분류, 국가과학기술표준분류상의 부동산의 분류, 그리고 미국 표준산업분류[SIC(U.S. Standard Industrial Classification)와 NAICS(North American Industry Classification System)]를 포괄적으로 포함하여 재구성하였다.

참고문헌

국가법령정보센터(www.law.go.kr).

류창호, “토지 소유권의 상하효력 범위에 관한 법제 연구”, 법제연구원, 2005.

법제처생활법령정보시스템(www.easylaw.go.kr).

헌법재판정보(http://search.ccourt.go.kr).

J. R. DeLisle & E. Wazala, 『Honor of James A. Graaskamp: Ten Years After』, Kluwer Academic Publishers Group, 2000.

James A. Graaskamp, “A Rational Approach to Feasibility Analysis”, The Appraisal Journal, p. 513, October 1972.

James R. DeLisle, 『Graaskamp: A Holistic Perspective, Essays in Honor of James A. Graaskamp: Ten Years After』, pp. 51~85, 2004.

Julian Diaz III & J. Andrew Hansz, 『Real Estate Analysis Environment and Activities』, 2010.

Julian Diaz III, “Science, Engineering, and Discipline of Real Estate”, Journal of Real Estate Literature, 1993.

Karl－Werner Schulte, 『Interdisciplinary Approach of Real Estate Education』, 2001.

02

부동산시장의 기본 원리

제1절 부동산시장이란?

1 부동산시장의 기능

제1장에서 언급했듯이 부동산에 대한 연구는 다양한 학문 분야에서 접근할 수 있다. 그러나 학문적인 정의를 떠나 부동산시장의 작동 원리를 이해하는 데 기초가 되는 학문은 바로 경제학이라는 사실에 대해 이론의 여지가 없다.

경제학에서 의미하는 시장이란 서울의 남대문시장처럼 재화와 서비스가 거래되는 장소뿐만 아니라 국내시장이나 국제시장과 같은 추상적인 개념의 시장도 포함한다. 따라서 부동산시장은 매수자와 매도자가 부동산 관련 재화나 서비스를 거래하기 위해 서로 정보를 교환하고 협상하도록 하는 매개체이며 사람들끼리 꼭 만나야 할 필요도 또한 실재하고 있는 장소를 의미할 필요도 없다.

부동산시장의 역할이 중요한 이유는 다음의 세 가지 측면에서 살펴 볼 수 있다. 첫째, 부동산시장은 경제주체들에게 정확한 신호를 보낸다. 만약 사람들이 단독주택보다 아파트를 더 선호한다면 부동산시장에서는 아파트의 가격이 상대적으로 더 높게 형성된다. 이윤을 추구하는 주택건설업체들은 단독주택보다는 아파트의 건설에 주력한다. 시장은 생산자들이 희소자원을 가장 효율적으로 이용하도록 한다. 도시 외곽에는 낮은 건물이, 서울의 명동과 같은 도심에는 고층빌딩이 밀집되어 있는 현상은 토지자원의 효율적 이용의 한 예라고 볼 수 있다. 도시외곽보다 도심의 땅이 희소하고 가격이 훨씬 비싸기 때문에 토지 소유주들은 도심에 고층빌딩을 지어 토지를 보다 집약적으로 이용한다.

둘째 부동산시장은 부동산 관련 재화나 서비스를 생산하는 데 필요한 자원을 가장 가치 있게 이용하도록 유인한다. 일반적으로 도로변에 인접한 토지들은 주거용보다는 상업용이나 업무용으로 개발하는 경향이 있다. 그 이유는 부동산시장에서 주거용 임대료보다는 상업용이나 업무용 임대료가 훨씬 더 높게 형성되는 경향이 있기 때문이다. 마찬가지로 도심의 토지를 주거용으로 활용할 경우 출퇴근이나 쇼핑하는 데 접근성이 뛰어남에도 불구하고 상업용으로 이용하는 것 또한 동일한 이유 때문이다.

셋째, 부동산시장은 거래에 필요한 가격, 수량, 속성 등과 같은 정보를 제공함으로써 거래비용을 감소시킨다. 이러한 거래비용의 절감은 시장정보를 전파하는 데 이용하는 교통 및 통신수단의 발달로 그 효과가 더욱 더 크게 나타나고 있다. 만약 부동산을 거래하는 부동산시장이 존재하지 않는다면 어떤 문제가 발생할까? 매수자는 매도자를, 그리고 매도자는 매수자를 직접 찾아 나서 부동산을 팔 의향이 또는 살 의향이 있는지를 일일이 확인해야 할 것이다. 이때 발생하는 금전적 비용과 시간비용은 얼마나 클까? 아마도 부동산 거래 자체를 포기해야 할 정도로 큰 비용이 발생할 것이다.

2 부동산과 부동산시장의 특성

부동산과 부동산시장은 일반재화와 일반시장과는 다른 몇 가지 특성을 갖고 있다. 부동산시장은 부동산가격이 결정되고 부동산 관련 권리가 거래되며 수요자와 공급자의 필요에 따라 물리적 공간이 분배되는 곳으로 이해할 수 있다. 부동산시장에서 나타나는 특성을 이해하기 위해서는 부동산의 고유한 특성에 대한 이해가 선행되어야 한다.

1) 부동산의 특성

부동산은 일반재화와 다른 독특한 특성을 갖는다. 첫째, 부동산 위치의 고정성(fixability of location)을 들 수 있다. 제1장 부동산의 개념에서 언급한 바와 같이 부동산은 지구상에 인위적으로 규정한 고정 좌표를 갖고 있으며 이동이 불가능하다. 일반재화의 공급은 가격이 낮은 지역에서 가격이 높은 지역으로 이동하므로 여타조건이 일정하다면 동일제품의 지역 간 가격차는 발생하지 않는다. 그러나 위치가 고정되어 있는 부동산은 이동이 불가능하므로 설사 부동산이 물리적으로 동일하다 하더라도 지역 선호도에 따라 지역 간 가격차가 발생하는 것은 불가피하다. 따라서 부동산은 좋든 싫든 주변의 부동산에 상호 영향을 미치는 이웃효과(neighborhood effect)를 발생시킨다.

둘째, 부동산 공급의 제한성(limitation of supply)을 들 수 있다. 모든 부동산은 토지를 포함한다. 단기적으로 토지의 총량은 고정되어 있기 때문에 토지를 사용하는 부동산의 공급도 제한적일 수밖에 없다. 경제학에서는 부동산처럼 재화의 가격이 상승하거나 하락하더라도 재화의 공급량을 쉽사리 늘리거나 줄일 수 없는 재화들을 비탄력적(inelastic)인 재화라고 정의한다. 장기적으로 부동산은 토지의 간척 및 매립, 그린벨트의 해제 등과 같은 토지용도 규제의 변경, 기존 건축물의 용도 전환 등을 통해 어느 정도 탄력적인(elastic) 공급이 이루어질 수 있다. 부동산의 공급과 수요의 탄력성에 대해서는 뒤에서 자세히 설명하기로 한다.

셋째, 부동산의 내구성(durability)을 들 수 있다. 부동산은 일단 건설하면 지속성과 영속성을 갖는다. 이처럼 내구성을 갖춘 부동산의 특성은 부동산개발 과정을 통해 사회후생(social welfare)을 높일 수 있고 반대로 사회후생을 감소시킬 수도 있다. 예를 들어 관광객들이 많이 찾는 아테네, 파리, 런던, 서울의 한옥마을 등을 생각하면 쉽게 이해할 수 있다. 수세기 전에 만들어진 건축물을 보기 위해 많은 관광객들이 찾으면서 그 지역의 경제를 활성화하는 데 일조하고 있다. 과거의 건축물들이 현재의 유산으로 남아 역사적인 가치를 갖게 되고 이는 곧 긍정적인 경제효과를 창출할 수 있다. 반대로 사려 깊지 못한 계획에 근거한 부동산개발이나 주변 인프라를 고려하지 않은 무분별한 주택공급은 교통체증 유발 등과 같은 삶의 질을 악화시키는 요인으로 작용할 수 있다.

넷째, 부동산의 이질성(heterogeneity)을 들 수 있다. 부동산은 공공시설이나 편의시설 등의 접근성에 따라 그 가치를 달리하는 경향이 있다. 교육여건, 공해 또는 쾌적성, 치안 상태 등과 같은 주변 환경에도 커다란 영향을 받는다. 크기나 방향, 유형, 경과연수, 층수, 주거시설, 내부시설 등과 같은 물리적 특성 또한 커다란 영향을 미친다.

다섯째, 부동산은 경제적 단위(economic unit)가 크다는 특성을 갖는다. 부동산은 높은 경제적 가치를 갖는 재화이며 높은 가격에 거래되는 특성을 갖는다. 서울의 평균적인 주택을 구입하려면 평균소득 기준 11.5년을 모아야 가능할 정도로 경제적 단위가 큰 재화이다.[1] 따라서 부동산을 구입하기 위해서는 부동산금융을 필요로 하므로 부동산시장과 금융시장은 밀접한 연관성을 갖는다. 지난 2007~2008년 미국의 서브프라임모기지 사태로 인한 금융시장의 위기는 부동산시장과 금융시장이 얼마나 밀접하게 연관되어 있는가를 가늠할 수 있는 사례라고 할 수 있다. 부동산은 공급측면에서도 경제적 단위가 크다는 특성을 갖는다. 예를 들어 신규 아파트의 경우 1,000세대 이상 공급하고 오피스빌딩도 일시에 수십 층에 해당하는 공간을 공급하는 등 타재화에 비해 경제적 단위가 매우 크다는 것을 알 수 있다. 이처럼 부동산 공급의 경제적 단위가 매우 크고 자금조달에 많은 시간이 소요되기 때문에 부동산 공급은 통상 수년에 걸쳐 진행한다. 그 결과 부동산은 단기간에 수급 조정이 어려울 뿐만 아니라 장기간에 걸쳐 건설한 부동산이 한꺼번에 공급될 경우 부동산시장에 초과공급을 유발할 수 있다.

여섯째, 부동산은 높은 거래비용(transaction cost)을 수반하는 특성을 갖는다. 부동산을 거래하기 위해서는 중개수수료를 비롯하여 취득세, 양도소득세 등과 같은 여러 세금을 포함한 거래비용을 수반한다. 또한 부동산 구입에 필요한 정보탐색 비용이나 시간비용 등과 같은 무형의 비용도 무시할 수 없을 정도로 크게 나타날 수 있다.

2) 부동산시장의 특성

앞에서 살펴보았듯이 부동산은 일반재화와 다른 독특한 특성들을 갖고 있다. 그 결과 부동산이 거래되는 부동산시장 또한 독특한 특성을 갖는다. 첫째, 부동산시장은 규모, 유형, 품질 등에 따라 구별하는 시장 세분화(market segmentation)와 지역에 따라 구분하는 시장 지역화(market localization)의 특성을 갖는다. 이로 인해 특정 지역 특정 부동산의 구매를 원하는 수요자를 찾기 어려워 부동산시장은 환금성(liquidity)이 낮은 시장으로 평가받는다. 둘째, 부동산시장은 기존 재고시장과 신규시장으로 구별하며 상호 의존적인 영향을 미친다. 셋째, 부동산시장 내에 하부시장(submarkets), 즉 부동산개발시장, 부동산이용시장, 부동산투자시장이 존재한다. 이들 하부시장은 [그림 2-1]처럼 신규공급, 임대료, 이용가치, 자산가치 등을 매개로 상호 연결되어 있다.

그렇다면 부동산시장은 효율적인 시장일까? 경제학에서 말하는 효율적인 시장(efficient market)이란 시장기능에 의해 자원배분이 효율적으로 이루어지는 시장을 의미한다. 가장 효율적으로 자원배분이 이루어지는 시장구조는 완전경쟁시장(perfectly competitive market)

1 중앙일보(2018. 5. 14), "서울 집값 평균 7억 … 내집 마련, 월급 안 쓰고 다 모아도 11년."

그림 2-1 부동산 하부시장

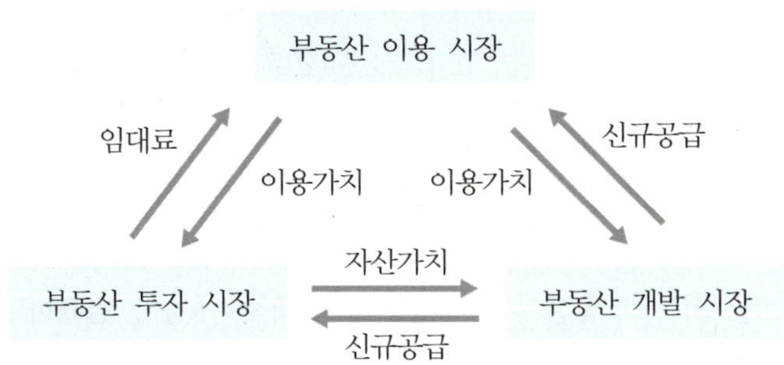

이다. 완전경쟁시장이 성립하기 위해서는 다음의 네 가지 조건들을 충족해야 한다.

첫째, 시장에서 거래되는 재화는 동질적이어야 한다. 다시 말해 시장에 참여하는 모든 기업들이 생산하는 재화들 사이에 어떠한 차이도 없으며, 소비자 또한 공급자가 누구이든 전혀 개의치 않는다. 앞에서 살펴보았듯이 부동산은 이질적인 특성이 가장 강한 재화에 속한다.

둘째, 무수히 많은 생산자와 소비자가 시장에 참여해야 한다. 시장에 참여하는 생산자나 소비자가 많을수록 어느 한 생산자나 소비자가 재화의 가격에 미치는 영향력은 그만큼 작아진다. 완전경쟁시장에서는 어느 한 생산자가 생산량을 조절하거나 어느 한 소비자가 소비량을 조절하더라도 시장가격에는 아무런 영향을 미칠 수 없다. 그러나 부동산시장은 시장의 세분화와 지역화로 인해 특정 지역에서 동일한 특성을 갖춘 부동산의 공급자와 수요자가 많지 않다.

셋째, 기업들의 전 · 출입이 자유로워야 한다. 어떤 산업에서 경제적 이윤이 발생한다면 기업들은 이 산업에 진출하려고 할 것이며 반대로 경제적 손실이 발생한다면 전출을 시도할 것이다. 부동산은 일반재화와 달리 높은 거래비용을 수반하고 경제적 단위가 매우 크기 때문에 새로운 기업의 전입이나 전출이 어려운 특성을 갖고 있다.

넷째, 소비자와 생산자는 시장에 대한 완전한 정보를 갖고 있으며 그 정보를 바탕으로 행동해야 한다. 완전한 정보(perfect information)란 시장에 참여하는 모든 경제주체들이 지역별 재화의 가격이나 품질 등을 포함한 정보를 완전히 그리고 즉시 알 수 있다는 것을 의미한다. 부동산은 고유한 개별적 특성을 갖고 있는 재화이기 때문에 개별 정보를 일일이 획득하기란 그리 쉽지 않다.

전술한 바와 같이 부동산시장은 완전경쟁시장과는 동떨어진 시장구조를 갖고 있으며 독과점 시장구조에 가깝다고 말할 수 있다. 물론 현실경제에서 완전경쟁시장구조를 갖는 산업은 존재하지 않는다. 확실한 것은 시장이 경쟁적일수록 자원배분의 효율성은 증가한다는 것이다. 부동산의 특성을 고려할 때 부동산시장은 자율조정기능에 의해 부동산 재화를 효율적으로 분배하는 데 한계가 있을 수밖에 없다. 부동산시장에서 발생하는 시장의 실패를 보완하기 위해서는 부동산시장에 정부의 정책적 개입이 필요하다는 것을 의미한다. 부동산 관련 정부정책에 대해서는 제11장에서 자세히 설명하기로 한다.

제2절 부동산가격결정

1 일반재화의 가격

1) 균형가격

모든 재화의 가격은 소비자의 의사를 반영하는 수요곡선(demand curve)과 생산자의 의사를 반영하는 공급곡선(supply curve)이 일치하는 점에서 결정된다. 재화에 대한 수요에 영향을 미치는 요소로는 해당 재화의 가격, 연관 재화의 가격, 소비자의 소득, 소비자의 기호, 장래 예상가격 등을 들 수 있다. 해당 재화의 가격을 제외한 여타 요인들이 일정하다면, 어떤 재화에 대한 수요에 직접 영향을 미치는 것은 해당 재화의 가격이다. 일반적으로 소비자들은 재화의 가격이 하락할 때 소비량을 늘리고 재화의 가격이 상승할 때 소비량을 줄이는 경향이 있다. 이것은 합리적인 소비자라면 마땅히 지켜야 할 준칙이라는 점에서 이러한 현상을 수요의 법칙(law of demand)이라고 부른다. [그림 2-2]에서 D는 재화에 대한 수요곡선을 나타낸다. 수요의 법칙에 따라 재화의 가격이 P^*에서 P_0로 하락하면 재화에 대한 수요량은 Q^*에서 Q_1으로 증가하고 반대로 재화의 가격이 P^*에서 P_1으로 상승하면 재화에 대한 수요량은 Q^*에서 Q_0로 감소한다. 이러한 특성을 반영하여 어떤 재화에 대한 수요곡선은 우하향하는 형태로 나타난다.

그림 2-2 균형가격

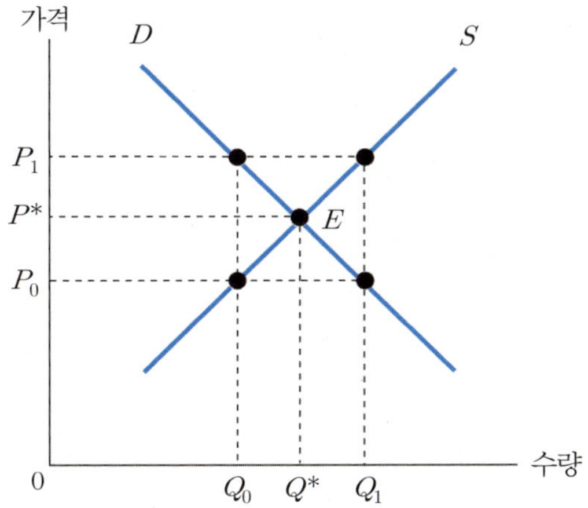

재화의 공급에 영향을 미치는 요소로는 해당 재화의 가격, 생산요소의 가격, 생사기술 등을 들 수 있다. 해당 재화의 가격을 제외한 여타 요인들이 일정하다면, 어떤 재화의 공급에 직접 영향을 미치는 것은 해당 재화의 가격이다. 일반적으로 생산자들은 재화의 가격이 하락할 때 이윤이 감소하므로 공급량을 줄이고 반대로 재화의 가격이 상승할 때 이윤이 증가하므로 공급량을 늘리는 경향이 있다. 이것은 합리적인 생산자라면 마땅히 지켜야 할 준칙이라는 점에서 이러한 현상을 공급의 법칙(law of supply)이라고 부른다. [그림 2-2]에서 S는 재화의 공급곡선을 나타낸다. 공급의 법칙에 따라 재화의 가격이 P^*에서 P_0로 하락하면 재화의 공급량은 Q^*에서 Q_0로 감소하고 반대로 재화의 가격이 P^*에서 P_1으로 상승하면 재화의 공급량은 Q^*에서 Q_1으로 증가한다. 이러한 특성을 반영하여 어떤 재화의 공급곡선은 우상향하는 형태로 나타난다.

시장에 참여하는 모든 소비자들의 의사를 반영하는 수요곡선(D)과 모든 생산자들의 의사를 반영하는 공급곡선(S)을 동일 좌표 상에 나타내면 [그림 2-2]와 같이 균형점 E에서 수요곡선과 공급곡선이 만나게 된다. 균형점 E는 해당 재화의 가격에 대한 소비자의 의사와 생산자의 의사가 정확히 일치하는 점이며, 이때의 가격 P^*를 균형가격(equilibrium price)이라고 부른다.

2) 균형가격의 경제적 의미

현실경제에서 재화나 서비스의 거래 시 실제로 지불하는 가격을 실제가격(actual price)이라고 부른다. 실제가격은 균형가격을 중심으로 때로는 높게 때로는 낮게 형성된다. 실제가격이 균형가격을 벗어나면 시장의 자동조절기능에 의해 다시 균형가격으로 돌아가도록 끊임없는 압력을 받는다. 예를 들어 [그림 2-2]에서 어떤 재화의 가격이 일시적으로 상승하여 균형가격 P^*보다 높은 P_1에 거래된다고 할 때 소비자는 수요량을 Q^*에서 Q_0로 줄이려 하고 반대로 생산자는 공급량을 Q^*에서 Q_1으로 늘리려고 한다. 따라서 이 재화는 Q_0Q_1만큼 초과공급(excess supply)이 발생한다. 이처럼 초과공급이 발생하여 재고가 쌓일 경우 생산자들끼리 가격을 인하하는 판매경쟁을 벌이게 된다. 이러한 판매경쟁은 재화의 가격이 균형가격 P^*로 하락하여 재고가 소진될 때까지 계속된다.

마찬가지로 재화의 가격이 일시적으로 하락하여 균형가격 P^*보다 훨씬 저렴한 P_0에 거래될 때 소비자는 수요량을 Q^*에서 Q_1으로 늘리려 하고 반대로 생산자는 공급량을 Q^*에서 Q_0로 줄이려고 한다. 따라서 이 재화는 Q_0Q_1만큼 초과수요(excess demand)가 발생한다. 이처럼 초과수요가 발생하면 시장에서 소비자들끼리 웃돈을 얹는 구매경쟁을 벌이게 된다. 이러한 구매경쟁은 재화의 가격이 균형가격 P^*로 상승하여 재화의 부족분이 해소될 때까지 계속된다.

현실경제에서 실제가격은 균형가격을 중심으로 오르내린다. 경제학에서 균형가격이 중요한 이유는 거래에서 기준이 되기 때문이다. 만약 대다수의 소비자나 생산자가 어떤 재화의 가격이 "너무 싸다" 또는 "너무 비싸다"라고 말하는 것은 무엇을 기준으로 할까? 분명 비교 기준은 있지만 실재하지는 않는 가격이 바로 균형가격이다. 마치 0이라는 숫자는 존재할 수 없지만 0이라는 숫자가 중요한 이유는 음수(−)와 양수(+)를 구별하는 기준이기 때문이라고 말하는 것과 같다.

여러분은 재화의 가격이 일시적으로 균형가격을 벗어나더라도 시장의 자동조절기능에 의해 다시 균형가격으로 회귀하려는 힘이 작용한다는 것을 알게 되었다. 그렇다면 균형점 E는 안정적일까? 다시 말해 균형가격 P^*는 그대로 계속 유지될 수 있을까? 그렇지 않다. 앞에서 설명했듯이 어떤 재화에 대한 수요와 공급은 해당 재화의 가격뿐만 아니라 여타 요인들에 의해 영향을 받는다. 해당 재화의 가격 이외의 여타 요인들이 변할 경우 수요곡선이나 공급곡선 자체가 이동하기 때문에 균형가격은 안정적으로 유지될 수 없

그림 2-3 대체재의 가격 변화

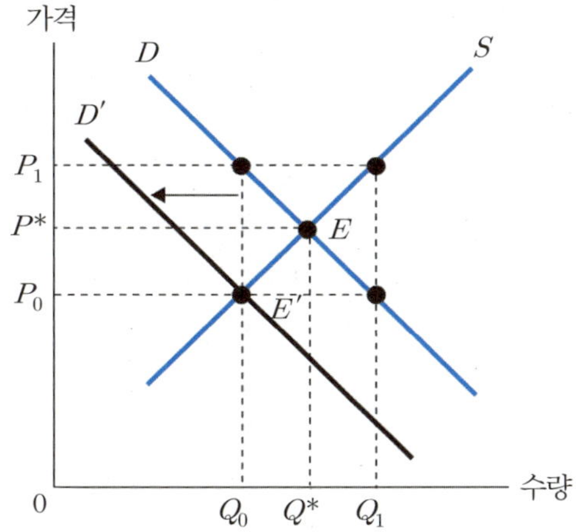

다. 그렇다면 여타 요인들이 변할 때 수요곡선과 공급곡선은 각각 어떻게 이동할까?

3) 수요의 변화: 수요곡선의 이동

돼지고기가격은 일정한데 돼지고기의 연관 재화인 쇠고기가격이 하락했다고 가정하자. 소비자들은 이전보다 상대적으로 비싸진 돼지고기의 수요량은 줄이는 대신 상대적으로 싸진 쇠고기의 수요량은 늘릴 것이다. 다시 말해 연관 재화인 쇠고기가격의 하락은 돼지고기의 수요량을 감소시키는 효과를 발생시킨다. 돼지고기가격에 아무런 변화가 없음에도 불구하고 돼지고기에 대한 수요가 감소하는 것을 나타내려면 돼지고기에 대한 수요곡선은 [그림 2-3]처럼 좌측으로($D \rightarrow D'$) 이동해야 한다. 그 결과 돼지고기가격과 거래량은 새로운 균형점 E'에서 모두 하락하는 것을 알 수 있다. 물론 돼지고기가격에는 아무런 변화도 없는데 쇠고기가격만 상승했다면 돼지고기에 대한 수요곡선은 우측으로 이동하며, 이 경우 돼지고기가격과 거래량은 모두 상승한다. 돼지고기와 쇠고기처럼 연관 재화의 가격 하락(상승)으로 해당 재화의 수요량이 감소(증가)할 때 두 재화는 상호 대체재(substitute goods)라고 말한다.

위에서 설명한 대체재와는 반대되는 관계를 갖는 상추와 삼겹살의 관계에 대해 알아보자. 상추가격에는 아무런 변화도 없는데 삼겹살가격이 하락했다고 가정하자. 삼겹살가

그림 2-4 소득 및 소비자 기호의 변화

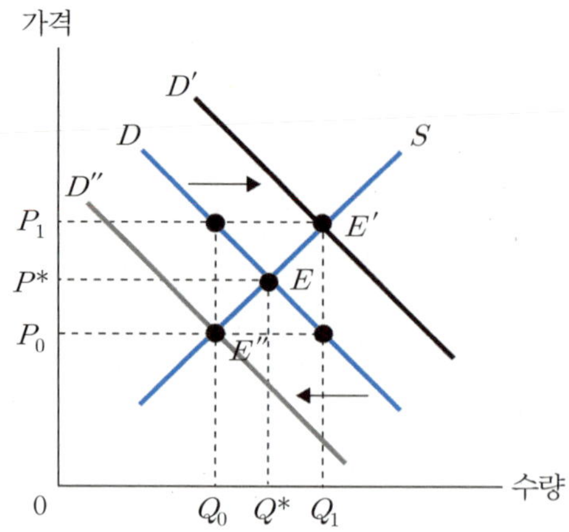

격의 하락은 삼겹살에 대한 수요를 늘리고 그 결과 상추에 대한 수요도 증가한다. 상추가격에 아무런 변화가 없음에도 불구하고 상추에 대한 수요가 증가하는 것을 나타내려면 상추에 대한 수요곡선은 [그림 2-4]처럼 우측으로($D \rightarrow D'$)이동해야 한다. 그 결과 상추가격과 거래량은 새로운 균형점 E'에서 모두 증가한다는 것을 알 수 있다. 물론 상추가격에는 아무런 변화가 없는데 삼겹살가격만 상승했다면 상추에 대한 수요곡선은 좌측으로 이동하며, 이 경우 상추가격과 거래량은 모두 감소한다. 상추와 삼겹살처럼 연관 재화의 가격 하락(상승)으로 해당 재화의 수요량이 증가(감소)할 때 두 재화는 상호 보완재(complementary goods)라고 말한다.

여타 조건은 일정한데 소비자의 소득만 증가했다면 돼지고기의 균형가격에 어떠한 영향을 미칠까? 소비자의 소득이 증가했다면 돼지고기가격이 변하지 않더라도 수요량이 증가할 것이기 때문에 돼지고기에 대한 수요곡선은 [그림 2-4]처럼 우측으로($D \rightarrow D'$) 이동하며, 그 결과 새로운 균형점 E'에서 균형가격과 거래량 모두 증가한다. 반대로 소비자의 소득이 감소하면 수요곡선은 [그림 2-4]처럼 좌측으로($D \rightarrow D''$) 이동하며, 그 결과 새로운 균형점 E''에서 균형가격과 거래량 모두 감소한다. 마찬가지로 구제역 파동으로 소비자들이 돼지고기를 덜 선호한다면 돼지고기에 대한 수요곡선은 [그림 2-4]처럼 좌측으로($D \rightarrow D''$) 이동하며 새로운 균형점 E''에서 균형가격과 거래량 모두 감소한다. 이 경

그림 2-5 공급의 변화

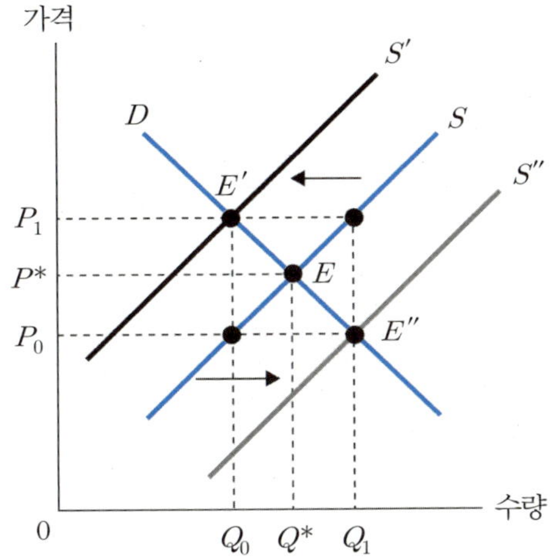

우 대체재인 닭고기나 오리고기는 소비자들이 선호할 것이기 때문에 이들 재화에 대한 수요곡선은 [그림 2-4]처럼 우측($D \rightarrow D'$)으로 이동하며 닭고기나 오리고기의 균형가격과 거래량은 증가한다.

4) 공급의 변화: 공급곡선의 이동

지금까지는 수요곡선이 이동함으로써 나타나는 균형가격과 거래량의 변화에 대해 설명했다. 이제 공급곡선이 이동할 때 나타나는 변화에 대해 설명하기로 하자. 돼지고기가격에는 아무런 변화도 없는데 생산요소인 사료가격이 상승했다고 가정하자. 사료가격의 상승은 돼지 사육비용을 증가시켜 축산농가의 이윤을 감소시키기 때문에 돼지사육 두수가 감소한다. 그 결과 돼지고기가격에는 아무런 변화가 없음에도 불구하고 돼지고기의 공급은 감소한다. 따라서 돼지고기 공급곡선이 [그림 2-5]처럼 좌측으로($S \rightarrow S'$) 이동하므로 새로운 균형점 E'에서 돼지고기가격은 상승하고 거래량은 감소한다. 만약 돼지사육 기술이 획기적으로 발전하여 돼지사육 비용을 대폭 절감할 수 있다면 축산농가의 이윤이 증가하므로 돼지사육 두수는 증가하고 돼지고기의 공급 또한 늘어난다. 이때 돼지고기의 공급곡선은 [그림 2-5]처럼 우측으로($S \rightarrow S''$) 이동하고 그 결과 새로운 균형점 E''에서 돼지고기가격은 하락하고 거래량은 증가한다.

5) 수요와 공급의 가격탄력성

소비자는 재화의 가격이 하락할 때 수요량을 늘리고 재화의 가격이 상승할 때 수요량을 줄인다. 그러나 재화의 가격 변화에 따른 소비자들의 반응 정도는 재화의 종류에 따라 상당한 차이를 보인다. 어떤 재화는 가격이 하락(상승)하더라도 수요량이 거의 증가(감소)하지 않는 반면에 어떤 재화는 가격이 조금만 하락(상승)하더라고 수요량이 크게 증가(감소)하는 것을 볼 수 있다. 이처럼 재화의 가격 변화에 따른 소비자의 반응 정도를 측정하기 위해 경제학에서는 다음과 같은 수요의 가격탄력성(price elasticity of demand)이라는 개념을 이용한다.

$$\text{수요의 가격탄력성} = \frac{\text{수요량의 변화율}}{\text{가격의 변화율}}$$

예를 들어 쇠고기가격이 10% 하락할 때 수요량이 15% 증가했다면 쇠고기에 대한 수요의 가격탄력성은 1.5(=15/10)이며 가격 변화율보다 수요량 변화율이 더 크기 때문에 소비자들이 가격 변화에 민감하게 반응한 것을 의미한다. 반대로 쇠고기가격이 10% 하락할 때 수요량이 5%밖에 증가하지 않았다면 쇠고기에 대한 수요의 가격탄력성은 0.5(=5/10)이며 가격 변화율보다 수요량 변화율이 더 작기 때문에 소비자들이 가격 변화에 덜 민감하게 반응한 것을 의미한다. 만약 쇠고기가격이 10% 하락할 때 수요량이 정확히 10% 증가했다면 쇠고기에 대한 수요의 가격탄력성은 1(=10/10)이며 가격 변화율과 수요량 변화율이 정확히 일치하기 때문에 소비자들이 가격 변화에 더 민감하지도 덜 민감하지도 않는 상태를 의미한다. 물론 쇠고기가격이 상승할 때는 수요의 법칙에 의해 쇠고기에 대한 수요량은 감소하며 이때 쇠고기에 대한 수요의 가격탄력성은 쇠고기가격이 하락했을 때와 동일한 방법으로 측정한다.

위의 예에서 살펴보았듯이 어떤 재화의 가격이 변할 때 소비자들의 반응 정도가 상대적으로 크다면, 즉 수요의 가격탄력성이 1보다 크다면 이 재화에 대한 수요는 탄력적(elastic)이라고 정의한다. 반대로 가격의 변화에 대한 소비자들의 반응 정도가 상대적으로 덜 민감한 경우, 즉 수요의 가격탄력성이 1보다 작다면 이 재화에 대한 수요는 비탄력적(inelastic)이라고 정의한다. 가격의 변화에 대한 소비자의 반응이 더 민감하지도 덜 민감하

그림 2-6 수요의 가격탄력성

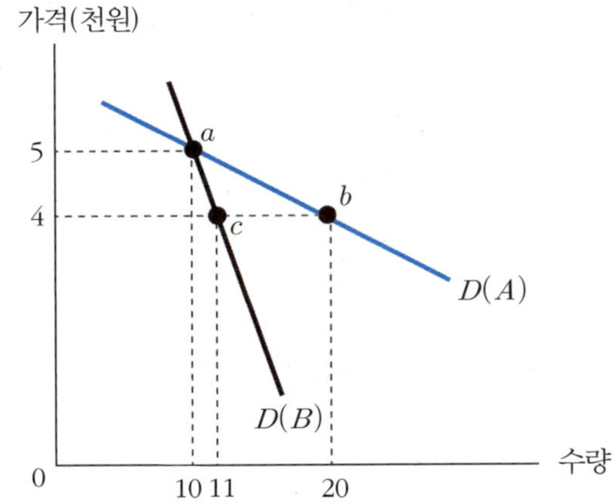

지도 않은 상태, 즉 수요의 가격탄력성이 정확히 1의 값을 갖는 경우 이 재화에 대한 수요는 단위 탄력적(unit elastic)이라고 정의한다. 현실적으로 가격의 변화율과 수요량의 변화율이 정확히 일치하기는 어렵기 때문에 시장에서 거래되는 모든 재화는 수요의 가격탄력성이 탄력적이거나 혹은 비탄력적인 경우 둘 중의 하나에 속한다.

[그림 2−6]에서 수요곡선 $D(A)$는 기울기가 완만하고 수요곡선 $D(B)$는 기울기가 가파른 형태를 보이고 있다. 어떤 재화의 가격이 점 a에서 5천원에 10개가 거래되고 있다고 가정하자. 이 재화의 가격이 4천원으로 1천원 하락했다면, 즉 20% 하락했다면 수요량에는 어떤 변화가 나타날까? 만약 이 재화의 수요곡선이 $D(A)$처럼 완만하다면 수요량은 10개에서 20개로 10개 증가, 즉 100% 증가하므로 수요의 가격탄력성이 탄력적(5 = 100%/20%)이라는 것을 알 수 있다. 반대로 수요곡선이 $D(B)$처럼 가파르다면 수요량은 10개에서 11개로 1개 증가, 즉 10% 증가하므로 수요의 가격탄력성이 비탄력적(0.5 = 10%/20%)이라는 것을 알 수 있다. 다시 말해 수요의 가격탄력성은 수요곡선이 완만할수록 탄력적이며 반대로 가파를수록 비탄력적이라는 것을 의미한다.

특수한 경우로서 수요의 가격탄력성은 0 또는 무한대(∞)의 값을 가질 수도 있다. [그림 2−7]에서 수직선으로 나타난 수요곡선 $D(A)$는 전 구간에 걸쳐 수요의 가격탄력성이 0의 값을 갖는다. 그 이유는 가격의 변화에도 불구하고 수요량의 변화가 전혀 발생

그림 2-7 특수한 경우의 수요의 가격탄력성

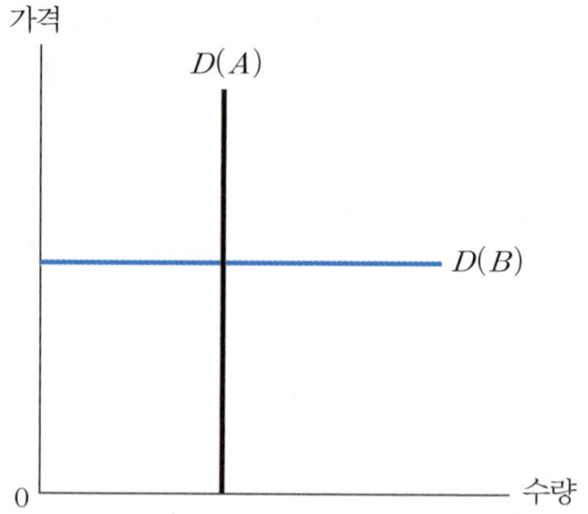

하지 않기 때문이다. 이처럼 수요의 가격탄력성이 0의 값을 갖는 수직선의 수요곡선을 완전비탄력적 수요곡선(perfectly inelastic demand curve)이라고 정의한다. 현실적으로 100% 일치하는 예를 찾기는 힘들지만, 이와 유사한 예로서 조제약을 들 수 있다. 소비자들이 구매할 수 없을 정도로 약값이 터무니없이 비싼 경우를 제외하면 가격의 상승이나 하락에 상관없이 소비자들은 처방전에 명시된 꼭 필요한 양만을 구매하게 될 것이다. [그림 2-7]에서 수평선으로 나타난 수요곡선 $D(B)$는 전 구간에 걸쳐 수요의 가격탄력성이 무한대(∞)의 값을 갖는다. 이것은 가격이 조금만 상승해도 이 재화에 대한 수요량은 존재하지 않으며 반대로 가격이 조금만 하락해도 이 재화에 대한 수요량은 무한대로 존재한다는 것을 의미한다. 이처럼 수요의 가격탄력성이 무한대(∞)의 값을 갖는 수요곡선을 완전탄력적인 수요곡선(perfectly elastic demand curve)이라고 정의한다. 이러한 경우는 현실적으로 존재하지 않지만 무수히 많은 생산자와 소비자가 시장에 참여하고 재화들이 동질성을 갖는 완전경쟁시장(perfectly competitive market)에서나 발생할 수 있다.

수요의 가격탄력성이 가격의 변화에 대한 소비자의 반응 정도를 나타내듯이 공급의 가격탄력성(price elasticity of supply) 또한 가격의 변화에 대한 생산자의 반응 정도를 나타낸다. 만약 생산자가 공급량을 조절함으로써 가격의 변화에 매우 민감하게 대응할 수 있다면 이 재화의 공급은 탄력적이며, 반대로 가격의 변화에 대한 생산자의 대응 정도가 약하다면 공급은 비탄력적이다. 공급의 가격탄력성을 측정하기 위한 공식은 수요의 가격탄력성을 측정하기 위한 공식과 다를 바가 없다.

$$\text{공급의 가격탄력성} = \frac{\text{공급량의 변화율}}{\text{가격의 변화율}}$$

예를 들어 스마트폰가격이 10% 하락할 때 공급량이 15% 감소한다면 스마트폰의 공급탄력성은 1.5(=15/10)이며 공급은 탄력적이라 하고, 반대로 공급량이 5% 감소한다면 스마트폰의 공급탄력성은 0.5(=5/10)이며 공급은 비탄력적이라 말한다. 완전비탄력적인 수요곡선이 수직선으로 나타나듯이 완전비탄력적인 공급곡선(perfectly inelastic supply curve) 또한 수직선으로 나타난다. 예를 들어 토지의 공급곡선은 완전비탄력적인 수직선으로 나타나는데, 그 이유는 국토의 제약으로 공급할 수 있는 전체 토지의 양은 토지의 가격과 상관없이 일정하기 때문이다.

2 부동산의 가격

일반재화와 마찬가지로 부동산 또한 부동산에 대한 수요와 공급에 의해 가격이 결정된다. 그렇다면 부동산가격이 일반재화의 가격과 다른 특별한 의미를 갖는 것은 무엇일까? 대표적인 부동산에 속하는 주택의 가격은 주거서비스의 소비로부터 얻는 이득의 대가이며, 투자자의 관점에서 주택가격의 변화는 투자수익률에 영향을 미치는 중요한 지표이다. 임대 기간 동안 지불하는 가격을 의미하는 임대료(rent) 역시 공간 사용의 대가이며, 투자자의 관점에서 임대료의 변화는 운영기간 동안의 수익을 결정하는 중요한 요소이다.

1) 부동산의 단기 가격결정

부동산에 대한 수요곡선은 일반재화에 대한 수요곡선과 마찬가지로 세로축에 부동산가격 혹은 임대료, 그리고 가로축에 수량 혹은 공간의 관계를 나타내는 곡선으로 나타난다. 부동산에 대한 수요량은 일반재화와 동일하게 부동산가격 혹은 임대료가 상승할수록 감소하고 하락할수록 증가한다. 부동산에 대한 수요의 법칙을 반영하여 부동산에 대한 수요곡선은 [그림 2-8]의 D_1처럼 우하향하는 기울기를 갖는다.

부동산의 공급곡선은 단기와 장기의 구분에 따라 그 형태를 달리한다.[2] 그 이유는 부

그림 2-8 부동산의 단기균형가격

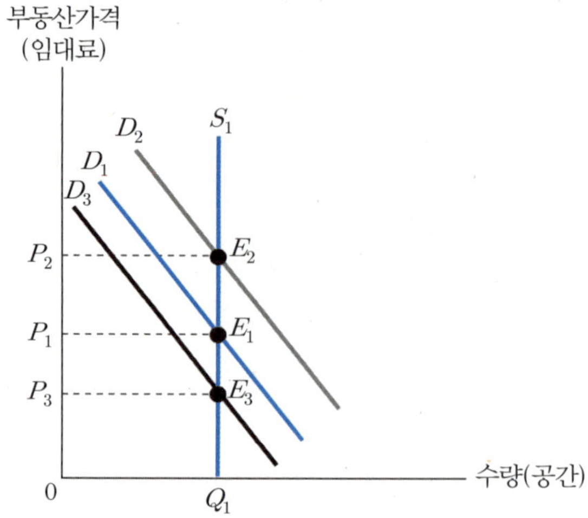

동산 공급의 기반이 되는 토지의 공급량이 단기에는 고정되어 있기 때문이다. 부동산의 단기공급곡선(short-run supply curve)은 [그림 2-8]의 S_1처럼 완전비탄력적인 수직선으로 나타난다. 단기적으로 토지의 공급량이 고정되어 있는데다 기존 건축물을 재건축하는 데도 수십 년이 걸리기 때문이다. 따라서 부동산가격이 상승하거나 하락하더라도 부동산의 단기공급량은 Q_1에서 일정하다. 이때 부동산의 단기균형가격은 수요곡선과 공급곡선이 일치하는 균형점 E_1에서 P_1이며 거래량은 Q_1이다. 이처럼 부동산의 단기공급곡선은 완전비탄력적인 수직선으로 나타나므로 단기에는 부동산가격이 수요의 변화에 의해서만 영향을 받을 뿐 공급은 어떠한 영향도 미칠 수 없다. 부동산시장이 과열되거나 침체에 빠져 있을 때 정부가 내놓는 부동산대책은 모두 부동산에 대한 수요를 관리하는 단기대책이 주류를 이루는 이유도 바로 부동산 공급곡선의 특성에서 비롯한다. 정부가 내놓는 공급관리 대책은 단기간에 실현이 불가능하며 모두 장기대책이라는 것을 이해할 필요가 있다.

2 경제학에서 이론적으로 말하는 장기와 단기의 구분은 시간에 국한된 것이 아니라 생산요소의 투입과 관련이 있다. 우선 장기라 함은 모든 생산요소가 가변적인 경우를 말하며 단기는 생산요소 중 한 가지라도 고정투입요소가 존재하는 경우를 말한다. 따라서 토지를 하나의 생산요소로 본다면 토지의 총량이 고정 투입되는 경우를 단기로 구분할 수 있으면 토지를 포함한 모든 생산요소들이 가변적인 상황, 즉 그린벨트해제, 간척지 매립 등을 통해 토지의 공급량을 늘릴 수 있는 경우를 장기로 본다.

일반재화와 마찬가지로 부동산에 대한 수요곡선도 부동산가격 이외의 여타조건의 변화에 따라 좌우 양측으로 이동한다. 여타조건에는 아무런 변화가 없는데 인구가 증가한다면 부동산에 대한 수요는 증가하므로 수요곡선은 [그림 2-8]처럼 우측으로($D_1 \rightarrow D_2$) 이동한다. 그 결과 새로운 균형점 E_2에서 부동산가격은 P_2로 상승한다. 예를 들어 외국인 노동자들의 유입이 늘어나거나 1인 가구 비중이 증가한다면 주택에 대한 수요곡선은 우측으로 이동하고 주택가격은 상승한다. 반대로 지역경제 침체로 노동자들이 타지역으로 이주한다면 해당 지역의 주택에 대한 수요는 감소하므로 수요곡선은 좌측으로($D_1 \rightarrow D_3$) 이동한다. 그 결과 새로운 균형점 E_3에서 부동산가격은 P_3로 하락한다.

다주택자들에 대한 보유세와 양도소득세를 강화하자 소위 '똘똘한 한 채' 열풍이 불면서 소비자들이 서울의 강남지역 아파트를 선호한다면 강남지역 아파트에 대한 수요곡선은 우측으로 이동하고 가격은 상승한다. 반대로 공해시설 유입으로 해당 지역의 주택을 선호하지 않는다면 수요곡선은 좌측으로 이동하고 해당 지역의 주택가격은 하락한다. 경기호황으로 국민소득이 증가한다면 주택에 대한 수요가 증가하므로 수요곡선은 우측으로 이동하고 주택가격은 상승한다. 반대로 경기침체로 국민소득이 감소한다면 수요곡선은 좌측으로 이동하고 주택가격은 하락한다. 정부가 주택담보대출비율(loan to value ratio: LTV)이나 부채상환비율(debt to income ratio: DTI) 등과 같은 금융규제를 완화할 경우 주택시장에 새로운 수요자들이 등장함에 따라 수요곡선은 우측으로 이동하고 주택가격은 상승한다. 반대로 주택금융 규제를 강화할 경우 주택에 대한 수요를 위축시킴으로써 수요곡선은 좌측으로 이동하고 주택가격은 하락한다.

부동산시장에서 대체재(substitute goods)와 보완재(complementary goods)의 가격이 변할 경우에도 부동산가격에 영향을 미친다. 먼저 대체재의 가격이 변할 경우 부동산가격에 어떠한 영향을 미치는가에 대해 예를 들어 설명하기로 하자. 주택시장에서 상호 경쟁관계에 있는 A지역과 B지역이 있다고 가정하자. 이들 두 지역은 상호 대체관계에 놓여 있기 때문에 A지역의 주택가격 상승은 A지역을 대체할 수 있는 B지역의 주택수요를 증가시키므로 [그림 2-8]에서 보듯이 B지역의 주택에 대한 수요곡선은 우측으로($D_1 \rightarrow D_2$)이동한다. 그 결과 새로운 균형점 E_2에서 B지역의 주택가격은 P_2로 상승한다. 반대로 A지역의 주택가격이 하락한다면 B지역의 주택에 대한 수요를 A지역으로 대체하도록 유인하므로 B지역의 주택에 대한 수요곡선은 좌측으로($D_1 \rightarrow D_3$) 이동하고 새로운 균형점 E_3에서 B지역의 주택가격은 P_3로 하락한다.

그림 2-9 부동산의 장기균형가격

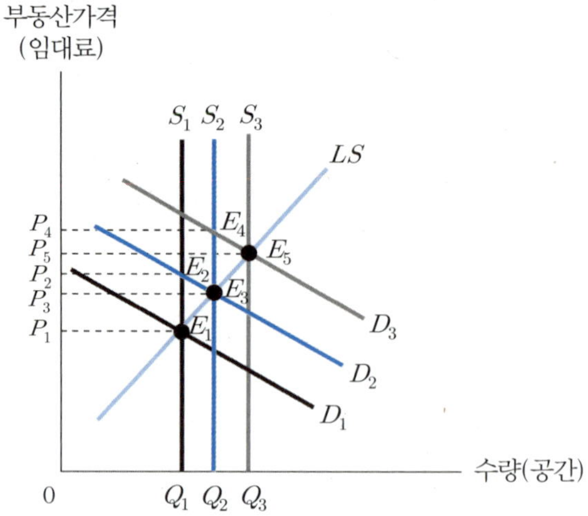

부동산시장에서 보완재의 가격이 변할 경우 부동산가격에는 어떠한 영향을 미칠까? 주택과 토지는 대표적인 보완관계를 갖는다. 주택가격이 상승하면 주택에 대한 수요가 감소하므로 주택의 중요한 생산요소인 토지에 대한 수요도 감소한다. 따라서 주택가격이 상승할 경우 주택의 보완재인 토지에 대한 수요곡선은 [그림 2-8]처럼 좌측으로($D_1 \rightarrow D_3$) 이동한다. 그 결과 새로운 균형점 E_3에서 토지가격은 P_3로 하락한다. 반대로 주택가격이 하락할 경우 주택에 대한 수요가 증가하므로 토지에 대한 수요곡선은 우측으로($D_1 \rightarrow D_2$) 이동하며 새로운 균형점 E_2에서 토지가격은 P_2로 상승한다.

2) 부동산의 장기 가격결정

단기적으로 토지의 공급량은 고정되어 있으므로 부동산가격이 상승하더라도 단기적으로 부동산의 공급량은 증가하지 않고 일정하다. 따라서 부동산의 단기공급곡선은 [그림 2-8]처럼 완전비탄력적인 수직선으로 나타난다는 것을 앞에서 살펴보았다. 그러나 장기적으로 토지의 공급은 간척사업이나 용도 변경 등을 통해 증가할 수도 있다. 대표적인 사례로서 대규모 택지개발사업을 들 수 있다. 신도시 등과 같은 택지개발사업은 장기간에 걸쳐 이루어지며 택지공급의 증가는 장기적인 주택공급의 증가로 이어진다. 물론 택지공급이 증가하지 않더라도 기존 노후 주택의 재개발이나 재건축 등을 통해 주택공급을 증가시킬 수도 있으나, 이 또한 장기간에 걸쳐 이루어진다는 것을 잘 알고 있다.

[그림 2-9]는 부동산의 장기공급곡선이 어떻게 도출되는가를 보여주고 있다. 어느 시점에서 부동산가격은 수요곡선 D_1과 공급곡선 S_1이 만나는 균형점 E_1에서 P_1이다. 앞에서 설명한 여러 수요증가 요인으로 부동산에 대한 수요곡선이 우측으로($D_1 \rightarrow D_2$) 이동할 경우 새로운 균형점 E_2에서 부동산가격은 P_1에서 P_2로 상승하고 부동산거래량은 Q_1으로 변함이 없다. 그러나 부동산가격이 상승할 경우 부동산개발에 따른 이익이 증가하므로 장기적으로 재건축이나 재개발 등을 통해 부동산 공급이 증가한다. 정부도 부동산가격이 급등할 경우 부동산시장 안정을 위해 장기적으로 신도시개발 등과 같은 부동산 공급확대 정책을 시행한다. 그 결과 [그림 2-9]에서 보듯이 부동산의 단기공급곡선은 우측으로($S_1 \rightarrow S_2$) 이동하며, 새로운 균형점 E_3에서 부동산의 장기균형가격은 P_2에서 P_3로 하락한다. 수요증가 요인의 발생으로 또 다시 부동산에 대한 수요곡선이 우측으로 ($D_2 \rightarrow D_3$) 이동할 경우 새로운 균형점 E_4에서 부동산가격은 P_3에서 P_4로 상승한다. 부동산에 대한 수요의 증가는 부동산가격을 상승시키고 장기적으로 부동산의 공급을 늘리므로 [그림 2-9]처럼 부동산의 공급곡선도 우측으로($S_2 \rightarrow S_3$) 이동한다. 그 결과 새로운 균형점 E_5에서 부동산의 장기균형가격은 P_4에서 P_5로 하락한다. [그림 2-9]에서 보듯이 부동산가격 상승에 대응하여 장기적으로 부동산 공급량이 증가함으로써 형성되는 새로운 균형점들, 즉 E_1, E_3, E_5를 연결할 때 우상향하는 **장기공급곡선(long-run supply curve: *LS*)**을 도출할 수 있다.

부동산에 대한 수요곡선의 이동과 마찬가지로 부동산의 공급곡선도 부동산가격 이외의 여타조건들이 변할 때 우측 또는 좌측으로 이동한다. 토지는 부동산의 가장 중요한 생산요소이다. 토지나 노동 등의 생산요소가격이 상승한다면 부동산의 생산비용은 증가하고 부동산개발에 따른 이윤이 감소하므로 부동산의 공급곡선은 [그림 2-10]처럼 좌측으로 ($S_1 \rightarrow S_2$) 이동한다. 새로운 균형점 E_2에서 생산요소가격 상승으로 인해 부동산가격은 P_1에서 P_2로 상승하고 거래량은 Q_1에서 Q_2로 감소한다. 반대로 생산요소가격이 하락할 경우 부동산의 공급곡선은 우측으로($S_1 \rightarrow S_3$) 이동하며 새로운 균형점 E_3에서 부동산가격은 P_3로 하락하고 거래량은 Q_3로 증가한다. 마찬가지로 건설사의 시공기술이 획기적으로 개선될 경우 건설사의 생산비용이 감소하고 이윤이 증가한다. 부동산의 공급곡선은 우측으로 이동하므로 부동산가격은 하락하고 거래량은 증가한다. 정부가 법인세를 인상할

그림 2-10 부동산 공급곡선의 이동

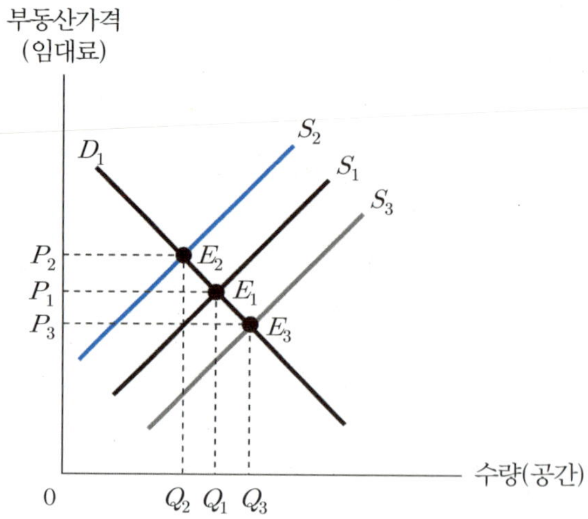

경우 건설사의 순이윤이 감소하므로 부동산의 공급곡선은 좌측으로 이동하며 부동산가격은 상승하고 거래량은 감소한다.

3 부동산의 헤도닉가격

헤도닉가격(hedonic price)이란 부동산이 지닌 다양한 속성들을 반영하여 결정된 가격을 말한다. 동일 면적, 동일 브랜드, 동일 지역의 아파트라 하더라도 가격이 각기 다른 것은 바로 각각의 아파트가 갖는 속성들이 다르기 때문이다. 부동산이 갖는 대표적인 속성들로서 다음의 세 가지를 들 수 있다.

첫째, 부동산가격은 부동산 자체의 특성을 반영한다. 아파트의 가격은 면적, 방수, 화장실수 등에 따라 다르다. 동일 면적과 동일 상표라 하더라도 층수, 방향, 구조(판상형 또는 타워형 등)에 따라 아파트 가격은 달리 한다. 냉난방 형태나 사용연료, 지하주차 시설, 그리고 단지 내 편의시설들도 아파트 가격 형성에 중요한 영향을 미친다. 최근에는 아파트 연령도 아파트 가격을 결정하는 데 중요한 요소로 부상하고 있다. 일반적으로 아파트 준공 후 연수가 길수록 아파트의 감가상각비가 증가하기 때문에 아파트 가격은 하락한다.

그러나 20년 이상의 노후 주택의 경우 기간이 경과할수록 오히려 아파트 가격이 상승하는 역설적인 현상이 나타나고 있다. 그것은 재건축 의무연한인 30년에 근접할수록 노후 아파트를 재건축할 가능성이 높아지고, 재건축을 할 경우 용적률 상승 등을 통해 재건축 기대수익이 증가하기 때문이다.[3] 재건축 대상 아파트에 대한 투기수요가 가세하면서 아파트 가격이 급등하자 정부는 2018년부터 재건축을 통해 얻는 초과이익의 일부를 환수하는 '재건축 초과이익 환수제'를 시행하고 있다.

둘째, 부동산가격은 인근지역 특성을 반영한다. 주택가격은 인근지역의 주택가격, 주민들의 소득수준, 학군 등과 같은 교육여건, 대기오염 및 소음 등과 같은 환경, 경관 등 쾌적성, 범죄율과 같은 치안상태 등에 영향을 받는다. 어느 지역에 고가주택들이 밀집하면 소득수준이 높은 사람들 중심으로 이주하고 그 지역의 주택가격은 상승한다. 그 결과 주택을 통해 자연스레 그들만의 커뮤니티를 형성하는데 이러한 현상을 이웃효과(neighborhood effect)라고 부른다.

셋째, 부동산가격은 접근성(accessibility)을 반영한다. 주택가격은 일반적으로 도심(city center) 또는 부도심(city subcenter)에 근접할수록 상승하고 멀어질수록 하락한다. 그 이유는 쇼핑이나 출퇴근을 위해 도심이나 부도심으로 왕래할 때 거리가 멀수록 시간비용을 포함한 교통비용이 증가하기 때문이다. 이에 대해서는 제3장에서 자세히 설명하기로 한다.

제3절 부동산가격 규제

시장경제에서 가격은 재화와 서비스를 배분하고 자원을 효율적으로 이용하도록 하는데 중요한 역할을 담당한다. 그러나 전시나 경제적 위기와 같은 긴박한 상황 하에서는 경우에 따라 정부가 직접 가격을 통제하기도 한다. 정부가 법으로 규제하는 가격은 법정가격(legal price)이라고 부른다. 법정가격은 시장에서 결정되는 균형가격보다 높게 설정하는 최저가격(price floors)과 균형가격보다 낮게 설정하는 최고가격(price ceiling)으로 구분한다.

3 용적률이란 건축면적을 대지면적으로 나눈 값을 말한다. 8~90년대에 건축한 아파트들은 용적률이 낮은 경향이 있다. 이 아파트들은 용적률을 높여 고층아파트로 재건축할 경우 가구수를 크게 늘릴 수 있으며 원주민들이 입주하고 남은 주택을 일반인에게 분양함으로써 건축비를 훨씬 초과하는 개발이익을 얻을 수도 있다.

그림 2-11 임대료 규제의 단기 효과

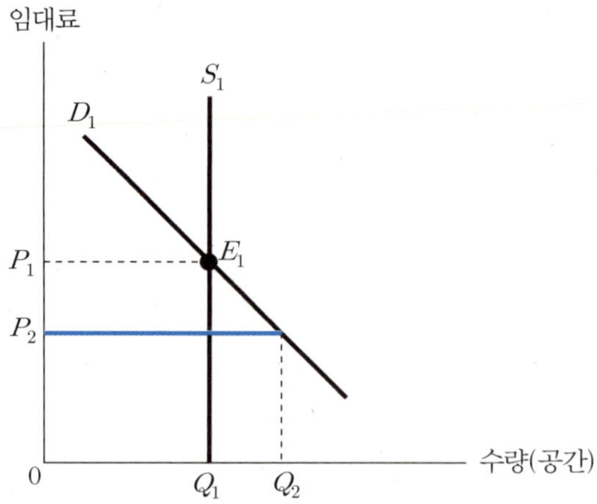

최저가격의 대표적인 예로서 최저임금제를, 그리고 최고가격의 대표적인 예로서 임대료 상한제와 분양가 상한제 등을 들 수 있다.

제1절에서 설명했듯이 부동산은 이질적인 특성이 가장 강한 재화이며, 부동산시장의 세분화와 지역화로 특정 지역에서 동일한 특성을 갖춘 부동산의 공급자와 수요자가 많지 않다. 부동산은 높은 거래비용을 수반하고 경제적 단위가 매우 크기 때문에 새로운 기업의 전입이나 전출이 어렵다. 부동산은 고유한 개별적 특성을 갖고 있는 재화이기 때문에 개별 정보를 일일이 획득하기도 쉽지 않다. 이와 같은 부동산의 특성으로 인해 부동산시장은 완전경쟁시장과는 동떨어진 독과점 시장구조에 가깝다고 말할 수 있다. 따라서 부동산시장은 자율조정기능에 의해 부동산 재화를 효율적으로 분배하는 데 한계가 있으며, 부동산시장의 실패를 보완하기 위해서는 정부의 개입이 필요하다는 명분을 찾을 수 있다.

1 임대료 상한제

정부가 임대료 상한제를 실시하는 이유는 헌법과 주택법에 잘 나타나 있다. 우리나라 헌법(제35조 제3항)에는 "국가는 주택개발정책 등을 통하여 모든 국민이 쾌적한 주거생활을 할 수 있도록 노력해야 한다"라고 명시함으로써 국민의 주거권을 보장하고 있다. 주택법에는 "주택이 공평하고 효율적으로 공급되며 쾌적하고 안전하게 관리될 수 있도록 해야 하며, 국민주택규모의 주택이 저소득자 · 무주택자 등 주거복지 차원에서 지원이 필요한 계층에게 우선적으로 공급될 수 있도록 해야 한다"라고 국가와 지방정부의 의무를 규정해 놓고 있다.

[그림 2-11]에서 보듯이 임대주택시장에서 수요와 공급에 의해 결정된 임대료와 거래량은 각각 P_1과 Q_1이다. 임대료 P_1이 너무 높다고 생각한 정부가 P_2 이상의 임대료를 받을 수 없도록 임대료 상한제를 도입했다고 가정하자. 정부가 임대료 상한제를 도입하더라도 단기에는 임대주택의 공급이 고정되어 있으므로 임대주택의 공급량은 Q_1으로 일정하다. 그러나 법정임대료 P_2가 시장임대료 P_1보다 낮기 때문에 임대주택에 대한 수요량은 Q_1에서 Q_2로 증가하며, 임대주택시장에서는 Q_1Q_2만큼의 초과수요가 발생한다. 정부가 임대료를 규제하지 않았다면 초과수요가 나타날 경우 수요자들끼리 웃돈을 얹는 가격경쟁이 벌어짐으로써 임대료는 다시 P_1으로 상승하고 초과수요는 해소된다. 그러나 법정가격인 P_2 이상으로 임대료를 받는 것은 불법이므로 임대주택시장에서 초과수요가 상존한다. 그 결과 임대주택시장에서 임차인이 웃돈을 받고 제3자에게 불법으로 전대하는 암시장(black market)이 발생한다. 불법 전대를 통해 임차인은 최대 P_1P_2만큼의 불로소득을 얻을 수 있다. 실제로 영구임대아파트의 경우 극빈층을 대상으로 매우 낮은 임대료를 책정하고 있지만, 불법 전대로 인해 극빈층이 아니라 중산층이 거주하는 부작용이 발생하기도 한다.

[그림 2-12]에서 정부의 임대료 규제가 없을 경우 균형임대료와 거래량은 수요곡선(D)과 장기공급곡선(LS_1)이 일치하는 균형점 E_1에서 각각 P_1과 Q_1이다. 임대주택시장에서 결정되는 임대료 P_1이 너무 높다고 생각한 정부가 법정임대료를 P_2로 규제한다면 장기적으로 임대주택시장에서는 어떤 변화가 나타날까? 모든 임대주택 공급자들은 임대주택시장에서 적정 임대료를 받기를 원한다. 그러나 정부의 임대료 규제로 인해 적정 임대료를 받을 수 없는 상황이 초래될 경우 공급자들은 중장기적으로 용도를 전환하거나 공급을 미루는 등의 대응 전략을 추구함으로써 공급량 축소가 나타난다. 임대료가 P_2를 상회할 수 없도록 정부가 임대료 상한제를 도입할 경우 임대주택 공급량은 Q_1에서 공급자의 의사를 반영하는 장기공급곡선 LS_1 상의 점 b와 일치하는 Q_2로 감소한다.

정부가 임대료를 P_2에서 장기간 고정한다면 임대주택의 공급량 또한 Q_2 이상으로 증가하지 않기 때문에 장기공급곡선은 점 abc를 연결하는 LS_2와 같이 나타난다. 이때 법

그림 2-12 임대료 규제의 장기 효과

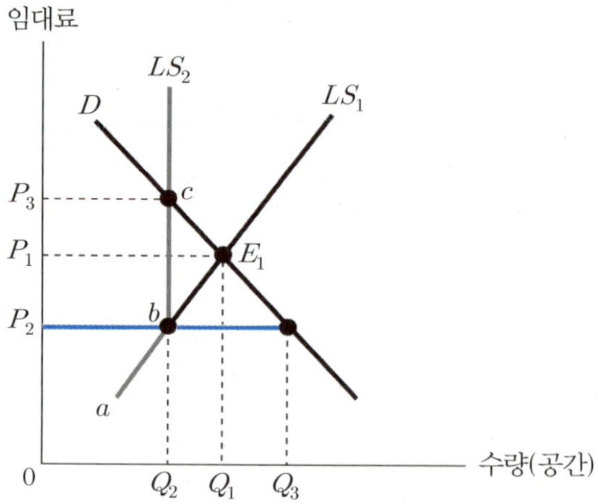

정임대료 P_2에서 초과수요량은 Q_2Q_3만큼 발생하며 임차인들끼리 임대주택을 확보하려는 경쟁이 벌어진다. 임대주택 공급량이 Q_2로 축소될 경우 임차인들이 기꺼이 지불할 의향이 있는 임대료는 임차인들의 의사를 반영하는 수요곡선상의 점 c와 일치하는 P_3이다. 따라서 정부가 임대주택을 추가로 공급하지 않고 임대료 규제만으로 임대료를 통제하려고 한다면 임대료의 괴리는 P_2P_3만큼 발생한다. 만약 임대인이 차액을 보상받지 못함으로써 추가비용을 부담하면서까지 임대주택을 유지관리 할 의사가 없다면, 건물의 노후화가 진행되고 주변지역의 슬럼화를 촉진할 수 있다. 임차인의 입장에서는 앞에서 설명한 것처럼 제3자에게 불법 전대할 유인이 발생하며 최대 bc만큼의 불로소득을 발생시킬 수 있다.

2 분양가 상한제

분양가 상한제는 분양가심의위원회에서 결정한 최고가격 이상으로 분양가를 받을 수 없도록 법으로 정한다는 점에서 임대료 상한제와 다를 바 없다. 정부가 분양가 상한제를 실시하는 목적은 주택가격을 안정시키고 저소득층의 '내집마련 기회'를 확대하는 데 있다.[4] 분양가 상한제는 신규 분양주택을 대상으로 적용하므로 신규 분양주택의 공급량은 분양가격이 상승할 때 증가하고 분양가격이 하락할 때 감소한다. 따라서 신규 분양주택의

그림 2-13 분양가 규제의 효과

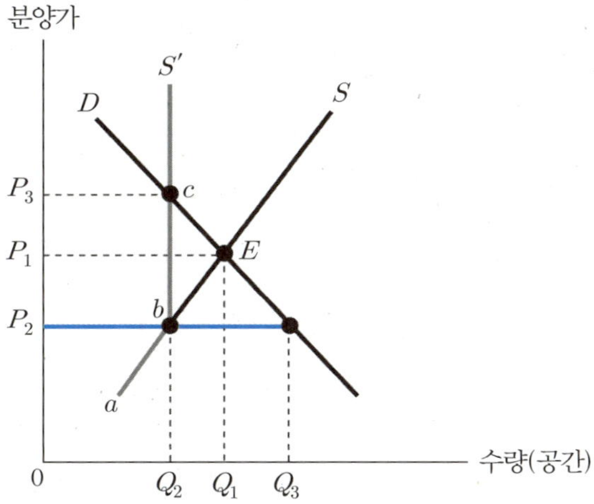

공급곡선은 장단기와 상관없이 [그림 2-13]처럼 우상향하는 형태로 나타난다.

[그림 2-13]에서 아파트 분양가에 대한 정부의 규제가 없을 경우 분양아파트시장에서 결정되는 분양가와 거래량은 수요와 공급이 일치하는 점 E에서 각각 P_1과 Q_1이다. 분양가 P_1이 너무 비싸 주변 아파트 시세에 커다란 영향을 미치고 저소득층의 주거비 부담이 크게 증가할 것을 우려한 정부가 P_2 수준으로 규제하는 분양가 상한제를 도입하면 분양아파트시장에는 어떤 변화가 나타날까? 정부가 분양가를 낮게 규제할 경우 이윤이 큰 폭으로 감소하기 때문에 주택건설업체들은 분양아파트 공급량을 줄이거나 일부 업체는 아파트 건설 자체를 아예 포기할 수도 있다. 그 결과 [그림 2-13]에서 보듯이 분양아파트 공급량은 Q_1에서 Q_2로 감소한다.

정부가 아파트 분양가를 장기간에 걸쳐 P_2로 고정시킨다면 분양아파트 공급량도 Q_2에서 고정되므로 이때 분양아파트의 공급곡선은 점 abc를 연결한 S'과 같은 형태로 나타난다. 반면에 정부의 분양가 규제로 소비자들의 구매력은 그만큼 증가하기 때문에 분양아파트에 대한 수요량은 Q_1에서 Q_3로 증가한다. 따라서 분양아파트시장에서 Q_2Q_3만큼 초과수요가 발생하며 이때 분양아파트 청약경쟁률은 $0Q_3$를 $0Q_2$로 나눈 값과 일치한다. 분

4 임덕호, "분양가규제의 경제적 비효율성에 관한 연구", 주택연구 제1권 제1호, pp. 23~40, 1993.

양아파트시장에서 초과수요가 나타날 경우 수요자들끼리 분양아파트를 구매하려는 경쟁이 발생하므로 초과수요가 사라질 때까지 분양가는 상승한다. 그러나 P_2 이상의 분양가를 책정하는 것은 불법으로 규정하고 있기 때문에 자율적인 시장조절기능은 더 이상 이루어질 수 없다.

아파트 분양가 규제는 강제적인 분양가 인하로 분양아파트에 대한 초과수요를 발생시키지만 그동안 비싼 분양가 때문에 분양아파트시장에서 배제되었던 저소득층들도 청약에 참여할 수 있는 긍정적인 효과를 발생시킨다. 그러나 아파트 분양가 규제로 인해 파생되는 문제점들도 간과할 수 없다. 우선 자원배분상의 문제를 예상할 수 있다. 정부의 규제가격인 P_2에서는 Q_2Q_3만큼 초과수요가 발생하기 때문에 부족한 분양아파트를 어떤 방식으로 배분할 것인가의 문제에 직면한다. 우리나라에서는 분양아파트 분배문제를 해결하기 위해 추첨방식을 적용하고 있다. 이러한 추첨방식은 당첨만 되면 하루아침에 수억 원이 넘는 불로소득을 얻을 수 있기 때문에 실수요자뿐만 아니라 가수요자, 즉 소위 말하는 투기꾼들을 불러들여 분양아파트시장을 과열시키는 부작용을 발생시킬 수 있다.

[그림 2-13]에서 보듯이 분양가를 P_2로 규제할 때 분양아파트의 공급량이 Q_2로 대폭 감소한다면 수요자들이 기꺼이 지불할 의사가 있는 분양가는 공급량 Q_2와 수요곡선이 만나는 점 c에서 P_3이다. 따라서 규제가격인 분양가 P_2에 웃돈, 즉 프리미엄을 기꺼이 지불할 의사가 있는 다수의 수요자들이 나타나며 분양가 P_2에서 당첨된 분양아파트 입주권은 이들에게 전매된다. 이러한 전매는 수요자들이 기꺼이 지불할 의사가 있는 분양가 P_3에 도달할 때까지 계속되며, 등기를 하지 않은 상태에서 다른 사람들에게 이전한다는 점에서 미등기전매라고 부른다. [그림 2-13]에서 암거래를 통해 발생하는 프리미엄 총액은 사각형면적 P_2bcP_3이며 이와 같은 불로소득은 미등기전매에 가담한 투기꾼들에게 귀속한다.

아파트 분양가 규제는 암시장 형성에 따른 아파트 투기를 유발할 뿐만 아니라 분양아파트의 품질을 저하시키는 원인이 될 수도 있다. [그림 2-13]에서 보듯이 주택건설업체가 품질이 좋은 아파트를 짓더라도 최대로 받을 수 있는 분양가는 P_2이므로 이윤을 추구하는 주택건설업체의 최대 관심사는 아파트 품질이 아니라 건설비 절감에 있다. 이를 위해 값싼 자재를 사용하고 공사기간을 무리하게 단축할 경우 부실 아파트를 양산할 수도 있는 구조적 문제를 안고 있다.

제4절 수익용 부동산시장

수익용 부동산시장은 공간시장과 자산시장으로 구분할 수 있다. 부동산 공간시장(property space market)이란 상업용 또는 사무용 등으로 부동산 공간을 임차하려는 수요자와 건물 소유주로서 부동산 공간을 임대하려는 공급자가 계약조건에 따라 건물 공간의 임대차와 임대료 수수 등의 행위가 이루어지는 시장을 말한다. 부동산 자산시장(property asset market)은 수익용 부동산을 투자자산의 일종으로 보는 시장으로서 투자수익률의 변화에 따라 수익용 부동산의 매매가 이루어지는 시장을 말한다.

1 부동산 공간시장과 자산시장의 특성

부동산 공간시장과 자산시장의 구성은 [그림 2-14]에 잘 나타나 있다. 부동산 공간시장에서는 건물의 소유자인 임대인이 공급을 담당하고 임대를 필요로 하는 임차인이 수요자의 역할을 한다. 임대료와 공실률은 공간시장에 대한 수요와 공급의 원리에 따라 결정된다. 공간시장은 실물경제에 많은 영향을 받는다. 예를 들어 지역경제가 호전되어 일자리가 늘어난다면 부동산 공간에 대한 임차수요가 증가하므로 임대료가 상승하고 공실률은 하락한다. 일반적으로 부동산 공간시장은 부동산 종류에 따라 세분화하고 지역에 따라 구분하는 특성을 갖는다.

부동산자산시장은 주식, 채권 등과 같이 부동산자산을 현금흐름이 창출되는 하나의 투자자산으로 보는 시장을 말한다. 부동산자산의 가격은 자본환원율에 의해 결정되며 금융시장의 여건에 따라 커다란 영향을 받는다. 자본환원율(capitalization rate)은 부동산자산의 임대료 수입에서 비용을 제외한 값을 부동산자산의 가격으로 나눈 비율로서 채권 투자수익률(current yield)과 유사한 개념이다.

$$\text{자본환원율} = \frac{\text{임대료수입} - \text{비용}}{\text{부동산자산의 가격}}$$

위 식에서 보듯이 만약 자본환원율이 외부 요인으로 인해 변하면 이는 부동산자산의 가격 변화로 이어진다. 다시 말해 부동산자산의 순운영수입(=임대료 수입－비용)은 일정한데 자본환원율이 상승한다면 부동산자산의 가격이 하락하고 반대로 자본환원율이 하락한다면 부동산자산의 가격은 상승한다.

자본환원율을 결정하는 요인은 자산시장의 기회비용이다. 예를 들어 시장이자율이 상승할 경우 예금 등과 같은 타자산으로부터 발생하는 기대수익률이 상승하므로 여타조건이 일정할 때 자본환원율 또한 상승할 수밖에 없다. 만약 부동산자산의 자본환원율이 타자산의 기대수익률보다 낮다면 부동산자산에 대한 수요는 감소하고 부동산자산의 가격은 하락한다. 위 식에서 보듯이 부동산자산의 가격 하락은 자본환원율의 상승을 의미한다. 또한 부동산자산의 자본환원율은 부동산 공간의 기대수익에 영향을 받는다. 위 식에서 보듯이 부동산 공간시장에서 임대료가 상승할 경우 자본환원율은 상승하고 반대로 임대료가 하락할 경우 자본환원율은 하락한다.

자산시장에서 수익률은 해당자산의 위험 정도에 따라 결정된다. 자산시장에서 부동산의 특성은 금융자산이 갖고 있는 특성과 유사하다. 자본의 이동에 있어서 별다른 제약이 없으며 지역적인 제약도 별로 없다. 예를 들어 서울에 거주하는 투자자가 높은 수익률을 기대하고 지방에 소재한 상가에 아무런 제약 없이 투자할 수 있다. 일반적으로 공간시장은 자산시장에 비해 실물시장에 가까운 특성을 나타내고 자산시장은 공간시장에 비해 금융시장에 가까운 특성을 갖고 있다.

2 부동산 공간시장과 자산시장의 상호관계

[그림 2－14]에서 보듯이 부동산 공간시장과 자산시장의 상호 관계를 이해하기 위해서는 공간시장의 변화를 살펴볼 필요가 있다. 앞서 언급한 바와 같이 공간시장에서 공급은 부동산 소유자의 건물 공간을 의미하며 임대 가능한 총공급면적으로 산출할 수 있다. 공간시장에서 수요는 일반재화 및 서비스에 대한 수요와 밀접한 연관성을 갖는다. 예를 들어 어느 지역의 경제가 호황에 접어들면 그 지역의 사무공간에 대한 수요가 증가하고

그림 2-14 부동산 공간시장과 자산시장의 관계

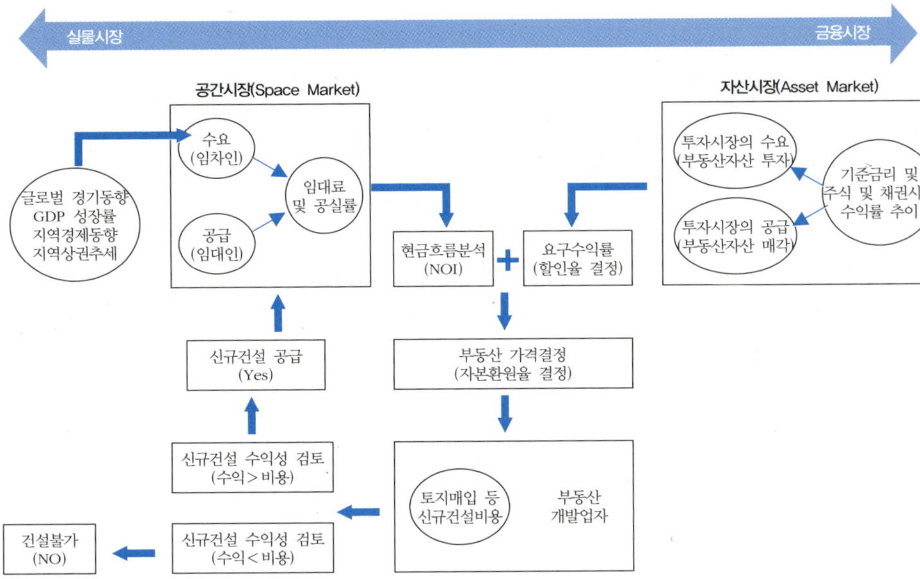

출처: Wayne. R. Archer and David. C. Ling Real Estate Finace(1997) Geltner *et al*(2013).

이는 다시 서비스업이 입점할 수 있는 매장용 공간에 대한 수요의 증가로 이어진다. 이처럼 경기변동은 공간에 대한 수요에 커다란 영향을 미치며, 이러한 영향은 임대료 변동과 공실률 변화로 나타난다. 임대료와 공실률의 변화는 해당 건물에서 창출되는 현금흐름의 변화를 통해 자산시장에 영향을 미친다.

자산시장에서는 기준금리, 그리고 주식 및 채권시장의 수익률과 비교해서 부동산 자산시장에서 투자여부를 결정한다. 상대적으로 부동산자산의 투자수익률이 높을 것으로 예상할 경우 부동산자산을 매입하므로 부동산자산에 대한 수요가 증가하고, 반대로 투자수익률이 낮을 것으로 예상할 경우 부동산자산을 매각하므로 부동산자산의 공급이 증가한다. 이처럼 부동산 투자자의 매도와 매수 행위는 투자자가 바라는 부동산자산의 요구수익률(required rate of return)에 영향을 미치고, 금융시장 변수의 변화에 따라 자본환원률이 영향을 받게 되므로 결과적으로 부동산자산의 가격에도 영향을 미친다. 따라서 부동산자산의 가격은 공간시장에서 추정하는 현금흐름 분석과 자산시장의 영향을 받는 자본환원율 및 요구수익률과의 관계를 통해 결정한다. 부동산 개발업자는 부동산자산의 가격, 그리고 토지 매입 및 신규 건설비 등에 대한 추정을 근거로 신규 건물을 공급했을 때의 수익성을 기준으로 신규 부동산개발 여부를 결정한다. 만약 수익성이 낮다고 판단하면 건설을 멈추고 수익성이 높다고 판단하면 신규 부동산개발을 통해 신규 공급물량을 시장에 제공한다. 신규 공급물량은 다시 공간 공급의 확대로 이어져 임대료와 공실률에 영향을 미치고 더 나아가 현금흐름에도 영향을 미치는 순환 과정을 거친다.

참고문헌

김관영, "주택매매시장의 효율성 분석: 서울 강남지역 공동주택매매시장을 중심으로", 한국개발연구 제10권 제3호, pp. 51~63, 1988.

오민준, 진창하, "주택시장 효율성에 관한 연구—사건연구를 중심으로—" 부동산학연구 제19집 제1호, pp. 5~23, 2013.

임덕호, "분양가규제의 경제적 비효율성에 관한 연구", 주택연구 제1권 제1호, pp. 23~40, 1993.

임덕호, 『경제학(제3판)』, 명경사, 2017.

최희갑 · 임병준, "주택가격 전망이 주택가격 및 경기에 미치는 영향", 국토연구 제63권, pp. 141~158, 2009.

Geltner, D., Miller, N., Clayton, J., & Eicholtz, P. M. A.(2013) 『Commercial real estate analysis and investments』.

Wayne R. Archer and David C. Ling, "The Three Dimensions of Real Estate Markets: Linking Space Capital, and Property Markets", Real Estate Finance, pp. 7~14, Fall 1997.

중앙일보(2018. 5. 14), "서울 집값 평균 7억 … 내집 마련, 월급 안 쓰고 다 모아도 11년."

03 도시성장과 부동산시장

제1절 입지의 중요성

부동산에서 가장 중요한 세 가지 요소를 꼽는다면, 첫째도 입지(location), 둘째도 입지, 셋째도 입지라는 말이 있다. 이것은 부동산의 입지가 부동산의 가치를 결정하는 데 있어서 그만큼 중요한 역할을 한다는 것을 의미한다. 세계 주요 도시들이 지리적 이점을 살려 지속적인 성장을 구가하는 것도 입지의 중요성이 얼마나 큰가를 강변한다고 볼 수 있다. 제3장에서는 상대적으로 유리한 입지가 경제적인 화폐가치, 즉 임대료에 어떻게 반영되는가에 대해 공부한다. 한 가지 분명한 것은 각 경제권역이나 상권, 그리고 주택가 등이 형성된 원인을 살펴보면 무작위로 형성된 것은 없고 그 속에 반드시 경제원리가 존재한다는 점이다.

1 도시의 탄생

입지를 국가 혹은 도시의 관점에서 살펴보면 지정학적인 위치가 우리 인류 문명의 진화에 결정적인 역할을 한다는 것을 알 수 있다. 입지의 중요성은 캘리포니아주립대의 재레드 다이아몬드(Jared Diamond) 교수가 저술한 『Guns, Germs, and Steel』이라는 책에 잘 나타나 있다.[1] 다이아몬드 교수는 13,000여년의 인류 역사를 연구한 결과 각 국가와 민족의 발전과 흥망성쇠는 지리학적인 환경요인에서 찾을 수 있다고 주장한다. 지리학적인 이점을 기반으로 어떤 사회는 경제적 풍요를 누리면서 발전하고 반대로 어떤 사회는 수렵 채취 또는 농경사회로 머물러 있다고 주장한다. 그는 사회발전의 상대적인 차이가 발생하는 원인을 인종의 유전자, 문화, 그리고 동기 등이 아니라 바로 지리적인 위치에서 찾고 있다. 지리학적으로 이점을 가진 도시는 일찍이 경제적 풍요를 누리고, 이를 바탕으로 융성한 정치 · 문화를 이루며, 이는 다시 금속문화의 발전으로 이어져 각 문화권의 흥망성쇠와 함께 오늘날까지 이어지고 있다는 것이다.

고대도시들은 대부분 바다, 강, 하천 등을 끼고 있다. 그 당시 지역 간 유일한 운송수단은 선박이라는 사실을 감안하면 당연한 결과라고 말할 수 있다. 우리나라 역시 대도시들은 바다나 강 인근에 위치하고 있다. 대표적인 사례로 서울의 한강을 들 수 있다. 고구려, 백제, 신라가 한반도를 분할 통치했던 삼국시대에도 한강을 놓고 치열한 전투가 벌어졌던 것도 도시성장의 전략적 중요성을 일찍이 깨달았기 때문이다. 한강은 현대도시로 성장하기 전까지 우리나라 해상운송의 중심지였다. 아직도 지명에 '진'이나 '포'라는 용어가 남아 있는 영등포나 노량진 등은 이 지역이 한강 유역의 항구였음을 의미한다.

근대도시는 철도의 발달과 함께 성장하였다. 철도는 대량의 화물을 운송할 수 있다는 장점을 갖고 있으나 철로를 따라 직선으로 뻗어나가기 때문에 철도 집하장까지의 새로운 운송수단이 필요하다는 한계를 갖고 있다. 현대도시는 승용차와 트럭의 등장으로 방사형으로 성장하였다. 승용차나 트럭은 철도와는 달리 노선의 제약 없이 사방으로 뻗어나갈 수 있다는 장점이 있다. 따라서 자동차는 현대도시가 방사형으로 확산하여 원형의 형태를 유지하도록 하는 데 커다란 기여를 했다고 볼 수 있다.

대도시는 지역 간 비교우위와 집적의 경제를 통해 탄생한다. 어느 도시가 타도시에 비해 인적 · 물적 자원이 풍부하고, 교통수단이 편리하며, 재화와 서비스가 소비될 수 있는 시장을 확보하는 데 비교우위(comparative advantage)가 있다면 이 도시는 기업들을 유치하고 인구를 유인하는 데 높은 경쟁력을 갖고 있다고 볼 수 있다. 경제가 성장하고 글로벌화하면서 요즈음 지역 간 비교우위 기준은 인적 · 물적 자원에서 운송과 환경으로 바뀌는 경향이 있다. 세계 여러 나라에서 항구도시들이 성장하는 이유도 항구는 운송과 환

1 캘리포니아주립대(the University of California Los Angeles) 재레드 다이아몬드 교수의 저서인 『총 · 균 · 쇠(Guns, Germs, and Steel)』는 1998년 퓰리처상을 수상하였다.

경에서 절대적인 우위를 갖고 있기 때문이다. 이처럼 상대적으로 비교우위를 갖는 도시에 노동, 금융, 기술, 시장 등과 같은 경제 활동과 인구가 밀집함으로써 경제적 이득을 얻는 집적의 경제(economy of agglomeration)가 발생한다면 이 도시들은 시간이 흐를수록 대도시로 성장할 가능성이 매우 높다.

2 도심의 탄생

도심(city center)이란 어느 한 도시에서 경제활동이 집중되어 있는 지역으로 업무시설, 상업시설, 행정기관들이 밀집되어 있는 지역을 말한다. 도심은 지리적으로 도시의 중앙에 형성되는 것이 일반적이다. [그림 3-1]은 도심이 어떻게 탄생하는가를 보여준다. 폭이 ($A \sim E$) 거리인 해운대비치를 예로 들어 설명하자. 어느 날 A 지역에서 X가 아이스크림을 처음으로 팔기 시작했다고 가정하자. 해운대비치에는 X가 유일한 아이스크림장수이기 때문에 아이스크림을 사기 위해서는 B, C지역뿐만 아니라 E지역에 자리를 잡고 있는 피서객들까지 먼 길을 왕래해야 한다. 어느 날 아이스크림이 날개 돋친 듯이 팔리는 것을 목격한 Y가 동일한 상표의 아이스크림가게를 E지역에 오픈했다고 가정하자. Y가 E지역을 선택한 이유는 기존의 아이스크림장수 X와 경쟁을 피하기 위해 A 지역으로부터 가장 먼 지역을 선택했기 때문이다.

그렇다면 아이스크림장수 X와 Y는 시장을 양분하면서 오랫동안 균형을 이룰 수 있을까? 아이스크림장수 X와 Y는 동일한 아이스크림을 동일한 가격에 판매한다고 가정하면 [그림 3-1]에서 ($A \sim E$) 거리의 중앙인 C지점의 왼쪽 ($A \sim C$)에 자리를 잡은 피서객들은 X의 아이스크림가게를, 그리고 C지점의 오른쪽 ($C \sim E$)에 자리를 잡은 피서객들은 Y의 아이스크림가게를 찾을 것이다. 시간이 흐르면서 아이스크림장수 X는 아이스크림 매출액이 이전보다 감소하기 시작하고, 그것은 E지역에 동일한 아이스크림가게가 새로 오픈했기 때문이라는 것을 깨닫기 시작한다. 아이스크림장수 X가 매출액 감소를 만회하기 위해 A 지역에서 B지역으로 아이스크림가게를 이전했다고 가정하자. 해운대비치 아이스크림시장에는 어떠한 변화가 나타날까? B에 위치한 X의 아이스크림가게에는 ($B \sim E$) 거리의 중앙인 F지점 왼쪽 ($A \sim F$)에 위치한 피서객들이, Y의 아이스크림가게에는 F지점 오른쪽 ($F \sim E$)에 위치한 피서객들이 방문한다. 그 결과 시간이 흐르면서 아이스크림장수 Y는 ($C \sim F$) 지역에 자리를 잡은 피서객들을 X의 아이스크림가게에 빼앗긴

그림 3-1 도심의 탄생 과정

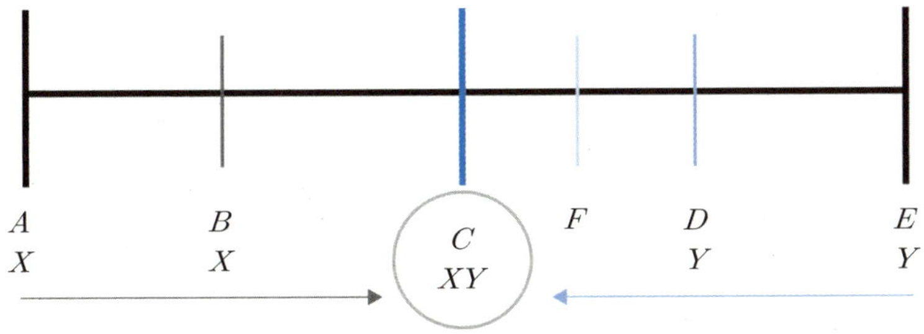

것을 깨닫게 된다. 아이스크림장수 Y 또한 매출액을 만회하기 위해 아이스크림가게를 D 지역으로 이전한다면 해운대비치 아이스크림시장은 양분될 수 있지만 균형은 곧 무너지고 말 것이다. 결국 해운대비치에서 아이스크림가게는 해운대비치 중앙인 C지점에 모이게 되며 아이스크림시장은 비로서 장기적인 균형에 도달하게 된다. 초창기 고대도시에서 도심이 탄생하는 과정도, 그리고 현대도시에서 상업시설과 업무시설들이 도심에 밀집한 이유도 이와 유사한 과정을 거치기 때문이다.

제2절 지불용의 임대료

1 전통적 지불용의 임대료

농경시대를 반영하는 전통적 지불용의 임대료는 영국의 경제학자 데이비드 리카도(David Ricardo, 1772~1823년)의 차등임대료 이론(differential rent theory)에 근거를 둔다. 차등임대료는 임대료와 비옥도에 따른 생산성(productivity)의 경합 관계를 나타낸다.

[그림 3-2]에서 세로축은 농경지의 임대료를 가로축은 농경지의 비옥도를 나타낸다. 농경지의 비옥도 등급이 0에 가까울수록 비옥도가 높아 농작물의 생산성은 높고 반대로 0에서 멀어질수록 비옥도가 낮아 농작물의 생산성은 낮다. 비옥도가 가장 높은 등급 0에서

그림 3-2 전통적 지불용의 임대료곡선

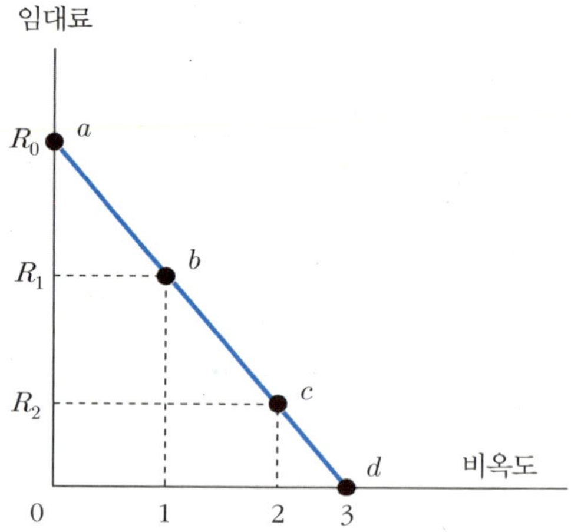

는 농작물의 생산성이 가장 높다. 따라서 모든 농부들이 비옥도 0등급 농경지를 차지하려 경합하므로 농부들이 기꺼이 지불할 의향이 있는 지불용의 임대료(willingness to pay rent)는 R_0로 가장 높다. 비옥도 등급이 0에서 1로 하락하면 농작물 생산성이 감소하므로 지불용의 임대료도 R_1으로 하락한다. 마찬가지로 비옥도 등급이 2로 하락할 때 지불용의 임대료는 R_2로 하락한다. 비옥도가 3등급인 점 d에서 지불용의 임대료가 0인 이유는 이 지역의 농경지는 박토로서 생산성이 극히 낮아 농사를 지을 경우 오히려 손해가 발생하므로 이 지점의 농경지에 대해서는 어떤 농부도 임대료를 지불할 의향이 없다는 것을 의미한다. 따라서 임대료와 비옥도 사이의 관계를 나타내는 점 a, b, c, d를 연결하면 [그림 3-2]와 같은 우하향하는 지불용의 임대료곡선을 도출할 수 있다.

완전경쟁시장에서 임대료 이외의 생산비는 지역에 상관없이 동일하다고 가정하면 순이윤(=매출액−임대료)은 전 지역에서 동일하다. 만약 비옥도 0등급 지역에서 생산하는 것이 비옥도 1등급 지역에서 생산하는 것보다 순이윤이 더 높다면 비옥도 0등급 농경지에 대해 기꺼이 지불할 의향이 있는 지불용의 임대료는 전 지역에서 순이윤이 일치할 때까지 계속 상승할 것이기 때문이다.

그림 3-3 임대료곡선과 접근비용곡선의 관계

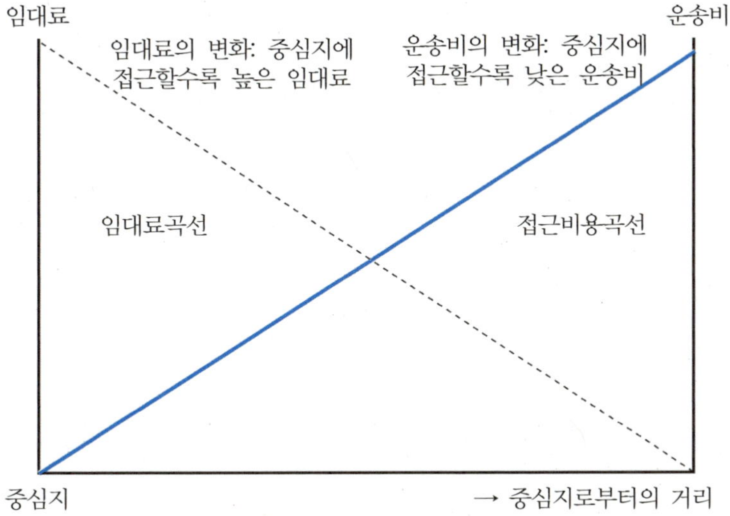

2 현대적 지불용의 임대료

토지를 언제 어떤 용도로 사용할 것인지 결정하는 것은 경제 원리와 직결되며, 이처럼 공간(space)에 경제 원리를 접목하는 학문이 바로 공간경제학(spatial economics)이다. 독일의 농업경제학자 폰 튀넨(Von Thünen)은 토지가격 또는 임대료는 접근성(accessibility)에 의해서 결정된다고 주장한다. 그는 동심원모형을 이용해 중심지를 기준으로 접근성 정도에 따라 각각의 용도와 적정 임대료가 결정된다고 주장한다. 동심원모형을 이해하기 위해서는 먼저 [그림 3-3]의 현대적 의미의 지불용의 임대료 결정 과정을 살펴볼 필요가 있다. 토지 비옥도 등과 같은 여타조건이 일정할 때 토지가격 또는 임대료는 중심지로부터의 거리가 가까울수록 상승하고 거리가 멀수록 하락한다. 반대로 시간의 기회비용(opportunity cost of time) 등을 포함한 운송비(transportation cost)는 중심지로부터의 거리가 가까울수록 하락하고 거리가 멀수록 상승한다. [그림 3-3]에서 보듯이 중심지에서 운송비는 0인 반면에 임대료는 가장 높고, 반대로 중심지로부터 거리가 가장 먼 지역에서 임대료는 0인 반면에 운송비는 가장 높다.

그림 3-4 폰 튀넨의 동심원모형

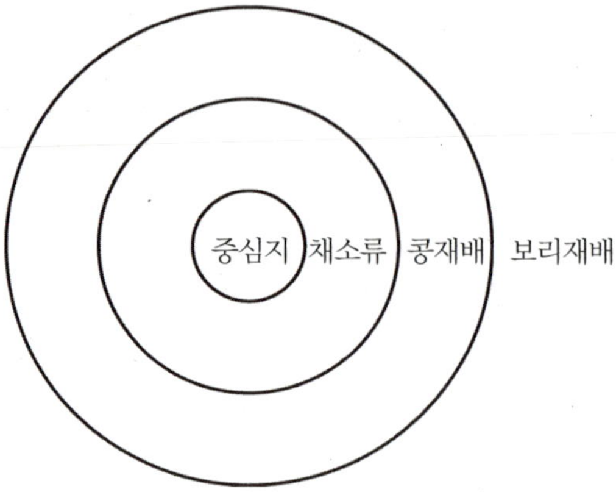

예를 들어 어느 농촌의 중심지에 시장이 존재하고 중심지 외곽에서 세 종류, 즉 채소류, 콩, 보리를 재배하고 있다고 가정하자. 모든 농작물들은 시장이 위치한 농촌의 중심지에서 거래하기 때문에 농부들이 농작물을 내다 팔기 위해서는 중심지까지 운반하는 데 필요한 운송비 등과 같은 접근비용을 부담해야 한다. 만약 모든 지역에서 토지의 생산성이 일정하다고 가정한다면 농부의 입장에서 토지를 가장 효율적으로 이용하는 방법은 중심지까지의 접근비용이 가장 큰 순서대로 중심지와 가까운 지역에 농작물을 배치하는 것이다. 그래야만 중심지까지 운반하는 데 발생하는 접근비용을 최소화할 수 있기 때문이다. 우리의 예에서 한 단위(kg)당 거리(km)당 운송비가 채소류, 콩, 보리 순서대로 비싸다면 합리적인 농부라면 [그림 3-4]와 같이 중심지 다음에 채소류, 그 다음에 콩, 그 다음에 보리를 재배할 것이다. 따라서 농부들이 기꺼이 부담하려고 하는 지불용의 임대료도 채소류, 콩, 보리 순서대로 높게 나타난다.

위의 단순한 예에서 우리가 알 수 있는 사실은 바로 모든 토지의 이용은 임의적으로 이루어지지 않는다는 것이다. 경제학은 한정된 자원으로 재화와 서비스를 어떤 방식으로 생산하고 어떻게 분배할 것인가에 대한 선택의 문제를 연구하는 학문이라는 점에서 토지 용도를 정하는 데도 경제 원리가 중요하게 적용된다. 이처럼 경제 원리에 입각하여 토지를 가장 효율적으로 이용하는 것을 토지의 **최유효적 이용(highest and best use)**이라고 정의한다.

그림 3-5 용도별 동심원모형과 지불용의 임대료곡선

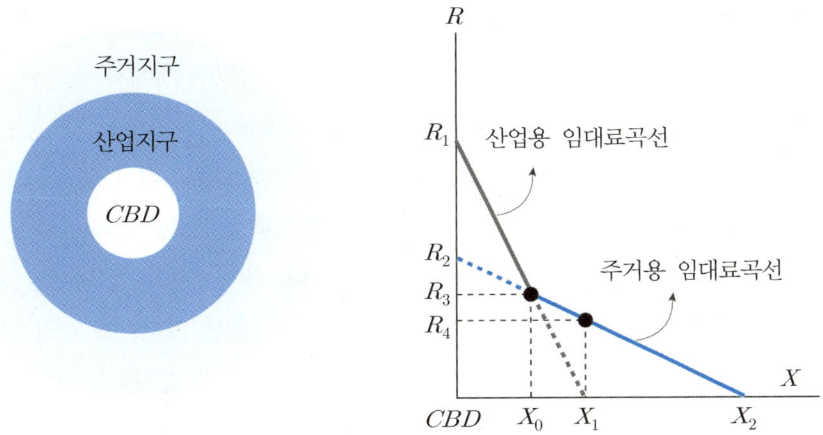

(a) 동심원모형

(b) 용도별 지불용의 임대료

3 용도별 지불용의 임대료곡선

우리 사회는 시간이 흐르면서 농업 중심의 사회에서 제조업과 공업 중심의 사회로 변화를 겪었다. 농경사회에서는 넓은 토지를 경작하면서 흩어져 살던 사람들이 이제는 공장을 중심으로 통근거리 내에 거주하고 있다. 상호 보완관계를 갖는 제조업체와 공장들도 서로 필요한 인력과 중간재를 공유하면서 함께 모여 집적의 효과를 누리고 있다. 위에서 농촌지역을 대상으로 설명한 단순 경제 원리는 복잡한 도시의 현상에도 그대로 적용할 수 있다. 이처럼 도시의 발전과 성장, 기업의 이윤 극대화와 가계의 효용 극대화를 위한 입지 선택, 그리고 공간의 최유효적 이용을 다루는 학문이 바로 도시경제학(urban economics)이다.

[그림 3-5]는 도시를 대상으로 한 폰 튀넨의 동심원모형과 도시에서 이용하는 토지의 용도별 지불용의 임대료곡선을 나타낸다. 현대도시들은 대부분 도시의 중심지, 즉 도심(city center)에 재화와 서비스가 거래되는 중심상업지구(central business district: CBD)가 위치하며 중심상업지구를 둘러싼 외곽에 업무지구를 포함한 산업지구(industrial zone)가 입지한다. 산업지구 외곽에는 노동자들이 거주하는 주거지구(residential zone)가 입지한다. 한 도시 내에서 용도별 지불용의 임대료는 중심상업지구, 산업지구, 주거지구 순으로 높게 형

성되는 것이 일반적이다.

이와 같은 현대도시들의 도시공간구조(urban spatial structure)의 특성을 반영하여 도시경제학에서는 용도별 지불용의 임대료를 분석하기 위해 다음과 같은 가정들을 설정한다. 첫째, 모든 재화들은 중심상업지구에서 거래되며 산업지구 내에서 생산한 재화들은 모두 중심상업지구로 운송한다. 이 가정은 산업용 임대료(industrial rent)가 중심상업지구에 근접할수록 높게 형성되는 이유를 설명한다. 둘째, 가계는 쇼핑이나 출퇴근을 위해 매일 중심상업지구와 산업지구를 왕래한다. 이 가정은 주거용 임대료(residential rent)가 중심상업지구에 근접할수록 높게 형성되는 이유를 설명한다. 셋째, 재화 한 단위당 거리당 운송비는 주거지역 거주자들이 부담하는 거리당 교통비보다 훨씬 크다. 이 가정은 중심상업지구 인근에 산업지구가 입지하고 산업지구 너머에 주거지구가 입지하는 이유를 설명한다.

[그림 3-5] (b)에서 보듯이 기업들이 중심상업지구(CBD)에서 기꺼이 지불할 의향이 있는 지불용의 산업용 임대료는 R_1이다. CBD로부터 거리가 멀어질수록 운송비가 증가하기 때문에 산업용 임대료곡선은 우하향하는 형태로 나타난다. CBD로부터의 거리 X_1에서 지불용의 산업용 임대료가 0인 이유는 X_1에서는 생산을 하더라도 CBD까지 운반하는 데 필요한 운송비가 너무 커서 손실이 발생하므로 어떤 기업도 입주하려고 하지 않는다는 것을 의미한다. 만약 X_1을 벗어난 지역의 토지를 산업용으로 개발한다면 건물은 모두 공실로 남을 것이다. 그러나 이 지역을 주거용으로 개발한다면 토지소유주는 R_4만큼의 높은 주거용 임대료를 받을 수 있다.

마찬가지로 CBD의 토지가 주거용으로 개발된다면 노동자들이 CBD에서 기꺼이 지불할 의향이 있는 지불용의 주거용 임대료는 R_2이다. CBD로부터 거리가 멀어질수록 쇼핑이나 출퇴근에 필요한 교통비가 증가하기 때문에 주거용 임대료곡선은 우하향하는 형태로 나타난다. CBD로부터의 거리 X_2에서 지불용의 주거용 임대료가 0인 이유는 X_2 위치에 주택을 짓더라도 CBD까지의 거리가 너무 멀어 어떤 노동자도 거주하려고 하지 않기 때문이다. 현실적으로 CBD와 산업지구 내에 주택이 들어서지 않는 이유는 그 지역을 주거용보다는 산업용으로 개발할 때 훨씬 더 높은 임대료를 받을 수 있기 때문이다. 이를 반영하여 그림 (b)에서 CBD에서 X_o 구간은 산업지구가, X_o에서 X_2 구간은 주거지구가, 그리고 X_2 너머에는 농경지 또는 녹지가 들어서 있다. 그림 (b)에서 X_o 지점은 토지를 산업용으로 개발하나 주거용으로 개발하나 동일한 임대료 R_3를 받는 지점이며 이 지점 왼쪽 토지는 산업용으로, 반대로 오른쪽 토지는 주거용으로 개발할 때 더 큰 임대료 수입

그림 3-6 섹터별 도시성장모형

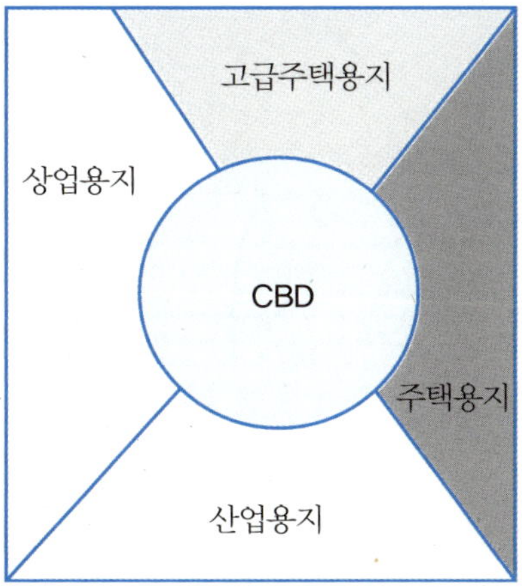

세 가지 다른 용도로 사용되는 입지의 생산성과 접근비용에 따라 그 토지를 사용하고자 하는 사용자의 지불용의 곡선이 도출된다.

을 얻을 수 있다.

제3절 도시성장모형과 부동산시장

1 섹터별 도시성장모형

미국의 경제학자 호머 호잇(Homer Hoyt)은 도시성장을 반영하여 기존의 동심원모형을 변형한 섹터모형(sector model)을 제시하였다. 그는 도시는 사전에 지정한 용도에 따라 성장하며, 그 모양은 [그림 3-6]과 같다고 주장한다. 호잇은 도시가 외곽으로 팽창할 때 각 용도별로(섹터별로) 성장하므로 도시의 성장모형은 동심원의 확대가 아니라 지정한 용도지역의 확대로 나타나는 파이모양이라고 주장한다. 다시 말해 도시 형성 초기에는 하천, 강 등의 자연적인 제약으로 한정된 범위 내에서 도시가 성장하다가 시간이 지날수록 자연적인 제약을 뛰어넘어 도시외곽의 평지로 이어지면서 파이모양의 용도별 성장이 지속한다는 것이다.

그림 3-7 도로축 도시성장모형

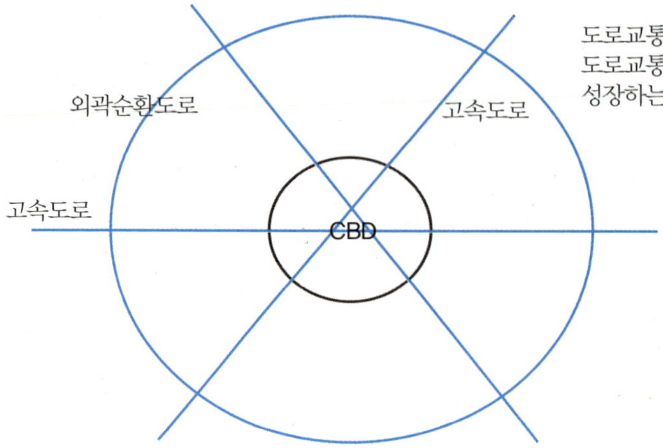

도로교통축 도시성장모형은 도로교통축을 따라 도시가 성장하는 현상을 반영한다.

2 도로축 도시성장모형

도로축 도시성장모형은 도로축을 따라 도시가 성장하는 모형이다. [그림 3－7]과 같이 주요 도로축이 교차하는 지점에 주요 도심지가 형성되고 주요 도로가 지나는 축선을 따라 도시가 성장한다. 서울이나 수도권과 같은 지역에서는 [그림 3－8]처럼 지하철 노선을 따라서 성장하는 지하철노선 도시성장모형이라고 말할 수도 있다. 지하철 노선의 개발은 1970년대와 80년대 서울 강남권 개발, 1990년대 1기 신도시개발, 그리고 2000년대 2기 및 3기 신도시개발에 이르기까지 도시의 확장 방향에 절대적인 영향을 미치고 있다.

그림 3-8 서울 및 수도권 지하철 발달과 도시성장

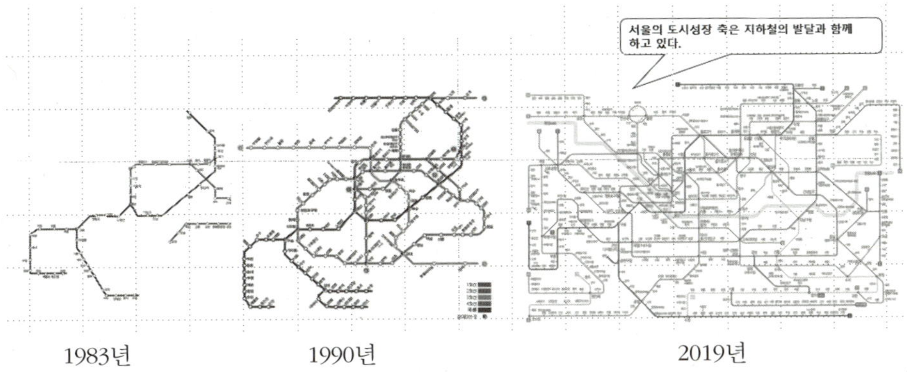

자료: 서울교통공사(www.seoulmetro.co.kr).

3 다핵모델 도시성장모형

동심원모형, 섹터모형, 도로축모형은 과거 도시를 기반으로 형성된 모형으로서 단순 경제 원리를 이용하여 도시의 성장 과정을 설명하는 일종의 단핵모델이다. 단핵모델(monocentric model)은 모든 도시는 하나의 도심(city center)을 갖고 있으며 도심을 중심축으로 방사형으로 성장해 나간다는 가정을 전제로 한다. 그러나 현실세계에서 도시는 훨씬 더 복잡한 과정을 거쳐 성장하고 있다는 것을 알 수 있다. 다핵모델(multicentric model)은 도심이 한 곳이 아니라 외곽에 새로 형성된 여러 곳의 도심, 즉 부도심(subcenter)이 함께 하며 부도심 또한 도시성장의 중심축 역할을 한다고 주장한다.[2] 국내 상업용 부동산 정보를 공시할 때에도 서울시의 경우 [그림 3-9]에서 보듯이 세 가지의 주요 권역, 즉 중구 및 종로구 중심의 CBD, 여의도 중심권역(Yeoido Business Distric: YBD), 강남권역(Gangnam Business Disctrict: GBD)으로 구분하여 부동산 시세와 임대료 등의 동향을 발표하고 있다. 이 상권들은 서울시가 성장하면서 시차를 두고 조성된 지역이다.

---

2 1991년에 출간된 Joel Garreau의 저서 『Edge City : Life on The New Frontier』에 자세한 내용이 언급되어 있음.

그림 3-9 도시성장의 다핵모델

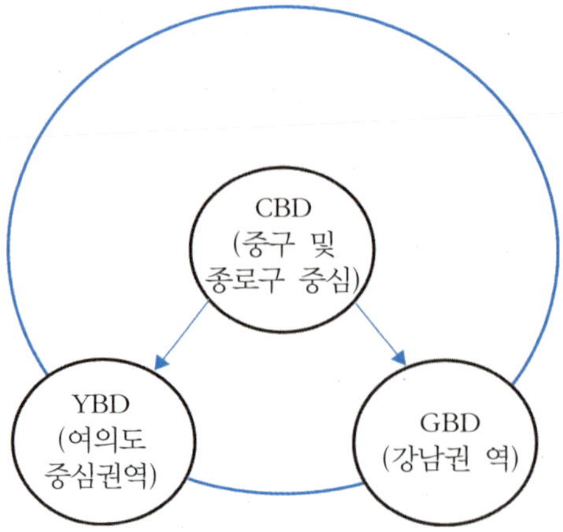

4 우리나라 도시성장모형[3]

1) 전통적인 도시공간구조

폰 튀넨의 동심원모형에 기반을 둔 전통적 도시공간구조(traditional urban structure)는 도시 중앙에 하나의 도심을 갖는 단핵모델이다. 도시는 원형의 모양을 유지하면서 성장하며, 지가나 임대료는 CBD까지의 접근성에 의해 결정되므로 CBD로부터 동일한 거리에 위치한 지역들은 방향에 상관없이 동일한 임대료를 발생시킨다. 따라서 하나의 대표성을 갖는 도시공간구조는 [그림 3-10]처럼 CBD에서 도시외곽에 이르는 하나의 반지름으로 나타낼 수 있다. CBD 인근에는 상업지구나 업무지구를 포함한 산업지구로 개발하는 것이 주거지구보다 더 높은 임대료를 받을 수 있기 때문에 산업지구가 입지하고 그 너머에 주거지구가 입지한다. 주거지구 너머에는 농경지로 활용되거나 녹지로 보존하고 있다.

산업지구와 주거지구의 면적은 상호 비례관계를 유지하면서 성장한다. 그 이유는 어떤 도시에서 산업지구가 확대된다는 것은 그만큼 노동자의 유입이 증가한다는 것을 의미

3 본 내용은 다음의 논문을 참조하였다. 임덕호, "도시공간구조의 동태모형", 도시계획, vol. 34-3, 1999. 6.

그림 3-10 전통적인 도시공간구조

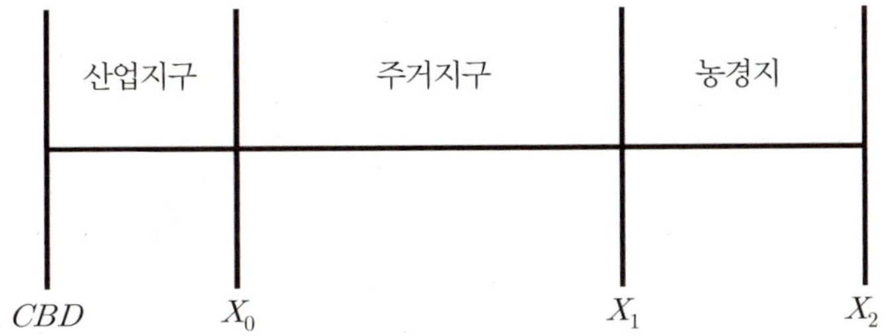

하며 노동자의 증가는 이들이 거주할 주택에 대한 수요의 증가를 유발하므로 주거지구도 확대될 수밖에 없다. 반대로 산업지구가 축소된다면 주거지구도 따라서 축소한다. 이것은 도시의 성장은 그 지역의 산업의 성장과 불가분의 관계를 갖는다는 것을 의미한다. 그러나 전통적인 도시공간구조모형은 도시구조를 설명하는 데는 대단히 유용하지만 도시가 살아 있는 생물처럼 성장과 쇠퇴를 반복하는 현상을 설명하는 데는 한계가 있다는 약점이 있다.

2) 도심재개발모형

어떤 도시가 제1기에 [그림 3－10]과 같은 도시공간구조를 갖고 있다고 가정하자. 지방정부가 도시성장을 촉진하기 위해 도시개발 정책을 시행하려고 한다. 도시외곽의 농경지에 주거지구가 들어서는 것은 가능하나 상업시설이나 업무시설 등과 같은 산업지구가 들어서기에는 아직 입지조건이 열악하다고 가정하자. 이 경우 지방정부가 대안으로 생각할 수 있는 것이 도시 내부의 주거지구 중 일부를 산업지구로 재개발하는 방법이다.

[그림 3－11]에서 구간 $(X_0 \sim X_0')$은 제1기에는 주거지구1에 속하는 지역이었다. 산업용 토지에 대한 수요가 증가하고 산업용 임대료가 상승함에 따라 제2기에 주거지구가 산업지구로 재개발이 이루어진 것을 보여주고 있다. 도시가 성장하는 과정에서 산업용 토지에 대한 수요가 증가하면 산업용 임대료는 상승한다. 만약 동일한 토지에서 발생하는 산업용 임대료의 상승분이 주거용 임대료의 상승분에 용도변경에 따른 비용을 더한 값보다 크다면, 주거지구 중의 일부는 산업지구로 재개발이 이루어질 수 있다. 도심재개발의

그림 3-11 도심재개발모형

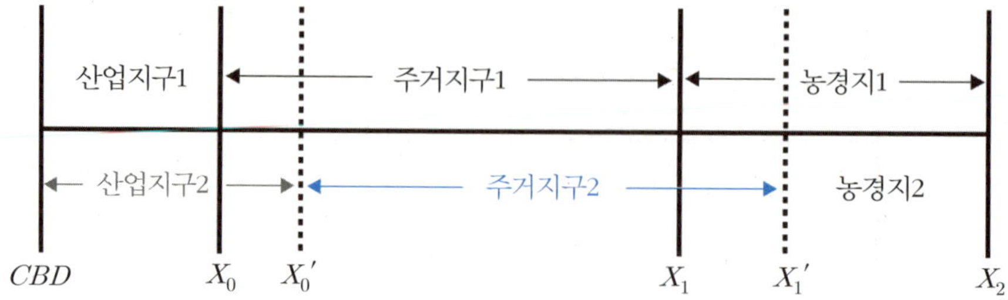

규모는 산업용 임대료 상승분과 주거용 임대료 상승분의 차이가 용도변경에 소요되는 비용을 초과하는 크기에 따라 결정된다. 주거지구1이 산업지구1에 근접할수록 산업용 토지로서의 입지경쟁력이 높기 때문에 산업지구1에 근접한 주거용 토지부터 산업지구로의 재개발이 먼저 시행된다. 이러한 도심재개발사업은 산업용 임대료 상승분과 주거용 임대료 상승분의 차이가 용도 변경에 따른 비용과 정확히 일치하는 지역, 즉 X_0'까지 확대된다.

[그림 3-11]에서 제1기에 주거지구1 중의 일부 구간인 $(X_0 \sim X_0')$이 제2기에 산업지구로 재개발됨에 따라 멸실된 주거지구1 내 주택의 거주자들은 도시외곽 농경지1으로 이주한다. 뿐만 아니라 도심재개발에 의한 산업지구의 확대는 노동에 대한 수요를 늘리고 타도시로부터 노동자의 이주를 촉진하므로 이들을 수용할 주거지구의 확대가 불가피하다. 따라서 도심재개발에 의한 제2기의 주거지구2는 제1기의 농경지1에서 주거지로 용도 전환한 지역, 즉 $(X_1 \sim X_1')$을 포함한 $(X_0' \sim X_1')$ 구간으로 나타난다. 주거지구의 외곽화(suburbanization)는 CBD까지의 교통비를 증가시키므로 상대적으로 CBD에 접근성이 좋은 주거지역을 확보하려는 경쟁을 유발한다. 그 결과 제2기에 도시 전체에 걸쳐 주거용 임대료는 상승한다.

이와 같은 형태의 도시성장모형은 서울의 무교동 등과 같이 도심주변의 주택가가 상업지역으로 재개발된 곳에서 나타나며, 현재 도심재개발사업은 대부분의 대도시에서 점진적으로 이루어지고 있다. 일부 지방정부들은 슬럼화한 도심을 살리기 위해 도심의 기존 주택가를 관통하는 새로운 도로를 건설하거나 지하철 노선을 끌어들이는 등의 방법으로 도심재개발을 유도하고 있다. 그러나 이와 같은 유형의 개발방식은 대단히 높은 경제적

그림 3-12 도시외곽개발모형

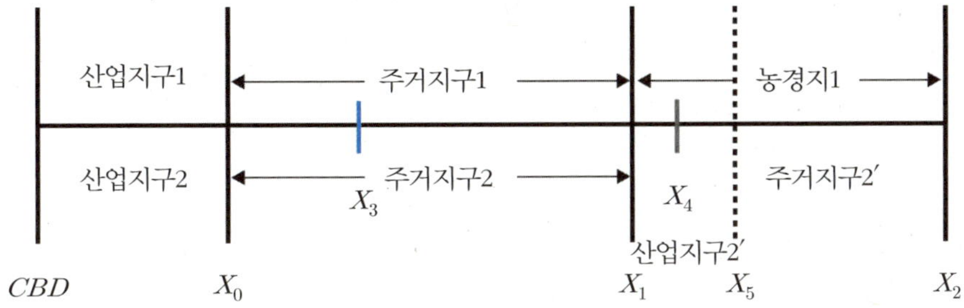

비용을 발생시키는 문제점을 안고 있다. 기존의 주택을 철거하는 데 발생하는 보상비용 및 이주비용, 그리고 주택 멸실에 따른 자원의 낭비 등은 대도시일수록 크게 나타날 가능성이 높다. 뿐만 아니라 도심재개발지역이 산업지구로서의 제 기능을 발휘하기 위해서는 새로운 도로의 건설과 같은 공공재의 투자가 이루어져야 하는데, 이에 따른 재정지출도 상당히 클 것으로 예상한다.

3) 도시외곽개발모형

제1기에 [그림 3-10]과 같은 공간구조를 갖고 있는 어떤 도시가 있다고 가정하자. 지방정부가 주택부족 문제를 해결하거나 도시성장을 촉진하기 위해 도시외곽에 위치한 농경지나 녹지를 신도시로 개발하려고 한다. 제2기에 산업지구2와 주거지구2를 반영한 제2기의 도시공간구조는 [그림 3-12]와 같이 달라질 것이다. 산업지구1과 주거지구1은 제1기에 이미 개발된 지역이다. 이 지역들은 제2기에도 산업지구2와 주거지구2로서 원래의 용도를 그대로 유지한다. 그러나 도시외곽에 위치한 산업지구2′과 주거지구2′은 제1기에 농경지1이었던 지역을 지방정부가 대규모로 개발함으로써 새로 조성된 지역이다. 따라서 제2기의 산업지구는 산업지구2와 산업지구2′을 합한 면적과 일치하며, 제2기의 주거지구도 주거지구2와 주거지구2′을 합한 면적과 일치한다.

우리나라의 경우 이러한 유형의 개발은 보통 도시외곽에 대규모 아파트단지를 조성하는 형태로 이루어지는데, 대표적인 예로서 1970년대와 80년대 서울의 강남상권 및 개포동 주거지역, 여의도 업무지구 및 주거지역, 목동을 중심으로 한 양천지구 등의 개발을 들 수 있다. 그 결과 도시공간구조가 하나의 중심상업지구를 갖는 단핵도시(monocentric city)에서 여러 개의 중심상업지구를 갖는 다핵도시(multicentric city)의 형태로 전환되는 경향을 보이고 있다. 지방도시의 경우 도시외곽에 대규모 공단을 조성한 후 배후에 주거지를 개발하는 방식도 유사한 범주에 속한다고 볼 수 있다.

어느 한 도시가 [그림 3-10]과 같은 단핵도시에서 [그림 3-12]와 같은 다핵도시로 발전할 경우 도시외곽에 거주하는 근로자들 중의 일부는 출퇴근이나 쇼핑 또는 여가를 즐기기 위해 CBD나 산업지구2로 왕래하기보다는 접근성이 용이한 산업지구2′으로 왕래하게 된다. 그 결과 다핵도시모형에서의 부동산가격이나 임대료는 CBD에서 도시외곽으로 나아갈수록 하락하는 [그림 3-5] (b)와 같은 단핵도시모형에서의 임대료곡선과는 상당히 다른 형태를 보이게 된다. [그림 3-12]에서 주거지구2 내부의 경계선 X_3는 쇼핑이나 출퇴근을 위해 CBD로 왕래하거나 산업지구2′ 내의 중심상업지구인 X_4로 왕래하거나 동일한 접근비용을 발생하는 지점이다. 따라서 제2기에 주거용 임대료는 X_3까지는 CBD로부터 거리가 멀어질수록 하락하다가 X_3 지역을 지나면 주거용 임대료는 CBD로부터 거리가 멀어질수록(도시외곽의 부도심권인 산업지구2′에 근접할수록) 오히려 상승하는 V자형 임대료곡선을 나타낸다. 그 이유는 제1기에 주거지구1의 외곽은 산업지구1에 도달하는 데 상대적으로 불리한 입지조건을 갖고 있었으나 제2기에는 산업지구2′이 주거지구1의 외곽에 개발됨으로써 산업지구 접근비용이 크게 절감되었기 때문이다.

이와 같은 도시외곽개발 방식은 도시성장을 촉진하는 반면에 다음과 같은 문제점들을 발생시킬 수 있다. 첫째, 개발초기의 열악한 입지조건으로 주변 여건이 갖추어질 때까지 상당기간 동안 산업지구2′의 생산성이 산업지구1에 비해 월등히 떨어지는 경제적 비효율성을 발생시킬 수 있다. 둘째, 단기간에 걸친 대규모 개발방식은 지가의 급등과 함께 투기를 불러일으킬 수 있다. 셋째, 투기로 인한 소득분배의 왜곡과 불로소득의 발생으로 계층 간 위화감은 물론 근로의욕을 저하시키는 사회적 문제를 발생시킬 가능성이 높다. 넷째, 제2기에 도시외곽 농경지나 녹지를 산업지구나 주거지구로 용도를 변경할 경우 지가가 폭등할 가능성이 크다. 그 결과 주거지구2의 임대료 또한 급등하고, 이로 인해 주거지구2와 연계되어 있는 산업지구2의 임대료도 영향을 받기 때문에 정부주도하의 도시외곽개발은 도시 전역에 걸쳐 지가와 임대료를 상승시키는 부작용을 발생시킬 수 있다.

그림 3-13 계획도시모형

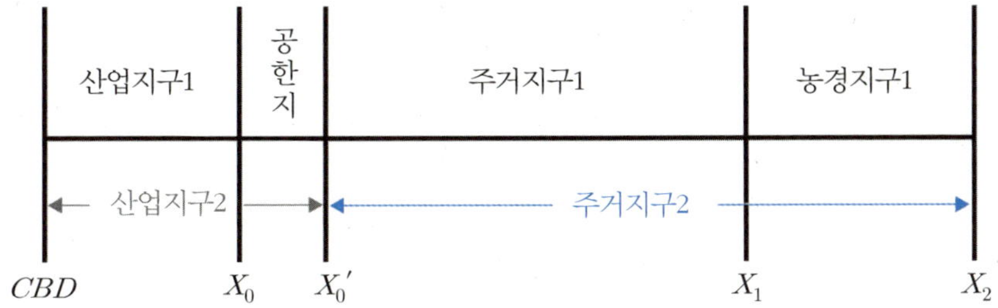

4) 계획도시모형

도시성장을 촉진하기 위해 도시외곽을 개발하거나 도심을 재개발할 경우 전술한 바와 같이 많은 경제적 · 사회적 비용과 재정지출을 발생시키는 부작용이 발생할 수 있다. 이러한 문제점을 간파한 중앙정부는 어느 한 지역에 전형적인 계획도시를 건설하고자 할 때 미래의 도시성장을 고려하여 토지를 용도별로 지정한 후 필요한 용지를 미리 확보하려고 한다. 계획도시모형(planned city model)은 사전에 토지를 용도별로 지정한다는 점에서 호머 호잇의 섹터모형과 유사하지만 폰 튀넨의 동심원모형을 그대로 이용한다는 점에서 차이가 있다. 전형적인 계획도시는 [그림 3-13]에서 보듯이 제1기에 산업지구1 바로 외곽에 미개발된 상태인 공한지(vacant land)를 남겨둔 채 건너 뛰어 주거지구1을 개발하는, 마치 '개구리 뜀'(leapfrog development)식 도시공간구조를 보이게 된다.

계획도시가 갖는 가장 큰 특징은 제2기에 이르는 동안 도시성장을 감안하여 토지 용도별로 장차 필요한 토지들을 미리 확보한 후 이 토지들을 제1기에는 공한지 형태로 보존한다는 점이다. 도시 내부의 토지들을 공한지로 확보하는 이유는 제1기에 주거지로 개발하는 것보다는 공한지로 보존하다가 제2기에 보다 수익성이 높은 산업지로 개발하는 것이 보다 효율적인 토지이용 방식이라고 믿기 때문이다. 우리나라의 경우 대표적인 계획도시로서 안산시와 창원시를 들 수 있다.

제4절 지역경제 기반산업과 부동산시장

어떤 도시의 부동산시장을 예측하는 데 무엇보다 중요한 것은 해당 도시의 지역경제 기반산업이 무엇이고 어떤 경쟁력을 갖고 있는지 파악하는 것이다. 어떤 도시의 지역경제 기반산업이 지속가능하며 새로운 인구를 유인할만한 경쟁력을 갖고 있다면 이 도시의 부동산시장은 상대적인 경쟁력을 갖는다고 볼 수 있다. 예를 들어 대규모 섬유단지를 기반산업으로 하는 경공업 중심의 도시와 조선소와 같은 중공업을 기반으로 하는 도시의 경우 이들 산업의 성장 여부가 그 도시의 성장과 직결된다. 조선소가 위치한 창원과 거제시의 성장은 조선업의 성장 여부에 달려 있다고 해도 과언이 아니다. 탄광을 기반산업으로 하는 태백시와 정선시는 탄광업의 부침과 함께 성장과 쇠락의 길을 걷고 있다. 이처럼 어떤 도시들은 기반산업의 고도화와 함께 성장하는 반면에 어떤 도시들은 기반산업의 퇴보와 함께 위축되고 있다.

도시의 성장과 쇠락에 영향을 미치는 지역경제 기반산업을 이해하기 위해서는 지역경제 기반이론에 대한 학습이 선행되어야 한다, 지역경제 기반이론이란 어느 한 지역경제 내의 사업별 종사자와 그 규모를 분석하여 해당 지역의 특화산업을 파악하는 이론이다. 지역경제의 기반산업과 비기반산업은 입지계수(location quotient: LQ)를 이용하면 쉽게 구분할 수 있다.

$$LQ_i = \frac{(e_i/e)}{(E_i/E)}$$

LQ_i: 특정 지역의 입지계수
e_i: 특정 지역 i 산업의 총고용자 수
e: 특정 지역 전체 산업의 총고용자 수
E_i: 전국 i 산업의 총고용자 수
E: 전국 전체 산업의 총고용자 수

위의 입지계수 식에 통계자료를 적용하면 어느 한 지역경제의 중심이 되는 특정 산업의 특화 정도를 분석할 수 있다. 어느 한 지역에서 A라는 특정 산업에 종사하는 고용인구 비율(=해당 지역 A산업 고용인구/해당 지역 총고용인구)을 전국에서 A산업에 종사하는 고용인구 비율(=전국 A산업 고용인구/전국 총고용인구)로 나눈 값이 입지계수(LQ)이다. 만약 A산업의 입지계수 값이 1보다 크다면 전국 총고용인구 중 A산업의 고용인구가 차지하는 비중에 비해 해당 지역의 총고용인구 중 A산업의 고용인구가 차지하는 비중이 더 크다는 것을 의미하므로 이 지역에서 A산업은 중요한 위치를 차지하는 기반산업이라고 볼 수 있다. 반대로 입지계수가 1보다 작다면 A산업은 비기반산업에 속한다.

$LQ > 1$: A산업은 기반산업
$LQ < 1$: A산업은 비기반산업

예를 들어 안산시 총고용인구 50만명, 안산시의 첨단제조업 종사 인구 10만명, 전국 총고용인구 1,500만명, 전국의 첨단제조업 종사 인구 100만명이라고 가정하자, 이 경우 안산시의 첨단제조업 입지계수는 $LQ_i = [(10/50) \div (100/1500)]$으로 약 3의 값을 갖는다. 안산시에서 첨단제조업의 입지계수 값이 1을 초과하므로 첨단제조업은 안산시의 기반산업이라는 것을 의미한다.

참고문헌

김경환 · 서승환, 『도시경제학』, 홍문사, 2017.
임덕호, "도시공간구조의 동태모형", 도시계획 vol. 34-3, 1999. 6.
임덕호, 『경제학(제3판)』, 명경사, 2017.
Duck-Ho Lim, "The Nonneutrality of the Land Value Tax : Impacts on Urban Structure", Journal of Urban Economics vol. 32, no. 2, 1992.
Jared Diamond, 『Guns, Germs, and Stee』, 1998.
Joel Garreau, 『Edge city : Life on the New Frontier』, 1991.
Richard Muth, 『Cities and Housing』.

Introduction of Real Estate Studies

02

주거용 부동산과 상업용 부동산

04 주택시장의 이해

제1절 주택의 분류

주택(housing)이란 세대의 구성원이 장기간 독립된 주거 생활을 할 수 있는 건축물의 전부 또는 일부 및 그 부속 토지를 말한다.[1] 주택은 주거 형태를 기준으로 분류할 경우 단독주택과 공동주택으로 나눌 수 있다. 단독주택은 각각의 단일 가구를 위해 단독택지 위에 건축하며 단일 가족단위의 특성을 잘 반영할 수 있다는 장점이 있다. 건축법에서 규정하는 단독주택의 종류는 다음의 네 가지로 분류할 수 있다.

① 일반단독주택: 한 가구가 생활할 수 있도록 건축한 주택으로서 세입자가 살고 있더라도 방, 부엌, 독립 출입구, 화장실이 따로 갖추어져 있지 않으면 그 집은 일반단독주택에 포함.

② 다중주택: 연면적이 330㎡ 이하이면서 3층 이하이고, 독립된 주거 형태가 아니며, 학생 또는 직장인 등 다수인이 장기간 거주할 수 있는 구조의 주택.

③ 다가구주택: 1개 동의 단독주택에 출입문을 별도로 설치하는 등 19세대 이하가 거주하는 주택으로서 사용하는 층수(지하층 제외)가 3개 층 이하이고, 1개 동의 주

1 국가법령정보센터, '주택법'(www.law.go.kr/법령/주택법/제2조).

택으로 사용하는 바닥면적(지하 주차장 면적 제외)의 합계가 660㎡ 이하인 주택.

④ 공관: 단독주택의 하나로서 정부의 관리들이 공적인 목적으로 사용하는 주택.

공동주택의 정의와 범위는 건축법과 주택법에서 정하고 있다. 주택법에서 정의하는 공동주택이란 건축물의 벽 · 복도 · 계단이나 그 밖의 설비 등의 전부 또는 일부를 공동으로 사용하는 각 세대가 하나의 건축물 안에서 각각 독립된 주거 생활을 할 수 있는 구조로 된 주택을 말한다. 건축법에서는 공동주택의 종류와 범위를 아파트, 연립주택, 다세대주택, 기숙사로 규정하고 있다.[2]

① 아파트: 주택으로 사용하는 층수가 5개 층 이상인 주택.[3]

② 연립주택: 주택으로 사용하는 1개 동의 바닥면적(지하 주차장 면적은 제외) 합계가 660㎡를 초과하고, 층수가 4개 층 이하인 주택.

③ 다세대주택: 주택으로 사용하는 1개 동의 바닥면적 합계가 660㎡ 이하이고, 층수가 4개 층 이하인 주택(2개 이상의 동을 지하 주차장으로 연결하는 경우에는 각각의 동으로 보며, 지하 주차장 면적은 바닥면적에서 제외함).[4]

④ 기숙사: 학교 또는 공장 등의 학생이나 종업원 등을 위하여 사용하는 것으로서 공동취사 등을 할 수 있는 구조를 갖춘 주택(독립된 주거의 형태를 갖추지 아니하더라도 학생복지 주택은 포함).

2 토지이용규제정보서비스, '공동주택의 정의'(http://luris.molit.go.kr/).

3 층수를 산정할 때 1층의 전부를 필로티 구조로 하여 주차장으로 사용하고 나머지 부분을 주택 이외의 용도로 사용하는 경우에는 해당 층을 주택의 층수에서 제외한다.

4 층수를 산정할 때 1층의 바닥면적 1/2 이상을 필로티 구조로 하여 주차장으로 사용하고 나머지 부분을 주택 이외의 용도로 사용하는 경우에는 해당 층을 주택의 층수에서 제외한다.

제2절 주택시장 분석

1 주택시장 환경 분석

[그림 4−1]에서 보듯이 우리나라 평균 가계의 자산구성에서 부동산자산이 차지하는 비중은 선진국에 비해 월등히 높다. 한국은행과 통계청이 발표한 2016년 국민대차대조표에 따르면 우리나라 국민순자산은 1경3,078조원이며 국민순자산 가운데 비금융자산은 1경 2,551조원으로 추정한다. 이는 우리나라 국내총생산(gross domestic products: GDP)의 8.0배에 달하는 규모이다. 비금융자산 중에서 토지자산이 차지하는 비중은 54.9%이며, GDP 대비 토지자산 비율은 2017년 기준 429.9%를 차지한다.[5] 가계와 비영리단체 부문이 보유하고 있는 비금융자산은 주거용 1,238조원, 비주거용 250조원, 토지 4,058조원이다. 가계와 비영리단체 부문의 순자산 7,539조원 중에서 비금융자산에 속하는 부동산자산이 차지하는 비중은 총5,547조원으로 73.6%(토목 제외)에 해당한다. 2017년 자료를 기준으로 국제비교 결과 가계 및 비영리단체 순자산 중 비금융자산 비중은 한국(75.4%), 프랑스(68.5%), 독일(67.4%), 일본(43.3%), 미국(34.8%) 등으로 나타나 한국의 비금융자산 비중이 주요 선진국보다 월등히 높다는 것을 알 수 있다.[6]

주택시장을 이해하는 데 중요한 지표 중의 하나는 주택보급률과 자가점유율이다. 주택보급률(housing supply ratio)은 일반가구수 대비 주택수의 백분율로 정의한다.[7]

$$\text{주택보급률} = \frac{\text{주택수}}{\text{일반가구수}} \times 100$$

여기서 일반가구수란 보통가구수에 비혈연가구와 1인 가구를 포함한 가구수를 의미하며, 주택수란 '인구주택총조사' 결과를 기준으로 빈집을 포함하여 산정한 주택수를 말한

5 뉴시스(2017. 6. 14), "가계자산 중 부동산비중 73.6%, 쏠림 심해".

6 연합뉴스(2018. 6. 19), "가구당 순자산 3억8,867만원 … 75%가 부동산에 집중".

7 e−나라지표(http://www.index.go.kr).

그림 4-1 우리나라 가계의 자산구성

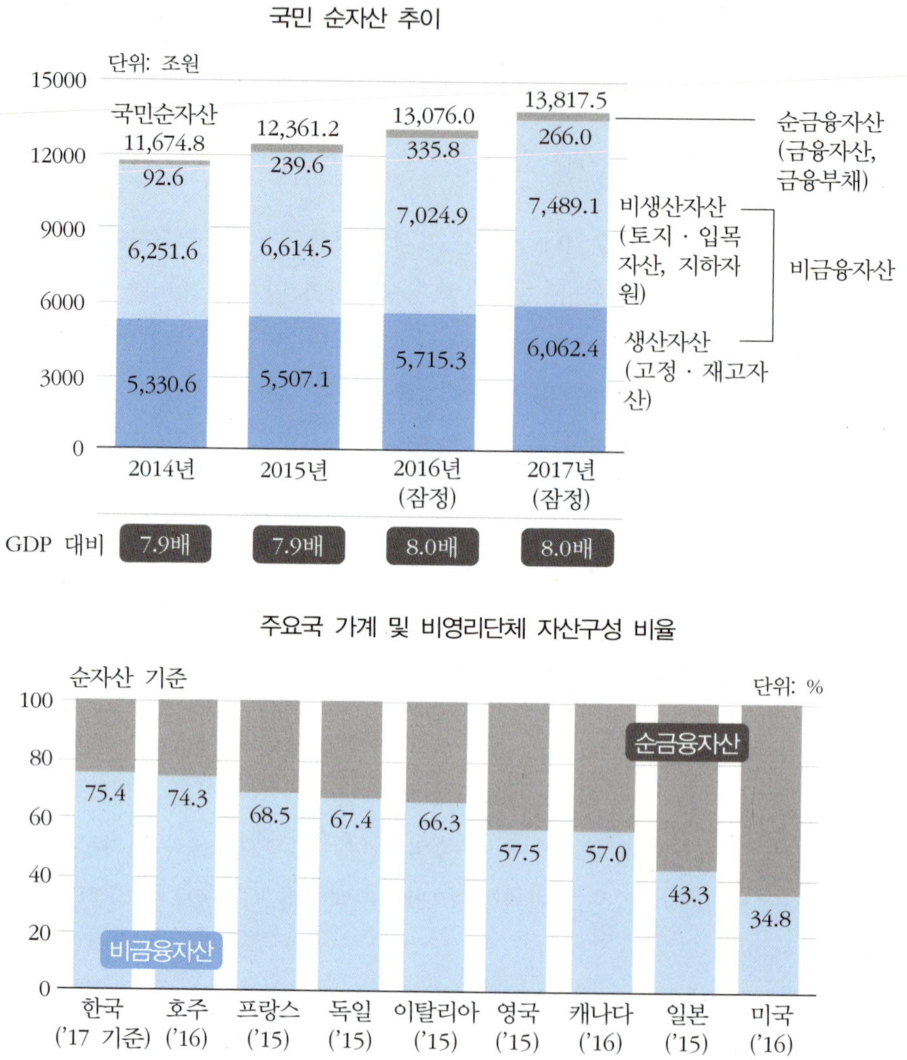

출처: 한국은행, 통계청.

다. 주택수에는 다가구주택의 구분 거처를 각각의 주택으로 반영한다. 주택보급률은 특정 국가 또는 특정 지역에 있어서 주택 재고가 그곳에 거주하고 있는 가구들의 수에 비해 얼마나 부족한지 또는 여유가 있는지를 총괄적으로 보여주는 양적 지표이다. 우리나라에서

표 4-1 우리나라 주택보급률 및 자가점유율(단위: %)

구 분	전 국	서 울	부 산	대 구	인 천	광 주	대 전	울 산
주택보급률	103.3	96.3	103.1	104.3	100.4	105.3	101.2	109.3
자가점유율	56.8	42.1	61.3	58.7	58.7	61.6	53.8	62.7

주: 주택보급률은 2017년 기준, 자가점유율은 2015년 기준.
출처: e-나라지표(www.index.go.kr).

는 주택 재고의 절대부족 문제가 사회문제로 대두하면서 주택보급률은 주택 재고 확대라는 주택정책 목표의 달성도를 나타내는 주요 지표로 활용하고 있다. [표 4-1]에서 보듯이 2017년 기준 우리나라 주택보급률은 전국 103.3%, 서울 96.3%를 나타내고 있다. 그러나 주택보급률 지표는 주택 재고의 배분 상태, 즉 자가보유율이나 거주 상태 등과 같은 주거수준을 보여주지 못한다는 한계를 갖고 있다.

자가점유율(rate of owner-occupied house)이란 일반가구 중 자신이 소유한 주택에서 자신이 살고 있는 주택의 비율을 말한다. 위에서 언급한 자가보유율(housing ownership rate)은 거주 여부와 상관없이 주택을 소유한 가구의 비율이라는 점에서 서로 다른 의미를 갖는다. 자가점유율은 특정 국가 또는 특정 지역에서 가구수 대비 주택 재고의 부족 여부만을 총괄적으로 보여주는 주택보급률의 한계를 보완하는 역할을 한다. [표 4-1]에서 보듯이 주택보급률이 비슷한 지역이라도 자가점유율이 상이할 경우 두 지역 간 주민들의 주택에 대한 개념이나 사고방식은 다를 수 있다. 자가점유율은 외지 거주자의 비율, 다주택자의 비율, 전월세 비율, 잠재수요자 파악 등과 같은 각종 거주 형태, 구조, 배분 비율 등을 알 수 있는 지표로도 활용이 가능하다. 2015년 기준 통계청 조사 결과 자가점유율은 전국 56.8%, 서울 42.1%를 기록하고 있다. 국토교통부가 발표한 '2017년도 주거실태조사' 결과에 따르면 자가보유율은 전국 61.1%, 수도권 54.2%로 나타났다. 통계청의 국제비교 결과 선진국의 자가점유율은 영국('07년) 71%, 미국('11년) 66.4%, 일본('08년) 61.2%, 프랑스('04년) 54.1%로 나타나 있다.[8]

8 e-나라지표 통계.

2 주택시장 수요분석

1) 주택수요의 기본개념

주택수요(demand for housing)는 매매수요냐 혹은 임대수요냐에 따라 주택스톡수요와 주택서비스수요로 나눌 수 있다. 주택스톡수요(demand for housing stock)는 기존에 거주하고 있는 중고주택이나 신축주택에 대한 수요를 말한다. 주택서비스수요(demand for housing service)는 차가주택이나 자가주택의 서비스에 대한 수요를 말한다. 주택스톡수요는 주택의 매입을 목적으로 하는 수요이며 주택서비스수요는 주택으로부터 발생하는 서비스의 이용을 목적으로 하는 수요이다. 주택스톡에 대한 수요와 공급에 의해 주택가격이 결정되고 주택서비스에 대한 수요와 공급에 의해 임대료가 결정된다. 임대주택인 차가주택과 마찬가지로 자가주택 역시 임대료가 발생한다. 비록 집주인이 소유하는 주택이라 하더라도 집주인은 거주서비스를 향유하는 대가로 임대료 소득을 포기하는 기회비용(opportunity cost)이 발생하기 때문이다.

많은 사람들이 주택소요와 주택수요를 혼돈해서 사용하는 경우가 있다. 그러나 주택소요와 주택수요는 완전히 다른 개념이다. 주택소요(housing needs)는 특정 지역의 가구수를 기준으로 할 때 얼마나 많은 주택이 필요한가를 나타낸다. 전국 주택보급률이 103.3%라는 것은 가구수 대비 주택수가 더 많기 때문에 주택수가 주택소요량을 초과한다는 것을 의미한다. 마찬가지로 2017년 기준 서울의 주택보급률이 96.3%라는 것은 서울지역에서 주택수가 주택소요량에 비해 부족하다는 것을 의미한다. 반면에 주택수요(demand for housing)는 전국 또는 특정 지역의 가구수와 상관없이 특정 시기에 주택시장에서 형성된 주택가격 수준에서 수요자들이 기꺼이 주택을 구입할 의사와 구입할 능력이 있는 수량을 말한다. 따라서 사람들이 주택 매입을 원하더라도 주택을 매입할 수 있는 능력이 없다면 주택에 대한 수요에 포함하지 않는다는 점에서 주택수요는 주택소요와 완전히 다른 개념이라는 것을 알 수 있다. 흔히들 "주택보급률은 100%가 넘더라도 자가보유율은 전국 61.1%, 수도권 54.2%에 불과해 살만한 주택이 터무니없이 부족하므로 집값은 오를 수밖에 없다"라고 말한다. 그러나 이러한 표현은 주택수요의 개념을 제대로 이해하지 못한데서 비롯한 것으로 생각한다. 수도권, 특히 서울의 자가보유율이 매우 낮은 것은 살만한 주택이 부족한 것이 아니라 높은 주택가격으로 인해 주택을 구매할 능력이 따르지 않기 때문이다. 미국처럼 주택보급률이 120%를 웃도는 선진국들도 주택이 남아돌지만 자가보유율은 60% 초반 대에 머물러 있는 현상을 제대로 이해할 필요가 있다.

주택수요는 단기수요와 장기수요로 구분한다. 경제학에서는 자본의 투입이 변할 수 없을 정도로 짧은 기간을 단기(short run), 자본의 투입이 변할 수 있을 정도로 긴 기간을 장기(long run)로 구분한다. 주택시장에서 자본의 투입이란 주택건설업체들이 건설장비 등을 추가로 투입하여 신규 주택을 생산하는 것을 말한다. 따라서 주택은 일반재화와 달리 생산 기간이 길게 나타나는 재화이므로 주택시장에서 최소한 2~3년 이상을 기준으로 장단기를 구별해야 할 것으로 생각한다. 주택에 대한 단기수요에 가장 큰 영향을 미치는 경제변수로서 주택담보대출 금리를 들 수 있다. 주택은 고가의 재화인데다 금융조달비용이 매우 크기 때문에 대출 금리의 상승은 곧바로 신규 및 기존 주택에 대한 수요를 억제하는 효과가 있다. 주택에 대한 장기수요에 영향을 미치는 변수로서 한 나라 경제성적표를 나타내는 GDP나 가구수의 변화 등을 들 수 있다. GDP나 가구수의 변화는 장기간에 걸쳐 나타나지만 장기적으로 주택에 대한 수요에 커다란 영향을 미치는 변수들임에 틀림없다.

2) 주택수요에 영향을 미치는 요인

일반적으로 주택시장을 분석할 때 인구, 가구원수, 가구 증가율, 거시경제 여건, 가계소득 등을 주요 변수로 사용한다.[9] 주택수요를 분석할 때 인구수는 절대적으로 중요한다. [그림 4-2]에서 보듯이 2015년 기준 우리나라의 총인구는 5,101만 명이며 2031년 5,296만 명을 정점으로 감소할 전망이다. 특히 생산 활동 중심 연령으로서 주택수요에 직접 영향을 미치는 15세~64세에 해당하는 생산가능인구는 2016년 3,763만 명을 정점으로 감소하기 시작하여 2020년대부터는 연평균 34만 명, 2030년대에는 연평균 44만 명씩 감소할 예정이다. 가구수도 주택수요에 중요한 변수로 작용한다. 가구수의 증가는 주택시장에서 신규 주택수요를 창출하는 원동력이다. 통계청에서 발표한 '장래가구추계'에 따르면 2015년 기준 총가구수는 1,901만 가구이며 2043년 2,234만 가구까지 증가한 후 2043년을 정점으로 감소할 것으로 전망한다. 2015년 기준 평균 가구원수는 2.53명이며 해를 거듭할수록 점차 감소하여 2045년 2.1명까지 감소할 전망이다.

9 Norman G. Miller & Daivd M. Geltner, 『Real Estate Principles for the New Economy』.

그림 4-2 우리나라 장래인구 및 생산가능인구 추계

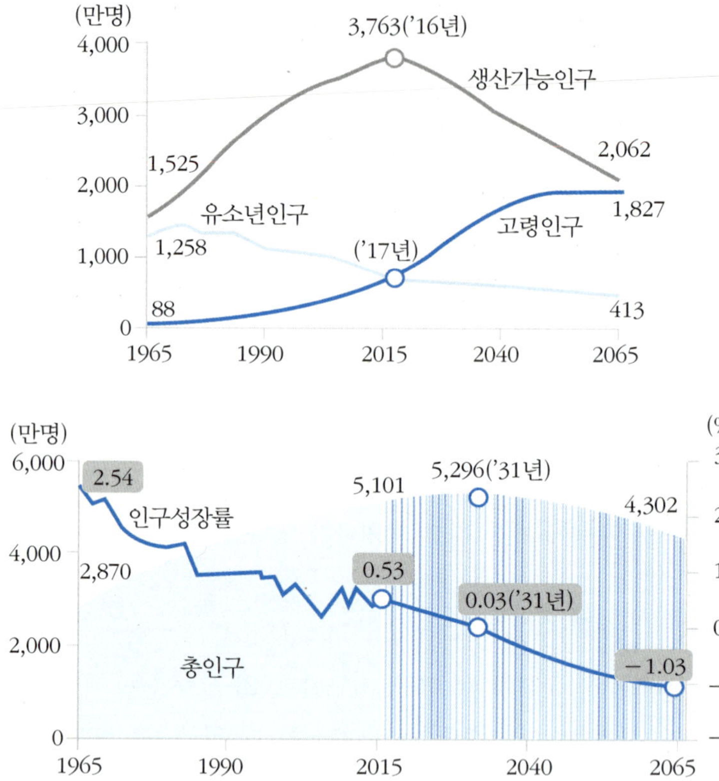

출처: 장래인구추계 2015~2065 공공누리(통계청 2016).

가구 형태를 살펴보면 2045년까지 부부와 자녀가 함께 거주하는 가구는 감소하고 1인 가구 및 부부 가구는 증가할 것으로 전망한다. 가족으로 이루어진 친족 가구 비중은 2015년 71.6%에서 2045년 62.4%로 감소할 전망이다. 2015년 가구원수별 가구 비중은 1인 가구가 27.2%로 가장 높고, 2인 26.1%, 3인 21.5%, 4인 18.8% 순이었으나, 2045년에는 1인 가구와 2인 가구가 각각 36.3%와 35%까지 증가하는 반면에 4인 가구 비중은 7.4%까지 감소할 전망이다. 특히 가구주가 65세 이상인 고령자 가구는 2015년 366만 가구에서 2045년 1,065만 가구로 증가할 전망이다. 절대인구의 감소와 고령화, 그리고 가구원수의 감소 등은 주택수요의 변화에 커다란 영향을 미칠 것으로 예상한다.

그림 4-3 총가구수 및 가구수 증가율

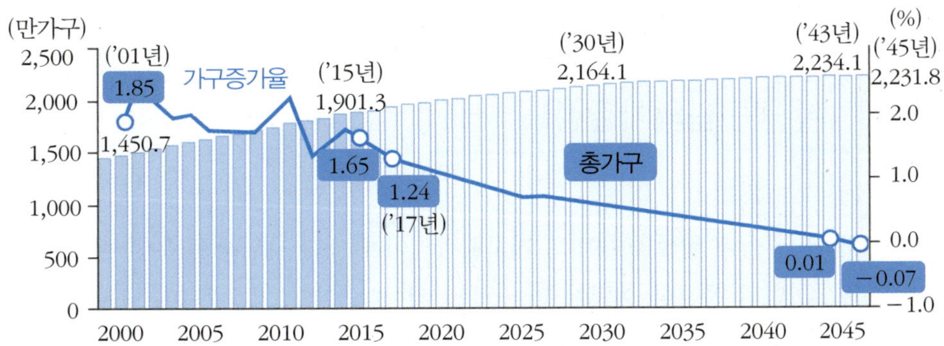

출처: 장래인구추계 2015~2065 공공누리(통계청 2016).

제3장에서 언급한 바와 같이 주택시장은 지역경제 기반산업의 흥망성쇠와도 밀접하게 연관되어 있다. 예를 들어 한 지역의 주력산업이 호황일 경우 그 지역의 고용 확대에 따른 인구 유입과 서비스산업의 신규 고용창출로 이어져 자연스레 주택수요의 증가로 연결된다. 반대로 쇠락산업이 집중된 지역에서는 고용 감소로 인해 인구 유출이 발생하며 주택수요의 감소로 이어진다.[10] 또한 주택에 대한 수요는 소득수준과 양(+)의 관계를 갖는다. 소득이 증가하면 주거의 질에 대한 관심이 높아지고, 전원주택을 포함한 별장 등 여가를 위한 주택수요도 증가한다.

단기적 관점에서 주택수요에 영향을 미치는 것은 바로 주택시장의 계절성, 주택담보대출 금리의 변화라 할 수 있다. 주택시장의 계절성은 국경일 및 공휴일, 방학 등과 같은 학교 일정, 그리고 기후 등과 같은 요소들의 변화에 기인한다. 단기적으로 거래가 집중되는 계절이나 졸업 이후 신규 채용이 집중되는 기간에는 주택거래가 증가하는 경향이 있다. 따라서 주택시장을 분석할 때는 계절이나 기간 요인 등을 고려하여 전월 대비는 물론 전년 동월 대비 비교분석이 필요하다. 주택수요와 주택담보대출 금리는 음(−)의 관계를 갖는다. 주택담보대출 금리가 하락하면 주택수요가 증가하고 반대로 주택담보대출 금리가 상승하면 주택수요가 감소하는 것이 일반적이다. 이에 대한 자세한 설명은 제10장 거시경

10 한국경제(2018. 2. 13), "시세 반값수준 … 거제 아파트 경매시장 한파".

제와 주택시장에서 다루기로 한다.

제3절 주택구입의사결정

왜 사람들은 전세나 월세의 형태로 거주할까? 이에 대한 대답으로 우선 떠오르는 것은 "주택을 구입할만한 충분한 여력이 없어서"일 것이다. 만약 임대주택이 충분히 공급되어 있고 주택을 구입할 수 있는 여력이 충분하다고 가정한다면 여러 가지 다른 대답들이 나올 수도 있을 것이다. 예를 들어 주택을 보유하는 데 소요되는 비용이 크다면 주택매입보다는 상대적으로 비용이 저렴한 주택임대를 선택할 것이다. 주택가격이 하락할 것으로 예상할 때도 주택매입을 뒤로 미루고 주택임대를 고려할 것이다. 이처럼 수요자들의 주택구입의사결정에 영향을 미치는 요인들은 크게 일곱 가지로 요약할 수 있다.

① 자본의 제약: 우리가 주택을 구입할 때 먼저 고려하는 부분이 바로 어느 정도 경제적 여력이 있는가이다. 주택은 가계의 자산 중 70% 이상의 비중을 차지할 정도로 고가재로서 자본의 제약을 받을 수밖에 없다. 예를 들어 주택담보대출비율(loan to value ratio: LTV)이 50%라고 가정한다면 주택을 구입하기 위해서는 적어도 주택가격의 50%에 해당하는 자기자본이 있어야 가능하다. 여기에 40% 한도의 총부채상환비율(debt to income ratio: DTI) 제한까지 반영한다면 주택을 구입할 수 있는 여력은 더욱 더 감소할 것이다. 총부채상환비율 40%란 대출액의 연간 상환액(이자 포함)이 본인 연소득의 40%를 상회하지 않아야 한다는 것을 의미한다. 따라서 주택구입의사결정에 있어서 가장 중요한 요인은 바로 자본의 제약이라는 것을 알 수 있다.

② 예상거주기간: 주택을 구입할 때 고려해야 할 또 다른 요소는 바로 주택을 매입하고자 하는 특정 지역에 얼마나 오랫동안 거주할 것인가이다. 주택을 구입할 때 소요되는 비용, 즉 중개수수료, 이사비용, 부동산거래 관련 세금 등은 주택구입의사에 커다란 영향을 미치는 요소이다. 이것은 특정 지역에 오래 거주할수록 주택매입에 소요되는 비용을 절감할 수 있기 때문에 주택을 새로 구입할 가능성은 높아진다는 것을 의미한다. 예를 들어 특정 지역에 1~2년 정도 거주할 것으로 예상한다면 높은 주택거래 비용을 감안할 때

주택을 매입하는 것보다 임차하는 것이 훨씬 더 경제적일 수 있다.

③ 주택매입 및 보유 관련 세금: 주택을 매입할 때 고려해야 할 중요한 요소 중의 하나가 바로 부동산세제 관련 부분이다. 그것은 주택을 매입하고 보유하는 데 적잖은 비용이 발생하기 때문이다. 특히 주택을 매입할 때 발생하는 거래세와 주택을 보유하면서 부담해야 하는 재산세 및 종합부동산세는 주택구입의사결정에 커다란 영향을 미칠 수 있는 요소이다. 뿐만 아니라 주택을 매도할 때 양도차익이 발생할 경우 양도소득세를 추가로 부담해야 하는 것도 주택매입을 억제하는 요인으로 작용할 수 있다. 이 경우 주택매입 대신 임차를 선택할 경우 임차인은 이러한 세제의 부담에서 벗어날 수 있다.

④ 주택담보대출 금리: 주택은 고가의 내구재로서 대부분의 거래에서 금융기관의 대출을 수반하기 때문에 대출 금리는 주택구입의사결정에 커다란 영향을 미친다. 예를 들어 주택담보대출 금리가 하락할 경우 이자비용 부담이 감소하기 때문에 주택매입을 선택할 확률이 높아진다. 더 나아가 주택담보대출 이자비용에 대한 세액공제 등의 혜택이 주어진다면 주택매입 비용이 추가적으로 하락하므로 주택구입의사를 촉진할 수 있다.

⑤ 주택가격 상승에 대한 기대: 어느 특정 지역의 주택가격이 상승할 것으로 예상한다면 해당 지역의 주택을 구입하려는 욕구는 증가할 것이다. 주택가격이 상승한다고 예상하는 것은 주택가격의 기대상승률이 플러스(+)라는 것을 의미한다. 따라서 일정 기간 동안 주택을 보유한 후 높은 가격에 매도할 경우 이익을 얻을 것으로 예상하므로 주택매입을 서두르게 된다. 예를 들어 주택시장의 가격이 매년 10% 이상씩 상승한다면 주택을 구입하려는 사람들은 무리하게 차입을 해서라도 주택을 매입할 것이다. 왜냐하면 소득이 매년 10% 이상 오르지 않는 한 지금 주택을 구입하지 않으면 시간이 지날수록 가격이 많이 오른 주택을 구입하는 것은 더욱 더 어렵기 때문이다. 반대로 주택가격이 하락할 것으로 예상하는 지역에 대해서는 주택구입을 미루게 될 것이다. 주택가격의 하락을 예상한다는 것은 주택가격의 기대상승률이 마이너스(−)로서 주택매입에 따른 손실이 발생한다는 것을 의미하기 때문이다.

⑥ 주택관리 부담: 주택을 구입하게 되면 주택을 관리해야 하는 부담에 직면하게 된다. 주택관리 부담은 단독주택의 경우에 더욱 더 커지는데, 임대를 할 경우 주택관리 비용에 대한 부담은 일부 경감할 수 있다.

⑦ 심리적 요인: 주택을 구입할 경우 안정적인 주거권 확보는 물론 소유주택을 꾸미거나 관리하면서 만족감을 느끼는 경우가 많다. 주택을 구입할 때 인테리어 등에도 많은

신경을 쓰고 애착을 갖는 것이 현실이다. 특히 특정 지역에 주택을 구입하여 그 지역 주민으로서 느끼는 자부심이나 자긍심 또한 주택구입의사에 영향을 미치는 요인으로 작용한다.

제4절 주택매매 절차

주택을 매매한다는 것은 주택 소유권의 변동을 목적으로 매도인과 매수인이 매매계약을 체결하고 이행하는 것을 의미한다. 주택을 매매할 때 수반하는 주요 업무는 주택매매 계약 전 준비사항, 주택매매 계약 체결 시 주의사항, 그리고 주택매매 계약 후 처리사항 등으로 구분할 수 있다.[11]

1 주택매매 계약 전 준비사항

1) 선호도 분석

주택을 구입하기 전 제일 먼저 준비해야 할 사항은 주택시장을 살피는 것이다. 분양정보 및 경매 정보를 비롯해 주택 관련 다양한 정보들을 찾아야 한다. 특히 주택을 구입하고자 하는 목적과 경제적 여건 등을 면밀히 검토해야 한다. 지역을 선정하기에 앞서 내가 원하는 라이프 스타일, 직장과의 거리, 소득수준, 가족 구성원, 학군, 그리고 주변 시설들에 대해 어느 정도의 요구치를 갖고 있는지에 대해서도 자세한 분석이 이루어져야 한다.

2) 시장조사

선호도 분석이 어느 정도 끝나면 전반적인 지역 주택시장 현황에 대해 조사를 해야 한다. 해당 지역의 인구 증가율, 학군, 편의시설 유무, 최근 분양정보, 임대료 수준, 그리

11 본서에 기술한 부동산매매 관련 구체적인 내용은 '찾기 쉬운 생활법령 정보'를 참고하였으며, 일부 내용은 그대로 인용 기술하였음을 밝힌다(http://easylaw.go.kr).

고 주택가격의 흐름 등에 대한 분석이 따라야 한다. 특히 주변시세 및 분양가 등에 대한 면밀한 조사가 필요하다. 전국의 분양정보에 대한 자세한 내용은 '온나라부동산정보' 통합 포털에서 확인할 수 있으며, 한국토지주택공사의 주택공급계획 정보도 확인할 수 있다. 전국의 경매물건에 대한 자세한 내용은 대법원 법원경매정보에서 확인할 수 있다. 일반 포털사이트를 통해서도 부동산업체 및 부동산매물 등을 확인할 수 있다. 또한 전국의 아파트, 다세대 · 연립주택 및 단독 · 다가구의 매매 및 임대에 관한 정보는 국토교통부에서 발표하는 시세 및 실거래가 정보를 통해 확인할 수 있다.

주변지역 조사와 관련해서는 해당 지역의 교통이 얼마나 편리한지, 자녀의 나이에 맞는 교육시설이 갖추어져 있는지, 주변지역의 안전도와 범죄율 정도, 그리고 주변 환경의 쾌적성 및 오염발생원 존재 여부 등을 파악하는 것이 중요한다. 해당 지역 시장조사에서는 해당 주택이 공동주택일 경우에는 단지의 규모, 녹지비율, 주차비율, 용적률, 평형별 가구수, 방향과 층수, 일조량 등을 확인할 필요가 있다. 또한 해당 주택 내부에 대해서는 상하수도 시설을 비롯한 시설의 하자 여부, 방수 여부, 난방 작동 여부 등을 조사하는 것이 중요하며 개보수의 필요 정도에 따라 시세에 반영할 필요가 있다.

지역에 대한 선정이 마무리되면 해당 지역에서 영업 중인 부동산중개업체의 공인중개사를 선택하여야 한다. 부동산 공인중개사란 다른 사람의 의뢰에 의해 일정한 보수를 받고 중개대상물에 대해 거래당사자간의 매매 · 교환 · 임대차, 그 밖의 권리의 득실 변경에 관한 행위를 알선하는 중개사무소의 개설을 등록한 사람을 말한다.[12] 부동산 공인중개사에게 중개를 의뢰할 때는 부동산 공인중개사가 소속한 부동산중개업체의 등록 여부 및 보증보험, 또는 공제 가입 여부를 확인하고 중개계약을 체결하여야 한다.

2 주택매매 계약 체결 시 주의사항

1) 자금조달 결정

주택구입 관련 가장 중요한 고려사항은 바로 자금조달 관련 부분이다. 어느 지역을 선택하느냐에 따라 구입가격과 대출금액이 결정된다. 주택담보대출 시에는 주택담보대출비율(LTV)과 총부채상환비율(DTI)에 따라 그 금액에 차이가 발생한다. 예를 들어 LTV가

12 '공인중개사법' 제2조 제1호, 제3호 및 제4호 참조.

50%라면 시가 4억의 주택의 경우 최대 2억 원까지 대출이 가능하다. 여기에 DTI를 40%로 설정한 경우 연간소득액이 5,000만원일 때 연간 원리금 상환액이 2,000만원을 초과하지 못하도록 대출규모를 추가로 제한한다. 나에게 어떤 대출이 적합한지, 어떤 대출상품이 적합한지, 민간 은행의 대출을 이용할 것인지 혹은 공적 구입자금 대출을 활용할 것인지에 관한 자세한 정보는 주택금융공사, 도시주택보증공사, 그리고 일반 시중은행 홈페이지를 참고하여 결정해야 한다. 이에 대한 보다 자세한 설명은 제5장 주택금융에서 설명하기로 한다.

2) 부동산 권리사항 확인

부동산매매 계약 시 매수인은 매도인이 부동산의 소유권자인지를 확인하여야 한다. 매도인이 서류를 위조하여 다른 사람의 부동산을 본인 부동산인 것처럼 매도할 경우 '권한 없는 사람'의 처분행위가 되어 그 부동산매매 계약 자체는 무효가 된다. 이 경우 매매계약을 체결하고 등기까지 이루어졌다 하더라도 매수인은 소유자가 될 수 없다.[13] 다만, 대리인(대리제도에서 본인의 이름으로 법률행위를 하는 자)이 그 권한 내에서 본인을 위한 것임을 표시한 의사표시의 효과는 직접 본인에게 귀속한다.[14]

3) 대리인의 선임

매매당사자는 대리인을 선임할 수 있으며, 대리인을 선임하여 매매계약을 체결할 경우 매매계약에 따른 매매당사자의 법적 권리와 의무는 대리인이 아닌 매매당사자에게 귀속한다. 매매당사자가 선임한 대리인과 매매계약을 체결할 때는 대리인에게 대리권이 있는지부터 확인해야 한다. 계약상대방은 대리인이 법정대리인인 경우에는 인감증명서를 요구하고, 대리인이 위임대리인인 경우에는 위임장과 인감증명서를 함께 요구하여 이를 확인해야 한다. 위임장에는 부동산의 소재지와 소유자 이름 및 연락처, 계약의 목적, 대리인 이름과 주민번호 및 주소 등을 기재하고, 계약의 모든 사항을 위임한다는 취지와 연월일을 기재한 후 위임인의 인감이 날인되어 있어야 한다. 인감증명서는 위임장에 찍힌 위임

13 부동산의 명의신탁 약정은 금지하므로 매매계약 체결 시 매도인이 명의 수탁자라는 것을 매수인이 인지한 경우에는 매도인과 매수인이 매매계약을 체결하고 소유권 이전 등기가 이루어진 경우에도 매수인은 소유권을 취득하지 못할 위험이 있다('부동산 실권리자명의 등기에 관한 법률' 제3조 및 제4조).

14 「민법」 제114조 참조.

인의 날인 및 매매계약서에 찍을 날인이 인감증명서의 날인과 동일해야 법적으로 효력을 발생한다.

4) 부동산등기부 확인

'부동산등기부'란 전산정보처리조직에 의해 입력 · 처리한 부동산 등기정보 자료를 대법원 규칙으로 정하는 바에 따라 편성한 것을 말한다.[15] 부동산등기부에는 토지등기부와 건물등기부가 있다. 부동산등기부를 편성할 때는 1필의 토지 또는 1개의 건물에 1개의 등기기록을 두며 등기기록에는 표제부, 갑구, 을구가 있다.[16] 부동산매매 계약을 체결하기 전에 부동산등기부를 열람하거나 발급받기 위해서는 등기소를 방문하여 서면으로 열람하거나 대법원 인터넷등기소(www.iros.go.kr)를 통해 전자 방식으로 부동산등기부의 등기기록 사항을 열람할 수 있다. 이 과정을 통해 임차권, 전세권 및 저당권의 설정 여부를 확인하여야 한다. 이외에 토지대장, 임야대장 및 건축물대장, 토지이용계획 확인서 등을 열람하여 구매하고자 하는 부동산의 제반 정보를 확인할 필요가 있다.

5) 주택매매 계약서 작성

일반적으로 주택매매 계약서에는 "매도인과 매수인은 다음과 같은 내용으로 매매계약을 체결한다"라고 기재한다.

① 부동산의 표시: 계약목적물을 특정하기 위해 매매계약서에 부동산의 소재지, 지목과 그 면적 및 건물내역과 같은 부동산의 표시를 기재하는데, 부동산등기부의 표제부 중 표시난에 기재한 것과 동일하게 기재해야 한다.

② 당사자의 표시: 매도인(원칙적으로 등기부상 소유자로 기재되어 있는 사람)과 매수인을 매매계약서에 기재하는데, 이 경우 상대방의 주민등록증을 직접 확인하여 본인임을 확인해야 한다. 매도인이나 매수인 중 대리인을 선임한 경우 대리인의 명의로 매매계약서를 작성해도 그 매매계약은 유효하다. 매도인 또는 매수인이 회사(법인)인 경우 먼저 계약상대방인 회사의 법인등기부등본을 열람한 후 현재 계약을 체결하는 사람이 회사를 대표할

15 「부동산등기법」 제2조 제1호 참조.

16 「부동산등기법」 제14조 제1항 및 제15조 참조.

권한이 있는 사람인지 여부를 확인한다. 매매계약서에는 그 회사의 이름과 대표자의 이름을 반드시 기재해야 한다.

③ 매매대금: 매매대금과 그 지급날짜를 정확히 기재해야 한다. 매매대금은 일반적으로 그 총액과 계약금, 중도금, 잔금의 순서로 기재한다. 계약당사자 간에 특별한 약정이 없는 한 매도인은 매수인으로부터 매매대금의 잔금을 받음과 동시에 소유권 이전 등기에 필요한 서류 전부를 넘겨야 한다.

④ 계약의 해제: 계약금만을 주고받은 경우 계약을 해제할 수 있는데, 매수인이 해제하는 경우 계약금을 포기해야 하고, 매도인이 해제하는 경우 계약금의 2배를 반환해야 한다. '매매계약금'이란 부동산 매매계약을 체결할 때 계약당사자의 일방이 상대방에게 교부하는 금전 등을 말한다. 일반적으로 매수인은 매도인에게 매매대금의 10%를 계약금으로 지급하며, 계약금은 매매대금에 포함한다. 매매계약금은 매매계약을 체결했다는 증거금이며, 매매계약 후 계약당사자 일방이 이행에 착수하지 않고 계약을 해제하는 경우 해약금의 성격을 가진다.[17]

⑤ 그 밖의 특약사항: 위의 사항 이외에 계약당사자 간에 특별히 정하는 사항이 있는 경우 그 사항을 구체적이고 자세히 기재한다.

⑥ 날짜 및 서명 날인: 계약을 맺은 날짜를 기재하고, 계약당사자 명의의 서명을 날인한다. 계약서는 당사자의 수만큼 작성하여 계약당사자가 각각 원본을 보관한다.

3 주택매매 계약 후 처리사항

1) 부동산 소유권 이전 등기

'부동산 소유권 이전 등기'란 부동산의 소유권에 변동이 생기는 경우 이를 부동산 등기부에 등기하는 것을 말한다. 매매계약으로 인해 부동산의 소유자가 변경되는 경우 이를 등기해야 소유권의 변동 효력이 발생한다.[18]

① 부동산 소유권 이전 등기 신청인 및 기간: 부동산매매 계약을 체결한 경우 매도

17 「민법」 제565조 참조.

18 「민법」 제186조 참조.

인은 매수인에게 부동산 소유권을 이전할 의무를 진다. 부동산 소유권 이전 등기는 매도인과 매수인이 서로의 채무를 모두 이행한 60일 이내에 등기 의무자인 매도인과 등기 권리자인 매수인이 함께 등기소에 신청한다.[19] 부동산 소유권 이전 등기를 신청할 수 있는 대리인은 변호사(법무법인 및 법무조합 포함)나 법무사(법무사법인 포함)의 사무원 중 자격자 대리인의 사무소 소재지를 관할하는 지방법원장이 허가하는 1명으로 한다.[20]

② 부동산 소유권 이전 등기 신청 방법: 부동산 소유권 이전 등기를 신청하는 방법은 다음의 두 가지가 있다. 그것은 대리인이 등기소에 출석하여 신청정보 및 첨부정보를 작성한 서면을 제출하는 방법과 대법원 인터넷등기소(www.iros.go.kr)를 이용하여 신청정보 및 첨부정보를 보내는 방법(법원행정처장이 지정하는 등기 유형으로 한정)이 있다.[21]

③ 전입신고 의무 및 기간: 하나의 세대에 속하는 사람의 전원 또는 그 일부가 거주지를 이동한 경우 새로운 거주지에 전입한 날로부터 14일 이내에 새로운 거주지의 시장 · 군수 또는 구청장에게 전입신고를 해야 한다.[22]

2) 각종 세금 납부하기

부동산매매 시 매도인과 매수인 모두 납부해야 할 세금은 다음과 같다. 먼저 매도인이 부담해야 할 세금은 양도소득세이다. 양도소득세(capital gain tax)란 자산에 대한 등기 또는 등록에 관계없이 매도, 교환, 법인에 대한 현물 출자 등으로 그 자산이 유상으로 사실상 양도하여 발생하는 소득에 대해 부과하는 세금을 말한다. 양도소득세는 양도소득 과세표준에 양도소득세율을 곱하여 산정한다. 이 외에 지방소득세와 농어촌특별세도 납부해야 한다. 지방소득세(local income tax)란 지방자치단체의 소득분에 대해 부과하는 세금을 말한다. 농어촌특별세란 농어업의 경쟁력 강화와 농어촌 산업기반시설의 확충 및 농어촌 지역 개발 사업을 위하여 필요한 재원을 확보하기 위해 부과하는 세금을 말한다.

매수인이 부담해야 할 세금은 취득세, 인지세, 농어촌특별세, 지방교육세 등이 있다. 취득세(acquisition tax)란 부동산의 취득에 대해 해당 부동산 소재지의 특별시 · 광역시 · 도에서 그 취득자에게 부과하는 지방세를 말한다.[23] 취득세는 과세표준(부동산의 취득 당시

19 「부동산등기법」 제23조 제1항 및 「부동산등기 특별조치법」 제2조 제1항 참조.

20 「부동산등기법」 제24조 제1항 제1호 단서 및 「부동산등기규칙」 제58조 제1항 본문 참조.

21 「부동산등기법」 제24조 제1항 참조.

22 「주민등록법」 제16조 제1항 참조.

의 가액)에 취득세의 표준세율을 곱하여 산정한다. 인지세(stamp duty)란 국내에서 부동산 소유권 이전과 관련하여 계약서 그 밖에 이를 증명하는 증서를 작성하는 경우 납부해야 하는 세금을 말한다. 지방교육세(local education tax)란 지방교육의 질적 향상을 위해 지방교육재정의 확충에 필요한 재원을 확보하기 위해 부과하는 세금을 말한다.[24]

23 「지방세기본법」 제8조 및 「지방세법」 제3조, 제7조 제1항, 제8조 제1항 제1호 참조.

24 「지방세법」 제149조 참조.

참고문헌

「부동산등기법」
연합뉴스(2018. 6. 19), "가구당 순자산 3억8,867만원…75%가 부동산에 집중".
e－나라지표(www.index.go.kr).
국가법령정보센터, '주택법'(www.law.go.kr/법령/주택법/제2조).
뉴시스(2017. 6. 14), "가계자산 중 부동산비중 73.6%, 쏠림 심해".
장래인구추계 2015~2016, 공공누리, 통계청 2016.
찾기 쉬운 생활법령정보(http://easylaw.go.kr).
토지이용규제정보서비스, '공동주택의 정의'(http://luris.molit.go.kr/).
한국경제(2018. 2. 13), "시세 반값수준 … 거제 아파트 경매시장 한파".

Norman G. Miller & Daivd M. Geltner, 『Real Estate Principles for the New Economy』, 2005.

05

주택금융

제1절 부동산금융의 개념

1 부동산금융시스템

금융(finance)이란 금융시장에서 필요로 하는 자금의 수요와 공급을 말한다. 구체적으로는 자금의 융통과 화폐의 대차, 즉 대부증권에 의한 자금의 대부나 참가증권에 의한 자금의 출자를 말한다.[1] 이러한 정의를 부동산시장에 적용하면, 부동산금융(real estate finance)이란 부동산시장에서 필요로 하는 자금의 수요와 공급을 말한다. 구체적으로는 부동산금융의 융통과 대차, 즉 부동산 지분투자를 목적으로 하는 자금출자와 대부증권을 통한 부동산 채권투자를 목적으로 하는 자금의 대부를 말한다. 부동산금융은 부동산의 개발, 매입, 처분, 운영 등의 과정에서 자금의 수요자에게는 필요한 자금을 제공하고 자금의 공급자에게는 투자의 기회를 제공한다. 국가경제의 관점에서 부동산금융은 주택, 토지, 기타 부동산의 생산과 활용에 도움을 준다. 우리나라에서도 주택금융의 확대는 국민들이 주택을 구입하는 데 도움을 주고 주거의 질을 향상시키는 데 크게 기여하고 있다.

부동산금융시스템(real estate finance system)은 부동산금융에 관한 의사결정이 이루

1 두산백과(http://www.doopedia.co.kr/) 참조.

그림 5-1 부동산금융시스템

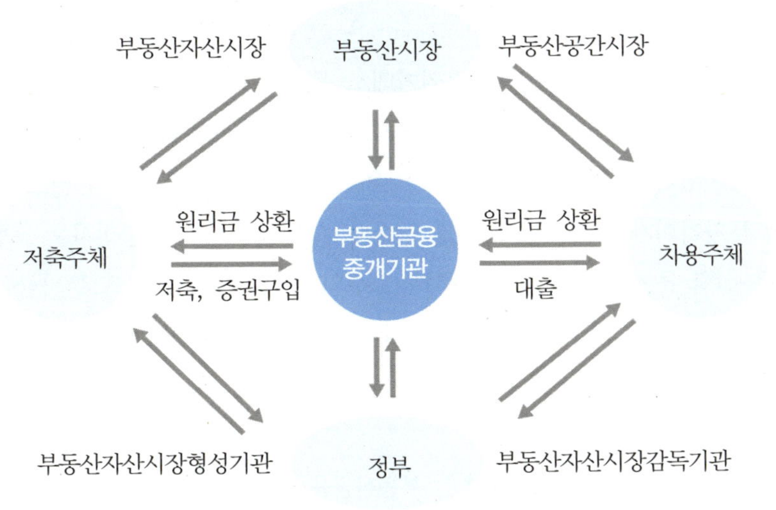

어지는 체계로서 정부, 부동산금융자산, 부동산금융 중개기관, 부동산자산 및 공간시장 모두를 포함하여 형성된 제도를 말한다. [그림 5-1]에서 보듯이 가계나 기업과 같은 저축주체는 은행, 투자은행, 증권회사 등과 같은 부동산금융 중개기관에 저축이나 증권(주식 또는 채권)을 매입하는 형태로 자금을 공급한 후 이자나 배당금의 형태로 원리금을 지급받는다. 부동산금융 중개기관은 차용주체인 부동산자금 수요자(가계 또는 기업)에게 대출을 한 후 원리금 상환을 통해 수익을 창출한다. 저축주체와 차용주체 모두 부동산자산시장이나 공간시장에 공급자 또는 수요자로서 참여한다. 정부는 부동산자산시장을 형성하고 감독하는 기관으로서 부동산금융시스템에 개입한다. 우리나라 주택금융시장은 1997년 외환위기를 계기로 많은 변화가 일어났다. 1998년 1월에 여신운용 관련 법률이 개정되면서 금융규제가 완화되고 주택시장에서도 제도권 금융의 역할이 확대되었다.

2 부동산금융 투자 유형

금융투자시장(financial investment market)은 크게 공모시장과 사모시장으로 구분한다. 공모시장(public offering market)이란 증권거래소 등을 통한 기업공개(initial public offering: IPO)로 불특정 다수의 투자자들로부터 자금을 조달하는 시장을 말한다. 사모시장(private placement market)이란 법적 규제를 따라야 하는 거래시장이 존재하지 않으며 특정 투자자들에게만 투자기회가 주어지는 시장을 말한다. 일반적으로 부동산회사를 포함한 대부분의 기업들은 설립 초기에 사모시장을 통해 소수의 투자자들을 중심으로 자금을 조달한다. 부동산회사가 성장하면서 추가로 필요로 하는 운영자금은 증권거래소의 공모상장을 통해 조달할 수 있다.

표 5-1 부동산금융 투자 유형

구분	사모시장	공모시장
지 분	직접소유부동산 (개인소유 주택)	공모상장리츠 공모부동산펀드
부 채	주택담보대출 PF채권 부채담보부증권	주택저당채권담보부증권 이중상환청구권부채권

출처: Geltner *et al*(2017).

부동산금융 투자 유형은 [표 5-1]과 같이 분류할 수 있다. 사모시장에서 지분투자(equity investment) 상품은 개인소유 주택이나 직접소유 부동산이 이에 해당한다. 공모시장에서 지분투자를 할 수 있는 부동산금융 투자 상품은 공모 상장이 이루어진 리츠나 공모 부동산펀드가 이에 해당한다. 여기서 리츠(real estate investment trusts: REITs)란 부동산투자신탁을 말한다. 리츠는 소액투자자들로부터 자금을 모아 부동산이나 부동산 관련 자본(capital) 또는 지분(equity)에 투자하여 발생한 수익을 투자자에게 배분하는 부동산투자신탁이다. 리츠는 증권의 뮤추얼펀드와 유사하다는 점에서 부동산 뮤추얼펀드(real estate mutual fund)라고 부르기도 한다. 이러한 지분투자의 장점은 투자회사나 프로젝트의 운영성과에 따라 높은 수익률을 달성할 수 있다는 점이다. 그러나 지분투자는 부채투자에 비해 손실이 발생할 확률이 상대적으로 높고, 파산 시 법적인 투자자 보호 장치도 미흡하다는 단점이 있다.

반면에 부채투자(debt investment)는 지분투자에 비해 상대적으로 수익률은 낮지만 약정기간 내에 약정이자를 받는 현금구조라는 점에서 안정성이 높은 편이다. 사모시장에서는 시중은행에서 주로 대출하는 주택담보대출, 프로젝트 파이낸싱 대출(project financing: PF대출), 그리고 담보채권을 대상으로 발행하는 부채담보부증권(collateral debt obligations) 등이 부채투자 상품에 속한다. 공모시장에서 거래하는 부채투자 상품은 주택저당담보부채권과 이중상환청구권부채권 등이 있다. 주택저당담보부채권에 대해서는 제2절에서 자세히 설명하기로 한다. 이중상환청구권부채권(covered bond)은 은행이 채권을 발행하면서 보유하고 있는 자산을 담보로 제공하는 채권을 말한다. 이것은 은행이 정상적인 방법으로 자금을 조달하기 어려울 경우 보유하고 있는 채권의 담보를 제공하면서 자금을 조달하는 방식이다.

제2절 주택금융시장

1 주택금융의 개념

주택금융(housing finance)이란 은행 등의 금융기관이 주택 관련 대출을 할 때 주택을 담보로 대출채권을 발행함으로써 장기주택자금을 효율적으로 조달할 수 있는 제도를 말한다. 모기지 또는 모기지론이라 불리는 주택금융은 부동산담보대출 또는 저당대출, 담보대출채권, 저당권 등 다양한 의미를 내포하며 '주택저당채권 유동화제도'라고 부르기도 한다. 주택금융시장은 '1차 주택담보대출시장'과 '2차 유동화시장'으로 구분한다. 1차 주택담보대출시장은 주택 구매자가 은행 등의 금융기관에서 주택을 담보로 장기 대출자금을 조달하는 시장을 말한다. 이때 금융기관은 주택담보대출을 통해 주택에 대한 저당권을 설정하는데, 이것을 주택저당채권(mortgage loan)이라 부른다. 2차 유동화시장은 금융기관이 주택저당채권을 유동화기관에 양도하면 유동화기관은 다시 주택저당채권을 주택저당담보부채권(mortgage backed securities: MBS)의 형태로 발행하여 투자자에게 판매하는 시장을 말한다. [그림 5−2]에서 보듯이 2차유동화시장에서 주택저당증권이나 주택저당담보부채권의

그림 5-2 1차 주택담보대출시장과 2차 유동화시장

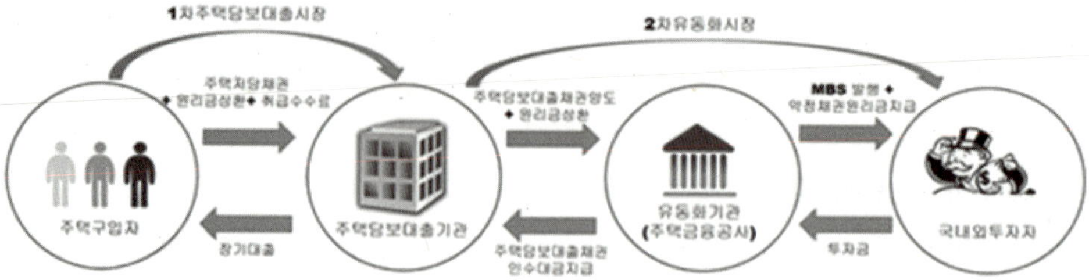

발행을 통해 조성한 투자자의 자금은 유동화기관과 금융기관을 거쳐 다시 1차 주택담보대출시장의 재원으로 사용한다.

일반대출과 달리 주택담보대출은 만기 이전에 대출자금을 회수할 수 있기 때문에 주택자금 규모의 제약에도 불구하고 주택자금의 공급을 원활하게 확대할 수 있다는 장점이 있다. 따라서 주택금융의 안정적이고 지속적인 운영을 위해서는 충분한 재원의 확보와 함께 대출자, 공급자, 그리고 유동화기관의 신용보증이 뒷받침되어야 한다. 이를 위해 정부는 2004년에 주택금융 신용보증업무와 주택저당채권 유동화업무를 담당하는 **한국주택금융공사**(Korea Housing Finance Corporation: KHFC)를 설립하였다.[2]

주택금융시장의 안정성을 확보하기 위해서는 우선 대출자와 담보자산의 건전성이 확보되어야 한다. 대출자의 대출상환능력을 건전화할 수 있는 방법 중의 하나로서 총부채상환비율의 통제를 들 수 있다. **총부채상환비율**(det to income ratio: DTI)이란 대출자의 소득 대비 원금과 이자의 비율을 나타내는데, 대출자의 소득에 비해 얼마나 많은 원금과 이자를 상환하는가를 나타내는 지표이다. 이 지표는 대출자의 소득을 기준으로 원리금 상환능력을 평가해 대출한도를 정하는 데 이용한다. DTI가 낮을수록 소득 대비 원금과 이자의 상환비율이 낮아져 원리금 상환능력은 향상된다는 것을 의미한다.

$$DTI = \frac{(\text{주택담보대출 연간 원리금 상환액} + \text{기타부채 연간 이자상환액})}{\text{연소득}} \times 100$$

2 이상영 외 3인, “우리나라 부동산산업의 발전과정과 과제” 부동산학연구 21집 3호, pp. 101~122, 2015. 9.

정부는 담보자산의 건전성을 확보하기 위해 주택담보대출비율을 통제한다. 주택담보대출비율(loan to value ratio: LTV)은 대출기관에서 주택을 담보로 대출할 때 주택가격 대비 최대 대출가능 비율을 나타낸다. 예를 들어 주택담보대출비율 40%는 주택가격 대비 40%에 해당하는 주택자금을 대출받을 수 있다는 것을 의미한다.

$$LTV = \frac{\text{주택담보대출 총액}}{\text{주택가격}}$$

총부채상환비율(DTI)과 주택담보대출비율(LTV)의 통제는 2차 유동화시장에서 발행하는 주택저당담보부채권(MBS)을 통한 장기자금 조달의 안정성을 위해서도 매우 중요하다.

2 우리나라 주택금융 발전 과정

우리나라 주택금융은 1997년 외환위기를 극복하는 과정에서 급성장하였다. 외환위기 이전에는 주택금융 자체가 존재하지 않는다고 해도 과언이 아닐 정도로 미약한 수준이었다. 우리나라는 고도성장을 달성하기 위해 '수출주도형 경제정책'을 추진해 왔다. 이를 위해 정부는 제조업을 집중적으로 육성했으며 부족한 자본을 효율적으로 운용하기 위해 제조업분야에 투자를 집중하였다. 투자우선순위에서 가장 밀렸던 부동산부문에 대한 금융자원의 배분은 뒷전으로 밀릴 수밖에 없었다. 더욱이 고도성장 과정에서 토지 등을 포함한 부동산에 대한 수요가 급증하면서 부동산가격이 폭등하자 정부는 부동산개발 및 투자 관련 업종은 여신금지업종으로 분류하여 은행대출 자체를 금지하였다. 주거용 부동산에 대해서도 가계대출 할당액의 제한으로 대출 우선순위에서 밀릴 수밖에 없었다.

1997년 외환위기 직후 주택시장의 붕괴는 경제위기를 가속화시키는 요인으로 작용하였다. 그 당시 1년 만에 주택가격과 토지가격이 각각 12.6%와 13.6% 폭락하고 전세가격도 8.4%나 급락하면서 임대인이 임차인에게 전세보증금을 돌려줄 수 없는 소위 '역전세난'이 발생해 심각한 사회문제로 대두되었다. 주택건설업체도 11.8%가 파산하면서 선분양으로 계약금과 중도금을 납부한 수분양자들의 피해가 속출하는 실정이었다. 주택시장 위기가 실물경제 위기로 확산하고 다시 주택시장 위기로 전이되면서 정부가 주택시장을 살리기 위한 고강도 대책을 내놓기 시작했다. 정부는 전후방 연관효과가 큰 주택건설을 포함한 부동산산업에 대한 규제완화와 지원책을 강구하기 시작하였다.

그동안 규제에 묶였던 부동산 관련 대출을 자유화함으로써 금융권 자금이 부동산개발이나 주택구입에 유입되기 시작하였다. 더 나아가 주거용 부동산뿐만 아니라 오피스나 상가 등과 같은 상업용 부동산에 대한 대출도 확대하였다. 부동산시장을 개방하여 국내기업 소유 부동산을 외국인에게 매각함으로써 기업들의 재무구조를 개선하였다. 주택금융을 활성화하기 위해 자산유동화에 관한 법률인 '부동산투자회사법'과 '간접투자자산운용법' 등이 제정되었다. 외환위기 이전에는 건설회사가 시행과 시공을 모두 책임지는 형태였기 때문에 주택건설업체가 파산할 경우 공사가 중단되어 그 피해를 수분양자들이 떠안는 구조였다. 이를 개선하기 위해 외환위기 이후에는 건설회사는 시공만 맡고 개발업자인 디벨로퍼(developer)가 시행을 맡는 구조로 전환하여 위험을 분산하였다. 이 과정에서 중소 시행사의 경우 신용도 문제가 발생할 수 있으나 시공사가 프로젝트 파이낸싱(project financing: PF) 형태로 대출을 하고 개발수익을 기대하는 금융기관들이 선순위 PF대출 형태로 참여하면서 신용도 문제를 보완하고 있다. 또한 주택건설업체들의 도산으로 인한 수분양자들의 피해를 방지하기 위해 국토교통부 산하에 금융공기업인 주택도시보증공사(Korea Housing & Urban Guarantee Corporation: HUG)를 설립하였다. '주택도시기금법'에 의해 주택건설업체들은 아파트를 분양할 때 의무적으로 HUG의 주택보증 상품에 가입하도록 하고 있다.

제3절 주택담보대출

1 주택담보대출 유형

주택담보대출은 주택을 구입하기 위해 금융기관으로부터 장기대출을 받은 것을 의미하며 모기지론(mortgage loan)[3]으로도 많이 알려져 있다. 주택담보대출의 유형은 적용금리

3 mortgage의 어원은 프랑스어로 mort(죽은)와 gage(계약이행을 위한 금액 지불)의 어원을 가진 용어로서 살아 있는 가축이나 이동이 가능한 곡물 혹은 과실과는 달리 움직일 수 없고 이동이 불가능한(not transportable) 특성을 나타내는 용어이다. 출처: 『Real Estate Finance Theory and Practice』, 7th edition by Claureties and Sirmans.

의 변동 여부, 원리금의 상환 방식, 변동금리의 적용 방식, 차입자의 신용도, 신용보증의 유무 등에 따라 다르다. 주택담보대출은 적용금리의 변동 여부에 따라 대출이자가 고정되어 있는 고정금리 주택담보대출과 특정 금리나 지표에 연동되어 변하는 변동금리 주택담보대출 두 종류로 나눌 수 있다.

고정금리 주택담보대출(fixed rate mortgage: FRM)은 특정 기간 동안 이자율이 고정되어 있는 상품을 말한다. 고정금리 주택담보대출은 대출 당시의 계약이자율로 불입금을 산정하므로 금리 상승기에 상대적으로 낮은 이자율을 부담한다는 장점이 있다. 장기 고정금리 주택담보대출의 경우 이자율 변동에 따른 위험은 대출기관이 부담하는 구조이다. 고정금리 주택담보대출의 경우 상환기간 중에 이자율이 하락한다면 대출자는 대출 잔액을 조기에 상환한 후 낮은 이자율로 다시 대출을 받으려 할 가능성이 높다. 따라서 대출기관에서는 이러한 조기상환의 위험을 방지하기 위해 조기상환 수수료(prepayment penalty) 조항을 도입하고 있다. 고정금리 주택담보대출은 예산 편성이 용이하다는 장점이 있다. 대출기간 동안 상환해야 할 월 불입금의 정확한 금액을 알 수 있으므로 미리 예산을 편성해 가계의 재정 건전성을 유지할 수 있다.

변동금리 주택담보대출(adjustable rate mortgage: ARM)은 이자율이 자금조달비용지수(cost of funds index: COFIX)인 코픽스[4]에 연동되어 있다. 따라서 변동금리 주택담보대출은 이자율 변동에 따른 위험을 대출자가 부담해야 하며 가계 예산편성에 있어서 불확실성이 존재한다는 단점이 있다. 변동금리 주택담보대출은 대출자가 이자율 변동의 위험을 떠안기 때문에 고정금리 주택담보대출보다 이자부담이 작다는 장점이 있다. 변동금리 주택담보대출은 금리가 가파르게 상승할 경우 원리금 상환비용 부담에 따른 연체율 증가로 주택시장 전반에 걸쳐 불안을 야기할 수 있다. 정부는 주택시장의 안정과 가계의 재정 건전성 확보를 위해 주택담보대출을 변동금리보다는 고정금리를 선호하는 방향으로 유도하는 정책을 도입하기도 한다.

주택담보대출은 원리금 상환 방식에 따라 원금과 이자를 균등하게 상환하는 원리금

4 코픽스(COFIX)란 은행연합회가 국내 8개 은행(농협, 신한, 우리, 한국스탠다드차타드, KEB하나, 중소기업, 국민, 한국씨티)으로부터 자금조달 관련 정보를 제공받아 산출하는 자금조달비용지수이다. 코픽스는 콜금리를 대체하여 2010년 2월에 도입한 새로운 대출 기준금리이다. 지수 산출 대상 자금조달 상품은 정기예금, 정기적금, 상호부금, 주택부금, 양도성예금증서, 환매조건부채권매도, 표지어음매출, 금융채(후순위채 및 전환사채 제외)이다. 이 금리는 주택담보대출의 기준금리가 되며, 이 금리에 위험프리미엄을 더하여 개별 주택담보대출 금리가 결정된다(출처: 두산백과).

균등상환 방식, 원금을 균등하게 상환하는 원금 균등상환 방식, 원금과 이자를 만기에 일시에 상환하는 원금 만기 일시상환 방식, 그리고 상환금액이 점차 늘어나는 체증식 상환 방식 등이 있다. 또한 주택가격 변동에 따라 수익이나 손익을 대출기관과 공유하는 수익 공유형(shared appreciation mortgage: SAM) 또는 손익 공유형(shared equity mortgage: SEM) 대출상품도 있다. 우리나라에서는 노년층을 위해 주택을 담보로 연금을 지급하는 주택연금(reverse mortgage) 상품도 운영 중이다.

고정금리 주택담보대출의 경우 원리금 균등상환 방식(constant payment mortgage)은 대출금액의 원금과 이자를 합친 원리금 상환금이 대출기간 동안 일정한 것을 의미한다. 고정금리 이자를 적용하므로 대출원금이 많이 남아 있는 대출 초기에는 이자상환 부담이 크지만, 원금상환이 이루어질수록 원리금 상환금에서 차지하는 이자의 비율은 작아지고 원금상환의 비율은 커진다. 원금 균등상환 방식(constant principal payment mortgage)은 대출원금을 대출기간 동안 균등하게 나누어 매월 동일한 원금을 상환하는 것을 의미한다. 대출 초기에는 대출원금이 많이 남아 있으므로 이에 대한 이자상환 부담이 크지만, 기간이 지날수록 대출원금이 줄어들어 이자상환 부담은 줄어든다. 따라서 매월 상환하는 원금과 이자의 합인 원리금 부담액은 대출 초기에는 이자부담으로 인해 크지만 시간이 지날수록 이자부담 경감 금액만큼 줄어든다.

2 변동금리 주택담보대출의 금리 결정구조

일반적으로 대출금리(interest rate)는 기준금리에 가산금리를 더한 값으로 결정한다.

$$대출금리 = 기준금리 + 가산금리$$

기준금리(base rate)란 한 나라의 금리를 대표하는 정책금리로서 금융기관에서 적용하는 각종 금리의 기준이 된다. 변동금리 주택담보대출에 적용하는 기준금리는 주로 코픽스 지수(COFIX) 또는 양도성예금증서(certificate of deposit: CD)의 금리 등이 있다. 가산금리(spread)란 금융기관에서 대출을 시행할 때 기준금리에 덧붙이는 위험가중 금리를 말한다. 가산금리는 신용도 등을 반영한 위험 프리미엄, 업무원가, 목표 이익률 등을 반영하여 가감 조정한다.

변동금리 주택담보대출은 3~6개월의 변동조정기간(adjustment period)을 두고 금리를 조정한다. 변동금리는 매조정마다 상하 최대 변동 폭을 설정하는 제한금리를 적용하는 경향이 있다. 만약 6개월마다 조정하는 변동금리의 최고 제한금리가 1%라면 금리는 1년에 최대 2%까지 변동이 가능하다.[5]

3 주택담보대출 상환 스케줄

주택담보대출의 경우 대출원금에 대한 이자와 해당기의 원금 상환분의 합이 해당기의 원리금 상환금액이 된다. 대출 상환 스케줄을 이용하면 매월 지급하는 이자와 상환하는 원금을 기간별로 구분할 수 있다. 다음의 원리금 균등상환의 예를 통해 원리금 상환 스케줄에 대해 알아보자. 서울의 평균 주택가격인 6억원의 주택을 구입하기 위해 금리 5%, 대출기간 20년, 원리금 균등상환 조건으로 2억원의 주택담보대출을 받았다고 가정하자. [표 5−2]에서 보듯이 기초대출잔액은 2억원이고 위의 대출조건에 따라 상환기간 20년에 5%의 이자율을 적용할 때 매월 원리금 불입액은 1,319,911원이다. 첫째달의 이자 불입액은 기초대출잔액 2억원에 연 금리 5%를 곱한 후 12개월로 나눈 값인 833,333원이 된다. 따라서 원리금 불입액 1,319,911원에서 이자지급액 833,333원을 뺀 금액 486,578원이 첫째달의 원금 상환액이 된다. 따라서 둘째달의 대출잔액은 2억원에서 첫째달의 원금 상환액 486,578원을 뺀 199,513,422원이 된다. 둘째달의 이자 상환액은 바로 첫째달 말일의 대출잔액(199,513,422원)에 (5%/12) 금리를 적용한 값인 831,306원이 되는 것을 알 수 있다. 물론 둘째달의 원금 상환액도 원리금 불입액 1,319,911원에서 이자 831,306원을 뺀 488,606원이 된다는 것을 알 수 있다.

전술한 바와 같이 원리금 균등상환 방식은 시간이 지날수록 대출잔액이 감소하므로 이자 지급액은 감소하고 반대로 원금 상환액은 증가한다. 따라서 [그림 5−3]에서 보듯이 이자 지급액을 나타내는 그래프는 대출초기에 비해 점차 하락하는 반면에 원금 상환액을 나타내는 그래프는 점차 상승하는 것을 알 수 있다. 이자 지급액과 원금 상환액은 대출 후 74~75개월 무렵에 동일하게 되며 이후에는 원리금 상환액에서 원금 상환액이 이자 지급액보다 더 커지는 것을 알 수 있다. 원금 상환액과 이자 지급액이 교차하는 지점은 계약 이자율의 크기에 따라 다르다. 이들의 교차지점은 이자율이 낮을수록 납입 개시점에

5 매일경제용어사전.

표 5-2 주택담보대출 상환 스케줄-고정금리 원리금 균등상환 방식

대출금액 ₩200,000,000
기간 240개월
이자 5.00%
월불입금 ₩1,319,911

기간	기초대출잔액	월불입액	이자지급액	원금상환액	기말대출잔액
1	₩200,000,000	₩1,319,911	₩833,333	₩486,578	₩199,513,422
2	₩199,513,422	₩1,319,911	₩831,306	₩488,606	₩199,024,816
3	₩199,024,816	₩1,319,911	₩829,270	₩490,641	₩198,534,175
4	₩198,534,175	₩1,319,911	₩827,226	₩492,686	₩198,041,489
5	₩198,041,489	₩1,319,911	₩825,173	₩494,739	₩197,546,751
6	₩197,546,751	₩1,319,911	₩823,111	₩496,800	₩197,049,951
7	₩197,049,951	₩1,319,911	₩821,041	₩498,870	₩196,551,080
⋮	⋮	⋮	⋮	⋮	⋮
234	₩9,087,296	₩1,319,911	₩37,864	₩1,282,048	₩7,805,248
235	₩7,805,248	₩1,319,911	₩32,522	₩1,287,390	₩6,517,858
236	₩6,517,858	₩1,319,911	₩27,158	₩1,292,754	₩5,225,105
237	₩5,225,105	₩1,319,911	₩21,771	₩1,298,140	₩3,926,964
238	₩3,926,964	₩1,319,911	₩16,362	₩1,303,549	₩2,623,415
239	₩2,623,415	₩1,319,911	₩10,931	₩1,308,981	₩1,314,435
240	₩1,314,435	₩1,319,911	₩5,477	₩1,314,435	₩0

근접하고 이자율이 높을수록 개시점에서 멀어진다.

그림 5-3 주택담보대출 상환 그래프-고정금리 원리금 균등상환 방식

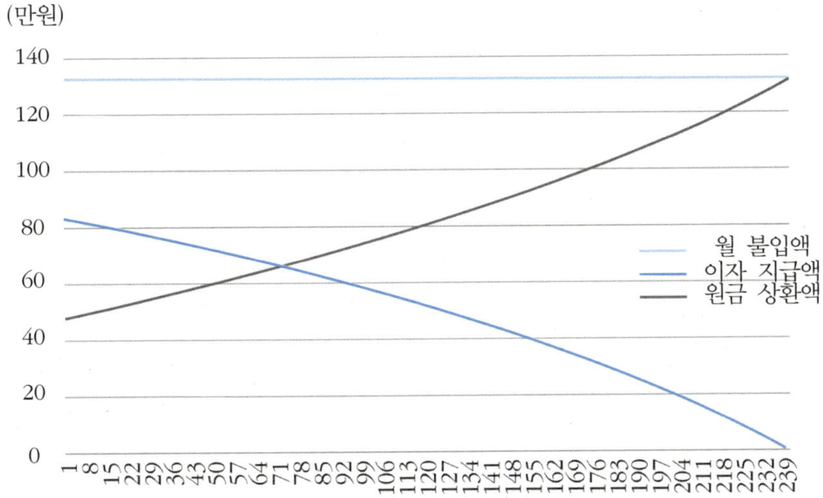

제4절 주택금융 분석 기법

1 현재가치와 미래가치의 환산

제4절에서는 주택금융 관련 기초적인 재무분석 기법에 대해 알아본다. 주택금융시장에서 은행은 주택담보대출에 따른 저당권, 즉 주택저당채권(mortgage loan)을 확보하고 매달 약정 원리금을 받는다. 유동화기관에서는 주택저당채권을 근거로 주택저당담보부채권(MBS)를 발행하여 투자자에게 판매함으로써 자금을 조달한다. 일반적으로 주택담보대출은 대출기간이 최대 30년에 이를 정도로 장기간에 걸쳐 대출이 이루어진다. 따라서 현시점에서 주택담보대출 관련 의사결정 과정에 참여하는 수요자와 공급자 모두 화폐의 미래가치를 현재가치로 환산할 수 있는 주택금융 분석 기법을 이해할 필요가 있다.

[그림 5-4]는 화폐의 현재가치를 환산하는 데 필요한 용어들을 나타낸다. 현재가치

그림 5-4 현금흐름 이해를 위한 시간선

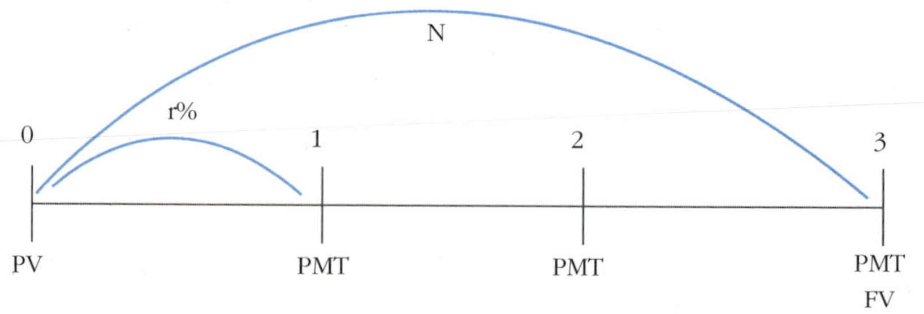

N: 전체 기간, r: 이자율(할인율 또는 요구수익률), PV: 현재가치, PMT: 일정한 현금흐름, FV: 미래가치, Time 0: 오늘 현재, Time 1: 기간 1의 말일

(present value: PV)는 현재의 화폐가치를 의미한다. 현재가치로 환산하라는 것은 미래에 발생하는 미래의 가치를 현재의 가치로 변환하라는 것을 의미하며, [그림 5−4]의 현재 시점 0에서의 화폐가치를 의미한다. 미래가치(future value: FV)란 미래의 특정 시점에서 발생하는 현금흐름의 기대가치를 의미한다. 미래가치로 환산하라는 것은 현재의 화폐가치를 미래의 화폐가치로 변환하라는 것을 의미한다. 특정 현금흐름이 발생하는 사업기간은 전체기간(Number: N)으로 나타낼 수 있다. 전체기간에 걸쳐 매기간 일정한 금액의 현금흐름이 발생하는 경우 [그림 5−4]에서 보듯이 이 금액을 불입액(payment: PMT)으로 나타낼 수 있으며, 주택금융의 경우 매월 원리금을 균등분할 상환하는 불입금이 이에 해당한다.

[표 5−3]은 이자율과 기간의 계산에 필요한 공식을 나타낸다. 그러나 도출한 수식을 이용하여 계산하기란 그리 쉽지 않다. 이러한 공식을 활용하기 위해서는 재무계산기나 컴퓨터 엑셀프로그램 등을 활용하여야 한다. 따라서 우리는 보편화된 엑셀프로그램을 이용해 계산한 간단한 예제를 통해 계산방식을 이해하도록 한다.

| 표 5-3 | 미래가치와 현재가치 환산 공식

미래가치의 계산		공식 (n: 전체기간)
특정 일시불 금액	현재 1원의 n년 후 미래가치는?	$(1+r)^n$
정기적 불입금	매년 1원씩 불입하는 적금의 n년 후 미래가치는?	$\frac{(1+r)^n-1}{r}$
감채기금 (sinking fund)	n년 후 1원을 만들기 위해 매년 불입해야 하는 적금액은?	$\frac{r}{(1+r)^n-1}$
현재가치의 계산		
특정 일시불 금액	n년 후 1원의 현재가치는?	$\frac{1}{(1+r)^n}$
연금의 현재가치	n년 동안 매년 1원씩 수령하는 연금의 현재가치는?	$\frac{1-[1/(1+r)^n]}{r}$
주택담보대출		
균등분할 상환	현재 1원을 대출받을 때 n년 동안 매년 상환해야 하는 금액은?	$\frac{r}{1-[1/(1+r)^n]}$

2 미래가치와 현재가치의 계산법: 예제

1) 미래가치의 계산

현재가치 200만원을 복리 이자율 7%의 정기예금에 예치할 경우 4년 후에 수령할 총액은 얼마일까? 복리(compound interest)란 원금에 이자액을 더한 전체 금액에 대해 다음 기에 이자가 발생하는 것을 말한다. 이 경우 미래가치를 계산하는 데 필요한 공식은 다음과 같다.

$$FV_n = PV \times (1+r)^n$$

우리의 예에서 기간이 4년(n=4)이므로 4년 후에 수령할 총액은 262만1,600원이다.

$$FV_4 = 200 \times (1+0.07)^4 = 262.16$$

위의 계산 결과는 다음과 같은 엑셀을 활용하면 쉽게 도출할 수 있다.

그림 5-5 미래가치 이해를 위한 시간선

현재가치 200만원을 7%의 복리이자로 예금할 경우 4년 후 미래가치는?

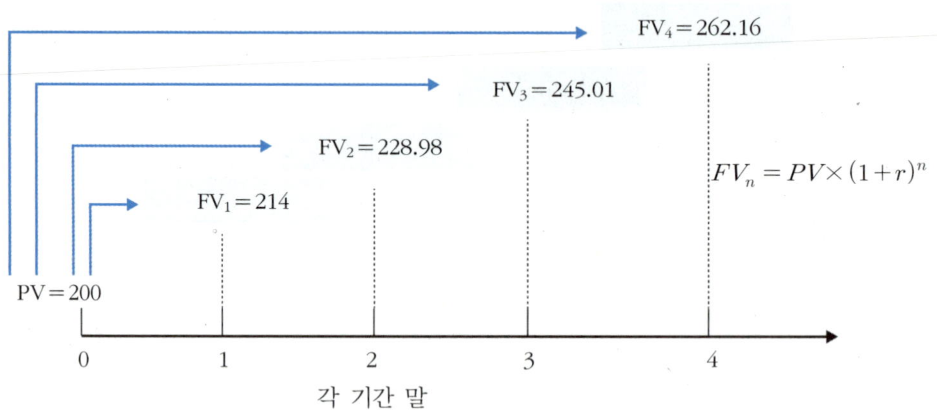

N=4	Rate=7%	PV=−200	PMT=0	FV=?

참고: Excel=Fv(rate,nper,pmt,pv)[6]

위의 계산 결과를 [그림 5−4]의 현금흐름 시간선에 적용하면 [그림 5−5]와 같이 미래가치를 이해할 수 있는 시간선을 나타낼 수 있다.

2) 현재가치의 계산

현재가치는 미래가치의 계산 방식과 반대로 주어진 미래가치를 활용하여 계산할 수 있다. 미래가치가 200만원이고 이자율과 동일한 할인율(discount rate)이 7%일 때 4년 후 200만원의 현재가치는 얼마일까? 이 경우 현재가치를 계산하는 데 필요한 공식은 다음과 같다.

6 마지막 type란에는 0과 1을 입력할 수 있는데 0은 매기 말에 현금흐름이 발생하는 것을, 그리고 1은 매기 초에 현금흐름이 발생하는 것을 의미한다. 입력하지 않을 경우에는 0으로 입력되어 매기 말에 현금흐름이 발생하는 것으로 처리하게 된다.

$$PV = \frac{FV_n}{(1+r)^n}$$

우리의 예에서 기간이 4년(n=4)이므로 4년 후에 수령할 총액의 현재가치는 152만 5,800원이다.

$$PV = 200/(1.07)^4 = 152.58$$

마찬가지로 다음과 같은 엑셀함수기능을 이용해 =Pv(rate,nper,pmt,fv)를 순서대로 입력하면 152.58의 계산 결과를 쉽게 얻을 수 있다.

N=4	Rate=7%	PV=?	PMT=0	FV=200

참고: Excel=Pv(rate,nper,pmt,fv)

여기서 한 가지 주의해야 할 점은 기간 0일 때의 현재가치는 -200으로 입력해야 한다는 것이다. 그 이유는 현시점에서 투자 혹은 예금은 투자자 혹은 예금주의 입장에서 그 만큼의 현금유출을 의미하기 때문이다. 현재가치 152만5,800원이 의미하는 바는 4년 후에 현금 200만원의 유입을 기대한다면, 4년의 투자기간 동안 매년 이자율 7%를 복리로 제공

그림 5-6 현재가치 이해를 위한 시간선

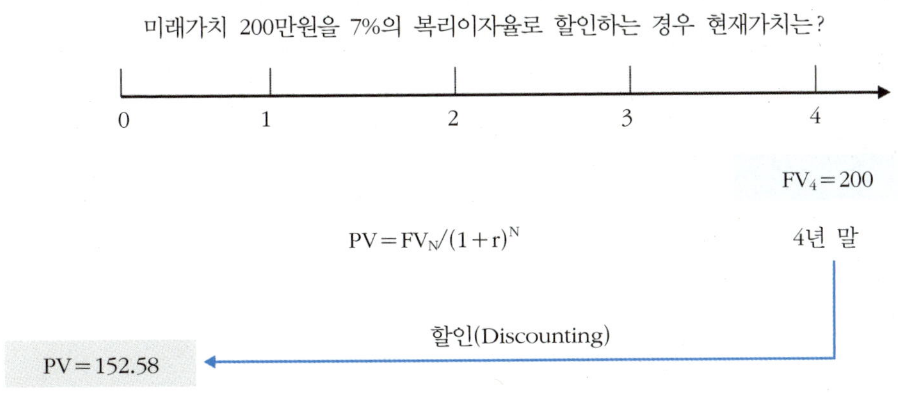

하는 투자나 예금에 현금 152만5,800원을 예치해야 한다는 것이다. 위의 계산 결과를 [그림 5−4]의 현금흐름 시간선에 적용하면 [그림 5−6]과 같이 할인율을 반영한 현재가치를 이해하는 데 도움을 얻을 수 있다.

3) 이자율(r)의 계산

주택금융에서 자주 접하는 화폐의 현재가치와 연관된 문제는 주택가격 상승에 따른 수익률을 계산하는 문제이다. 예를 들면 현재 100만원을 투자했을 때 3년 후 125만9,700원이 되기를 기대한다면 몇 %의 수익률을 제공하는 부동산에 투자해야 할 것인가와 같은 유형의 문제이다. 이러한 경우에 사용하는 엑셀함수기능을 활용한 계산 방식은 다음과 같다.

N=3	Rate=?	PV=−100	PMT=0	FV=125.97

참고: Excel=Pv(rate,nper,pmt,fv)

여기서 위의 엑셀함수기능 =Rate(Nper,pmt,pv,fv)를 순서대로 입력해 계산하면 8%를 구할 수 있다. 이것은 100만원을 투자해서 3년 후 125만9,700원의 미래가치를 기대한다면 8%의 이자율 혹은 수익률을 제공하는 상품에 투자해야 한다는 것을 의미한다.

4) 기간(N)의 계산

주택금융에서 자주 접하는 기간의 문제는 다음과 같다. 예를 들어 주택을 구입하기 위해 100만원을 매년 5%의 복리이자를 제공하는 정기예금에 가입했다고 가정하자. 이 예금이 200만원, 즉 두 배가 되려면 얼마나 오랜 기간 동안 예치해야 할 것인가? 이러한 경우에 적용하는 엑셀함수기능의 활용방법은 다음과 같다.

N=?	Rate=5%	PV=−100	PMT=0	FV=200

참고: Excel=Nper(rate,pmt,pv,fv)

여기서 위의 엑셀함수기능 =Nper(rate,pmt,pv,fv)를 활용해 계산하면 약 14.2년이 걸린다는 것을 알 수 있다. 이것은 100만원을 투자해서 200만원의 미래가치에 도달하려면 매년 5%의 복리이자를 제공하는 정기예금 상품에 14.2년 동안 투자해야 한다는 것을 의미한다.

5) 월 불입액(PMT)의 계산

주택금융에서 자주 접하는 월 불입액과 관련된 내용은 다음과 같다. 예를 들어 주택을 구입하기 위해 은행에서 고정금리 5%, 만기 180개월(15년) 원리금 균등상환 조건으로 1억원을 대출받았다고 가정하자. 이 경우 매월 불입해야 하는 금액은 얼마일까? 이러한 경우에 사용하는 엑셀함수기능을 활용한 계산 방식은 다음과 같다.

N=180	Rate=5%/12	PV=100,000,000	PMT=?	FV=0

참고: Excel=Pmt(rate,nper,pv,fv)

여기서 주의할 점은 월 불입액을 계산하는 문제이므로 전체 기간(N)은 15년을 월 단위로 환산한 180개월이 되어야 하며, 미래가치(FV)는 180개월 후에 은행에 불입해야하는 일시불과 동일하므로 0이 되어야 한다. 그 이유는 180개월 동안 매월 불입하면 대출잔액이 0이 되기 때문이다. 또한 대출의 경우 연이율을 사용하므로 연 5%의 이자율을 월 이자율로 환산하면 0.4167%(=5/12)가 된다. 우리의 예에서 엑셀함수기능 =Pmt(rate,nper,pv,fv)를 활용해 계산하면 약 79만794원의 계산 결과를 얻을 수 있다. 이것은 고정금리 5%, 만기 180개월(15년) 원리금 균등상환 조건으로 1억원을 대출받을 경우 180개월 동안 매월 불입해야 하는 원리금 상환액은 약 79만794원이라는 것을 의미한다.

참고문헌

두산백과(http://www.doopedia.co.kr/) 참조.

매일경제용어사전(http://dic.mk.co.kr/).

이상영 외 3인, “우리나라 부동산산업의 발전과정과 과제” 부동산학연구 21집 3호, pp. 101~122, 2015. 9.

Claureties and Sirmans. 『Real Estate Finance Theory and Practice』, 7th edition.

Geltner, D., Miller, N., Clayton, J., & Eicholtz, P. M. A.(2017) 『Commercial real estate analysis and investments』, 3rd ed.

06

상업용 부동산시장의 이해

제1절 상업용 부동산의 개념

1 우리나라 상업용 부동산 현황

상업용 부동산(commercial real estate)은 수익용 부동산(income producing property) 또는 투자용 부동산(investment property)과 동일한 의미로 사용한다.[1] 국내에서는 일반적으로 오피스와 같은 업무시설과 상가와 같은 상업시설 등과 같이 상업용 목적으로 수익이 발생하는 부동산을 지칭한다. 2015년 기준 국내 부동산자산 중 주거용 부동산자산은 1242.8조원이며 비주거용 부동산자산은 1318.2조원으로 비주거용 부동산자산이 더 큰 비중을 차지한다.[2]

국내 상업용 부동산을 이해하기 위해 먼저 오피스와 상가를 중심으로 한 부동산시장의 현황을 살펴보면 다음과 같다. 건축물대장에 따라 분류하면 국내의 상업용 부동산 건물은 총 6,980,698동이며,[3] 이는 우리나라 전체 건물 중 16.1%를 차지한다. 전국 상업용

1 Real Estate Perspectives Corgel et al 2000.

2 한국은행 주거용 비주거용 자산현황 통계 2015.

3 상업용 부동산은 일반 및 집합건물 구분으로 나누어져 있다. 일반 부동산은 소유주가 건물 전체에 대한 소유권을 갖고 있는 형태이며 집합건물은 소유주가 건축물 내에 개별 호에 대한 구분 소유권을 갖는 형태이다. 건축물대장상 전체 6,980,698동의 건물 중에서 일반 건물은 6,516,657동이며 집합 건물은 464,041동으로 집

표 6-1 유형별 건축물대장 총량

구분	건물		연면적	
	동수	백분율(%)	총합(만km^2)	백분율(%)
상업용 부동산	1,124,522	100.0	57,583	100.0
오피스	26,872	2.4	12,563	21.8
상가	1,097,650	97.6	45,019	78.2

출처: 상업용 부동산시장 정보체계 구축 및 활용방안 연구(2016).

부동산을 유형별로 살펴보면 [표 6-1]과 같이 오피스로 분류한 건물은 26,872동이며 상가는 1,097,650동으로 상가가 대다수를 차지한다. 그러나 연면적으로 환산할 경우 오피스는 21.8%, 상가는 78.2%를 차지해 오피스의 연면적이 상대적으로 크다는 것을 알 수 있다. 상업용 부동산시장의 총량은 2016년 7월 기준 2000년 말 대비 약 65.1%의 증가세를 보이고 있으며, 특히 오피스 건물의 총 연면적은 두 배 이상 증가하였다.[4]

2 상업용 부동산 투자 방식

상업용 부동산 투자 방식은 직접투자 방식과 간접투자 방식 둘로 구분할 수 있다. 직접투자 방식이란 건물 전체나 일부를 구입하여 직접 임대를 할지 직접 사용을 할지 선택할 수 있는 부동산 투자 방식을 말한다. 직접투자 방식의 장점으로 다음의 세 가지를 들 수 있다. 첫째, 직접 부동산을 소유하며 운영소득이나 가치에 따른 매각차익을 온전히 실현할 수 있다. 둘째, 직접 부동산을 소유하고 관리함으로써 수익의 극대화에 참여할 수 있다. 셋째, 임차인으로부터 직접 임대료를 받음으로써 수익 또는 손실이 발생하는지 여부를 쉽게 측정할 수 있다. 반면에 직접투자 방식은 다음과 같은 단점들도 있다. 첫째, 매입 시 복잡한 절차를 직접 주도하여야 하며 운영에 관한 책임을 져야 한다. 둘째, 비효율적인 운영으로 인한 가치 하락의 손실을 경험할 수 있다. 셋째, 임차인 관리, 임대차 계약, 임대료 징수 등과 같은 업무 부담을 갖는다. 넷째, 부동산자산의 특성상 거액의 투자 금액을 필요로 한다. 다섯째, 법인세 감면 등의 혜택을 받는 간접투자 방식에 비해 세금의 부담이

계한다.

4 이태리 외 9인, 『상업용 부동산시장 정보체계 구축 및 활용방안 연구』, 국토연구원, 2016.

크다. 여섯째, 매각이 필요할 때 매각이 적시에 이루어지지 않는 유동성 위험이 발생할 수 있다.

간접투자 방식은 투자자가 부동산투자신탁(REITs)이나 부동산에 전문적으로 투자하는 부동산펀드 등에 투자 자금을 위탁하는 투자 방식을 말한다. 간접투자 방식은 다음과 같은 장점을 갖는다. 첫째, 부동산을 소유하려면 큰 자금이 필요하지만 간접투자 방식은 소액으로 부동산투자신탁이나 부동산펀드에 참여할 수 있다. 둘째, 투자 금액을 나누어 다양한 종류의 부동산 투자 상품에 분산투자할 수 있다. 셋째, 개인이 쉽게 투자할 수 없는 해외 부동산에도 간접투자 방식을 통해 투자할 수 있다. 넷째, 매각 시에도 증권시장을 통해 즉시 주식을 매각할 수 있으므로 환매가 용이하다. 반면에 간접투자 방식은 다음과 같은 단점들도 있다. 첫째, 부동산 투자 상품의 운영 주체와 이익을 나눠야 하므로 수익률이 상대적으로 낮을 수 있다. 둘째, 투자자의 수익 극대화에 필요한 투자 자금 운영의 투명성을 담보할 수 없다는 한계가 있다.

제2절 상업용 부동산 간접투자 상품

1 부동산투자신탁(REITs)[5]

부동산투자신탁(real estate investment trusts: REITs)은 개인 투자자의 자금을 활용하여 부동산에 투자하고 투자수익을 투자자들에게 배당하는 상품이다. 리츠는 특수목적 법인의 형태로서 법인소득세의 면제 또는 감면 혜택을 받는다. [그림 6-1]은 리츠의 역할을 보여주고 있다. 부동산투자회사(REITs)는 투자자들(개인 투자자, 일반 투자자, 기관 투자자)로부터 지분투자(equity investment)를 받는다. 이들 자금을 한데 모아 투자자산(부동산, 유가증권, 금융기관 예치 등)에 투자함으로써 투자수익(임대료, 개발이익, 이자 등)을 얻는다. 리츠는 투자수익의 90% 이상을 투자자들에게 배당한다.

리츠는 부동산산업에 금융을 결합시킴으로써 다음과 같이 부동산시장의 선진화에 기

5 진창하 외 3인, "리츠사업 다각화 및 공모활성화 방안 연구", 한국부동산분석학회, 2015.

그림 6-1 REITs 기본개념도

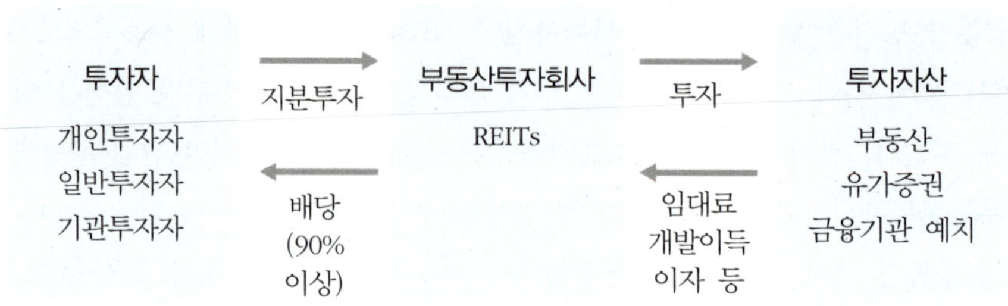

출처: 리츠협회(www.kareit.or.kr).

여하고 있다. 첫째, 리츠의 도입은 자산관리회사(asset management corporation: AMC)와 부동산관리회사(property management corporation: PMC)라는 전문화한 부동산 유관산업을 발전시킴으로써 부동산산업의 투명성과 함께 전문적이고 체계적인 시스템을 구축하는 데 일조하였다. 리츠의 위탁을 맡은 운용관리 전문기관과 전문가는 모든 비용과 수익을 공개하고, 부동산의 매입과 매각 시에도 일정 기간의 운용수익과 비용에 관한 정보를 제공하도록 하는 관행이 정착되었다.

둘째, 리츠는 개인 투자자에게 양질의 상업용 부동산에 투자할 기회를 제공하고, 기업 구조조정 리츠를 통해 기업들의 자산 유동화를 용이하도록 한다는 평가를 받는다. IMF 외환위기 직후 기업 소유 부동산자산의 유동화에 기여하면서 국내 기업들이 유동성 위기를 극복하고 구조조정을 추진하는 데 일조한 바 있다.

셋째, 리츠는 외국계 투기성 자본들과 경쟁할 수 있는 부동산 자본의 집결체 역할을 하면서 오피스를 중심으로 한 상업용 부동산 시장에 투자함으로써 타 상품 대비 높은 수익률을 실현하고 있다.

넷째, 최근에는 한국토지주택공사(LH공사)를 중심으로 공공임대주택리츠를 도입함으로써 공공기관의 부채 수준을 낮추는 데 기여하고 있다. 주택도시기금을 출자한 민간임대주택리츠 또한 임대주택시장에서 공급자의 역할을 하고 있다.

우리나라 리츠는 외형적 성장세를 지속하고 있다. [그림 6−2]에서 보듯이 2018년 8월 현재 199개의 리츠가 자산규모 38.6조원의 자산을 운용 중에 있다. 리츠는 기업의 구

그림 6-2 리츠의 자산규모

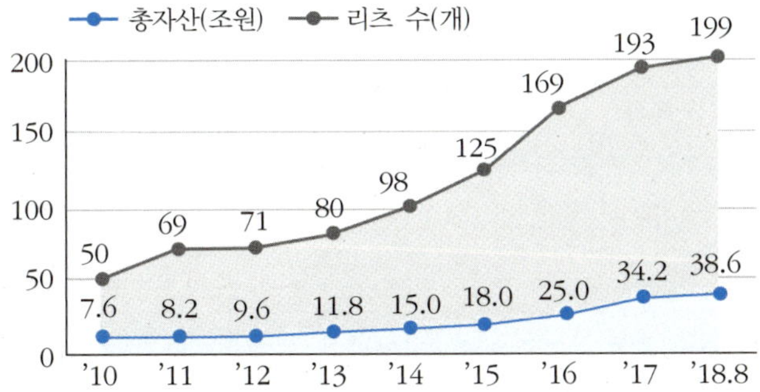

연도	리츠 (개)	자산총계 (조원)
2010년	50	7.6
2011년	69	8.2
2012년	71	9.6
2013년	80	11.8
2014년	98	15
2015년	125	18
2016년	169	25
2017년	193	34.2
2018년 08월	199	38.6

출처: 리츠협회(www.kareit.or.kr).

조조정을 목적으로 도입하였다. 따라서 도입 초기에는 구조조정리츠가 다수를 차지하였으나 최근에는 위탁관리리츠가 자산규모 32조원에 달해 전체 리츠 중 85.2%를 차지하고 있다. 구조조정리츠와 위탁관리리츠는 외부위탁관리(externally managed)의 형태를 취하므로 법인세 혜택을 받고 있으며 세금 혜택이 없는 자기관리(internally managed)형태는 규모면에서 미미한 수준이다.

국내 리츠의 투자 대상은 초기에는 오피스를 중심으로 구성하였으나, 최근에는 정부 주도 임대주택리츠의 성장세가 두드러지고 있다. [표 6-2]에서 보듯이 자산기준 전체 투자 금액의 58.5%가 임대주택리츠, 26%가 오피스, 그리고 리테일은 3.7%로 나타나 있다.[6] 투자자산별 수익률은 [표 6-3]에서 보듯이 은행 수신금리는 물론이고 우량 회사채 수익률을 상회하는 수준이다. 특히 2007~2009년 사이의 수익률은 평균 10%대를 상회하는데, 이것은 2000년대 초반 통상 5년 기한부로 출발했던 오피스리츠가 서울 오피스 시장의 호황으로 상당한 수준의 매매차익 실현분이 발생한 결과이다.

6 2009년의 미분양리츠, 2013년의 희망임대주택리츠 등이 있으나 이는 민간차원의 자생적 주택리츠라고 보기는 어렵다. 미분양리츠는 미분양아파트로 자금난에 봉착한 민간건설업체를 지원할 목적으로 도입한 리츠이며, 희망임대주택리츠는 대출을 받아 주택을 매입했으나 주택거래가 부진에 빠지고 여러 사정 때문에 대출 원리금 상환에 어려움을 겪고 있는 하우스푸어로 불리는 세대들의 주택처분을 지원하기 위한 리츠이다. 2014년 리츠를 통한 임대주택 활성화 방안, 즉 뉴스테이(New Stay) 정책에 의해 LH공사와 주택도시보증공사가 지원하는 공공임대리츠나 민간제안리츠도 임대주택시장을 확대하는 데 중요한 역할을 담당하고 있다.

표 6-2 리츠의 투자 대상 및 규모

구분	리츠(개)	자산총계(조원)	자산기준 비율(%)
오피스	43	10.	26.11%
리테일	25	3.7	9.66%
임대주택	104	22.6	58.54%
물류	14	0.8	1.94%
호텔	7	0.5	1.42%
복합형	6	0.9	2.33%
계	199	38.6	100.00%

출처: 리츠협회(www.kareit.or.kr).

표 6-3 리츠의 투자자산별 수익률

구분	'04	'05	'06	'07	'08	'09	'10	'11	'12	'13	'14	'15	'16
기업구조조정 리츠	8.4	12.2	12.1	49	40.3	10	10.4	9.9	9.4	16.2	9.4	10.1	7
위탁관리리츠	0	–	10.1	7.4	6.3	7.2	6.4	6.4	4.9	4.2	4.6	7.3	5.8
리츠 평균수익률	8.4	12.2	11.9	40.4	28	26.1	8.6	8.3	7.1	9.2	6.2	8.1	6
회사채 (AA–)	4.73	4.68	5.17	5.7	7.02	5.81	4.66	4.41	3.77	3.19	2.98	2.08	1.89
회사채 (BBB–)	9.16	8.71	8.19	8.4	9.86	11.8	10.7	10.4	9.34	8.84	8.71	8	7.93

출처: 리츠협회(www.kareit.or.kr).

2 부동산펀드

'자본시장과 금융투자에 관한 법률'에 의하면 부동산펀드(real estate fund)란 집합투자자산의 50%을 초과하여 부동산 및 부동산 관련 자산에 투자하는 펀드를 말한다. [그림 6-3]에서 보듯이 부동산펀드를 설정한 자산운용사(asset manager)는 직접 또는 판매회사(은행, 증권회사, 보험회사 등)를 통해 투자자들로부터 자금을 모집한다. 자산운용사는 수탁회사 또는 신탁사에 자산을 위탁하거나 부동산 또는 부동산 관련 유가증권에 직접 투자하

그림 6-3 부동산펀드의 목적 및 구조

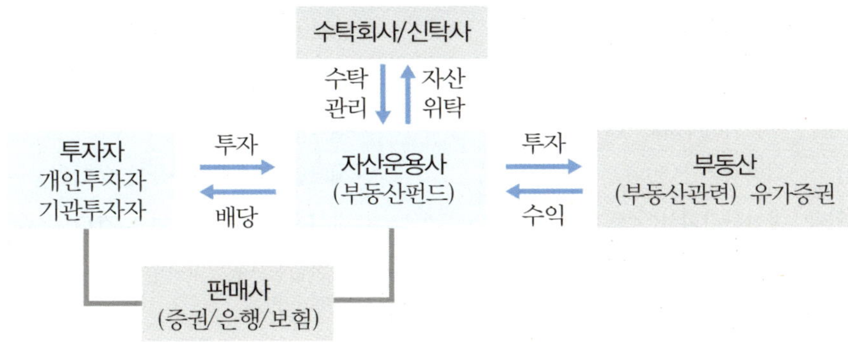

출처: 금융투자협회(www.kofia.or.kr).

여 발생한 수익을 투자자에게 배당한다.

부동산펀드의 설립 목적은 투자자들이 소액으로도 부동산 간접투자가 가능하도록 하는 데 있다. 부동산펀드는 PF(project financing) 대출 및 개발 형태 위주로 성장해 왔으며 최근에는 단기 차익을 목적으로 하는 임대형 오피스 투자 분야로 영역을 확대해 나가는 추세이다. 부동산펀드의 투자 주체를 보면 개인보다는 기관 투자가들의 비중이 빠르게 증가하고 있다. 개인 투자자도 소액으로 투자할 수는 있으나 부동산펀드에서 차지하는 개인 투자자의 비중은 갈수록 낮아지고 있다. 리츠 공모를 통한 부동산투자는 사모에 비해 시간과 비용이 더 많이 소요되지만 세제 혜택은 동일하여 일반 투자자를 유인하는 데 한계가 있기 때문이다. 부동산펀드는 기한 한정인 폐쇄형 · 거치식 투자이며 중도환매가 불가능한 경우가 일반적이다. 부동산펀드는 장기 임대수익에 목적을 둔 안정적인 수익률을 보고 투자하는 것이 아니라 단기 시세차익을 목적으로 조성한 경우가 대다수이다.

부동산펀드와 리츠의 차이점은 [표 6-4]에 잘 나타나 있다. 부동산펀드는 제도시행 초기부터 국내 리츠와 매우 유사한 형태로 생존을 같이하는 구조로 성장하고 있다. 예를 들어 부동산펀드와 리츠 모두 부동산의 매입과 청산 구조가 유사하며 시장에서 존속하는 기간 또한 대부분 6년 이하이다. 국내 리츠는 증자를 통한 자본금 확충이나 부동산의 유입과 유출이 거의 차단된 폐쇄형이며 기한 한정형 구조라는 점에서 신탁형 부동산펀드와 차이가 없다. 따라서 부동산펀드와 리츠의 장점을 살리기 위해서는 각각의 특성에 맞는

표 6-4 부동산펀드와 리츠의 비교

<table>
<tr><th>구분</th><th>리츠(위탁관리형)</th><th>부동산펀드(REF)</th></tr>
<tr><td>근거법률</td><td>부동산투자회사법</td><td>자본시장 및 금융투자업에 관한 법률</td></tr>
<tr><td>주무관청</td><td>국토교통부</td><td>금융위원회</td></tr>
<tr><td>투자형태</td><td>주식회사/Paper Company</td><td>신탁형/회사형</td></tr>
<tr><td>자본금</td><td>최저자본금 50억</td><td>해당없음/최저순자산액 10억원</td></tr>
<tr><td>운영의 위탁</td><td>자산관리회사(국토부 인가)</td><td>자산운용회사(금융위 인가)</td></tr>
<tr><td rowspan="2">투자대상</td><td rowspan="2">부동산이 자산의 70% 이상(대출불가)</td><td>제한없음(단, 회사형은 부동산이 자산의 70% 미만)</td></tr>
<tr><td>부동산 PF 대출</td></tr>
<tr><td rowspan="2">개발사업</td><td>총 자산의 30% 이하</td><td rowspan="2">제한없음</td></tr>
<tr><td>(개발전문리츠인 경우 100% 가능)</td></tr>
<tr><td>취 · 등록세</td><td>30% 감면(2014.12월 말 종료)</td><td>30% 감면(2014.12월 말 종료)</td></tr>
<tr><td>법인세</td><td>배당가능액 90% 이상 배당시 배당소득공제</td><td>신탁형은 법인세 부과 대상이 아니며, 회사형은 90% 이상 배당시 배당소득공제</td></tr>
</table>

출처: 국가법령정보센터(www.law.go.kr).

투자 특성을 차별화할 필요가 있다. 리츠는 본질적으로 주식회사 형태로 영속성을 갖고 환매가 가능하며 상장 또는 비상장 형태로 운영할 수 있다는 특성을 갖고 있다. 따라서 리츠는 지속적인 자산운용을 통한 운용수입의 창출과 우량 부동산 매입 및 매각을 통한 주주가치의 극대화를 추구하는 데 중점을 두어야 할 것이다. 반면에 신고등록제로 신속하게 펀드를 조성할 수 있는 부동산펀드는 자금조성의 용이성을 살려 해외 투자자본들과의 경쟁에서 선점효과를 누릴 수 있도록 차별화할 필요가 있다.

제3절 상업용 부동산시장 분석

1 상업용 부동산시장 환경[7]

우리나라 상업용 부동산시장은 도시화 과정에서 꾸준히 성장하였다. 상업용 부동산시장의 투자 목적은 경제 환경의 변화에 따라 상이하다. 1997년 외환위기 이후 유동성 위기를 겪는 과정에서 많은 기업들이 기업 구조조정의 목적으로 매물을 내놓았다. 그 결과 단기차익을 기대하는 투자자들을 중심으로 매매차익 목적의 시장이 형성되었다. 2001년부터 외국인 투자자가 급증하면서 상업용 부동산시장은 임대수입 및 매매차익의 기대가 공존하는 시장으로 변하게 되었다. 이 무렵 여러 해외 부동산컨설팅업체들이 국내에 진출하면서 국내의 부동산 투자 기법 및 자산관리 기법이 선진화하는 계기가 되었다.

[표 6-5]는 국내 오피스시장 정보 현황을 나타낸다. 국내 상업용 부동산시장의 투자 관련 정보는 국토교통부에서 발표하는 '임대사례조사'를 통해 수집할 수 있다. 국토교통부에서는 공실률, 임대료, 투자수익률을 발표하고 있으며, 신영에셋이나 Genstar 등과 같은 민간에서도 공실률과 임대료 등을 작성 발표하고 있다. 그러나 위 기관들의 상업용 부동산시장의 매매가격지수와 투자수익률 지표에 대한 조사는 표본의 구성, 공표시기, 지수작성 방법 등의 상이성으로 신뢰성을 보장받지 못하고 있다. 향후 상업용 부동산시장이 국내외 부동산펀드나 리츠를 통해 더욱 더 확대할 것으로 보여 투자결정에 올바른 정보를 제공할 수 있도록 상업용 부동산 관련 정보의 신뢰성을 확보하는 것이 급선무이다.

7 본 내용은 "상업용 부동산시장의 투명성 제고와 정보인프라 구축 방안"의 내용을 직접 인용 및 수정, 편집하였음(월간국토 2014년 9월호).

표 6-5 국내 오피스시장 정보 현황

구분	국토교통부	젠스타	Mate Plus	Savills	교보리얼코	신영에셋
조사주기	분기	월	월/분기	분기	월/분기	월/분기
최초조사	2002	2003	2003 1/4	1997 3/4	2004 4/4	2003 1/4
조사지역	전국 16개 시도 44개 지역	서울/분당 및 6대 광역시	서울/분당 및 6대 광역시	서울 3대권역	서울/분당 및 6대 광역시	서울/분당 및 6대 광역시
표본수	824동 (서울 406동)	1,085동 (서울 833동)	1,180동	83동	1,150동 (서울 803동)	1,019동 (서울 695동)
						CBD224, KBD314 YBD157
연면적			1,500m² 이상	30,000m² 이상	3,300m² 이상	6,600m² 이상
층	6층 이상		5층 이상	–	5층 이상	10층 이상
조사방법	표본, 실측조사	방문/전화	전화, PM사 발표자료 참고	–	방문/전화	방문/전화
조사항목	빌딩기본사항, 수입과 비용, 임차인 및 임대계약 정보, 감정평가 등 100여 항목	환산임대료, 공실률, 관리비	보증금, 월세, 관리비, 공실률		환산전세가, 보증금, 월세, 공실률, 관리비	환산전세가, 보증금, 월세, 관리비, 공실률, 전환율
지수	분기별 임대지수(2013, 1Q 기준)	월별 임대지수(2013, 1Q 기준)	분기 매매지수(2013, 1Q 기준)	임대지수	–	–
지수방식	기준층 임대료총액 Dutot 지수	기준층 임대료 임대면적 가중(종합주가지수 방식)	반복매매모형 해도닉모형	공개되지 않음	–	–
기타		Prime, A, B, C 등급구분	면적기준에 따라 대형, 중형, 소형	대형오피스만 조사	연면적율 기준으로 Prime, A, B, C 등급구분 100% 자가사용 사옥 및 개별분양 오피스빌딩 제외	

출처: 상업용 부동산시장 정보체계 구축 및 활용방안(2016).

표 6-6 해외 오피스시장 정보 현황

구분	미국	영국	홍콩	일본	
지수 이름	NCREIF INDEX	IPD INDEX	오피스 및 매장용 임대지수	MUTB-CBRE INDEX(MU-CBex)	전국임대료 통계
기관	National Council of Real Estate Fiduciaries	Investment Property Databank	부동산과세평가국(rating and valuation department)	미즈비시(생명보험 계열조사회사)	일본부동산 연구소
작성목적	투자가의 투자 의사 결정지원	투자가의 투자 의사 결정지원 및 부동산 투자유도	상업용 부동산시장 동향	상업용 부동산시장 동향	주요 도시 임대료동향 파악
부동산 가치	감정평가(실거래가 병용)	감정평가	-	감정평가	-
공표 자료	소득수익률, 자본수익률, 종합수익률	소득수익률, 자본수익률, 종합수익률	임대지수	소득수익률, 자본수익률, 종합수익률	임대지수 임대지상 수급동향
기준연도	1997	1980	1999	1985	2005
대상 부동산	오피스빌딩, 집합주택, 상업용, 부동산, 연구개발시설, 창고, 상림농지	오피스빌딩, 상업용 부동산, 공업용 부동산	오피스빌딩 아파트	오피스빌딩	오피스빌딩 아파트
최초 작성시기	정식공표는 1982년	1985년	1982년	1999년 10월 1999년 2월, 6월에 발표	1996년
발표주기	분기별	월별	월/분기/연간	분기별	연간

출처: 상업용 부동산시장 정보체계 구축 및 활용방안(2016).

해외의 경우 [표 6-6]에서 보듯이 미국 등 주요 국가에서는 임대료지수와 상업용 부동산에 대한 소비자신뢰지수 등을 발표하고 있다. 미국의 MIT 부동산시장연구소에서는 **부동산거래지수**(transaction based index: TBI)와 **상업용 부동산지수**(commercial property price index: CPPI)를, NCREIF에서는 **부동산 수익지수**(NCREIF property index: NPI) 등을 발표하고 있다. 이처럼 미국은 유력 민간기관에서 상업용 부동산시장의 현황을 파악할 수 있는 신뢰성이 높은 지수를 생성하여 유관산업 종사자 및 정부에게 투명하고 정확한 정보를 제공하고 있다. 싱가폴, 홍콩, 일본도 상업용 부동산시장 관련 지수들을 발표하고 있다. 싱가폴은 URA(Urban Redevelopment Authority)에서 그리고 홍콩은 RVD(Rating and Valuation Department)에서 상업용 부동산에 대한 부동산가격지수(property price indices: PPI) 등을 생산하여 발표하고 있다. 일본의 경우 MUTB–CBRE 부동산투자지수, STBRI J–REIT 지수 등 상업용 부동산투자와 관련한 지수들을 발표하고 있다.

2 상업용 부동산 투자수익률 산정 방식

국토교통부에서는 지난 2002년부터 오피스빌딩과 매장용 빌딩을 대상으로 임대시장 정보와 투자수익률을 발표하고 있다. 조사지역은 전국 16개 시도의 44개 지역을 대상으로 하며, 서울의 경우 중구권역(CBD), 강남권역(GBD), 여의도권역(YBD), 그리고 기타지역 4개의 권역으로 구분하여 정보를 제공하고 있다. 건물의 빌딩면적과 임대 단위별 면적, 임대 계약 조건 및 임대료 수입, 영업경비 등 약 100여 개의 항목을 분기별로 조사한 후 매분기 말에 자산가치를 평가하여 공표하고 있다. 국토교통부가 시행하고 있는 상업용 부동산 임대사례 조사 표본은 [표 6–7]에 잘 나타나 있다.

표 6–7 임대사례 조사 표본

지역		모집단	표본(5천평 이상)	모집단 대비 비율(%)
전체		5,044	824	16.3
서울		3,108	406(56)	13.1
권역	도심	370	96	25.9
	강남	559	136	24.3
	여의도마포	141	46	32.6
	기타	2,038	128	6.3

출처: 국토교통부 임대사례조사(2016).

표 6-8 기관별 순운영소득(NOI) 산정 방식

해당기관	기관별 순운영소득(NOI) 산정방법
국토교통부	순운영소득(NOI) = 보증금운영수입 + 월세수입 + 관리비수입 + 실비수입 + 기타수입 − 영업경비
국민연금	$NOI_t = RT + DP_{cd} + FE + ER - OC$ RT는 월세수입, DP_{cd}는 CD금리를 적용한 보증금 운용수입, FE는 관리비수입, ER은 기타수입, OC는 영업경비임.
젠스타	순운영소득 = 영업수익 − 영업비용 + 영업외수익 = (임대수익 + 관리수익 + 주차수익 + 기타수익) − (위탁관리비 + 수도광열비 + 시설관리비 + 급여 + 임원보수 + 감가상각비 + 보험료 + 자산관리수수료 + 자산보관수수료 + 사무수탁수수료 + 지급수수료 + 기타수수료 + 간주임대료 + 세금과공과 + 기타영업비용) + (이자수익 + 잡수익 + 기타영업외수익)
한국리츠협회	순운영소득 = 영업수익 − 영업비용 − 공실손실분 = (보증금 × 국고채금리 + 임대료 × 거래면적 × 12 + 관리비 × 거래면적 × 12) − (관리비 × 거래면적 × 12 × 80(%)) − (보증금 × 국고채금리 + 임대료 × 거래면적 × 12 + 관리비 × 거래면적 × 12) × 거래공실률

출처: 상업용 부동산시장의 투자활성화를 위한 정보인프라 구축(2004).

이와 같은 항목들을 조사하여 정리한 정보를 바탕으로 국토교통부, 국민연금, 젠스타, 한국리츠협회에서는 [표 6-8]과 같은 방법으로 순운영소득(net operating income: NOI)를 산정한다. 이처럼 순운영소득이 산정되면 이를 바탕으로 개별 투자수익률을 산출할 수 있다. 투자수익률(return on investment: ROI)은 매매가격 대비 순운영소득(NOI)을 이용하여 산정한 소득수익률과 전기와 해당기의 자산가치의 차이를 바탕으로 산정하는 자본수익률(return on capital)을 기반으로 다음과 같이 산출한다.[8]

---

8 미국 NCREIF에서는 다음과 같은 산식을 사용한다.

$$\text{투자수익률} = \frac{NOI_t + V_t - V_{t-1} - CI_t + PS_t}{V_{t-1} + (1/2)CI_t - (1/2)PS_t - (1/3)NOI_t}$$

$$\text{소득수익률} = \frac{NOI_t}{V_{t-1} + (1/2)CI_t - (1/2)PS_t - (1/3)NOI_t}$$

$$\text{자본수익률} = \frac{V_t - V_{t-1} - CI + PS_t}{V_{t-1} + (1/2)CI_t - (1/2)PS_t - (1/3)NOI_t}$$

여기서, V_t와 V_{t-1}는 당기 및 전기 자산가치, NOI_t는 당기의 순영업소득, CI_t는 당기의 자본적 지출, PS_t는 당기의 부분매각을 나타냄.

$$\text{투자수익률} = \frac{NOI_t + V_t - V_{t-1}}{V_{t-1}}$$

$$\text{소득수익률} = \frac{NOI_t}{V_{t-1}}$$

$$\text{자본수익률} = \frac{V_t - V_{t-1}}{V_{t-1}}$$

여기서, V_t와 V_{t-1}은 당기 및 전기 자산가치, NOI_t는 당기의 순운영소득(NOI)을 나타낸다. 소득수익률은 부동산가격에 대한 NOI의 비율로 나타나며, 자본수익률은 t−1기와 t기에 대한 건물의 가치의 변화를 의미한다. 자본수익률 산정을 위한 부동산자산의 가치는 원가방식, 비교사례방식, 수익방식과 같은 3가지 방법을 활용하여 결정한다.

미국의 경우 협회 등 민간단체 혹은 공공기관에서 신뢰할 수 있는 상업용 부동산 관련 지수를 발표하고 있다. 특히 NPI지수(NCREIF Property Index)는 NCREIF에서 1977년 4분기를 기준으로 작성하고 있는 지수로서 미국의 민간부동산시장의 투자성과를 측정하기 위한 분기별 지수이다. NPI지수는 소득수익률, 자본수익률, 투자수익률로 구분한다. 감정평가에 기반을 둔 가격지수는 자본수익률을 이용해서 작성하고 자본수익률지수는 감정평가에 근거를 두고 있기 때문에 일반적으로 '감정평가기반 가격지수'라고 부른다.

표 6-9 오피스 등급 분류

구 분			5점	4점	3점	2점	1점
등급분류 요인	물리적 요인	임대면적 (m²)	66,116 이상	49,587−66,115	33,058−49,586	16,529−33,057	16,529 미만
	경제적 요인	건물연수 (년)	6 미만	6−12	13−16	17−22	23 이상
		환산임대료 (천원/3.3m²)	120 이상	100−119	80−99	60−79	60 미만
	입지적 요인	접근성 (지하철역거리, m)	40 미만	40−149	150−299	300−549	550 이상
등급분류	Prime	상위 10% 이내, 권역 내 랜드마크 수준의 빌딩					
	A	상위 10%−30%, 권역 내 우수한 빌딩					
	B	상위 30%−50%, 권역 내 평균 수준의 빌딩					
	C	상위 60%−100%, 권역 내 평균 이하의 빌딩					

출처: 젠스타 시장보고서(2015).

국내 오피스시장은 등급 분류에 따라 투자수익률에 차이가 발생한다. 오피스 자산관리 서비스를 제공하는 민간업체에서 공표하는 오피스 등급 분류는 [표 6-9]와 같다. 오피스 등급 분류는 임대면적과 같은 물리적 요인, 건물연수와 환산 임대료를 반영한 경제적 요인, 그리고 지하철역 접근성과 같은 입지적 요인들을 기준으로 한다. 오피스 등급은 Prime, A, B, C 네 종류의 등급으로 분류하며 시장정보를 지역별 또는 권역별로 제공하고 있다.

참고문헌

국가법령정보센터(www.law.go.kr).
월간국토, "상업용 부동산시장의 투명성 제고와 정보인프라 구축 방안", 2014. 9.
이태리 외 9인, 『상업용 부동산시장 정보체계 구축 및 활용방안 연구』, 국토연구원, 2016.
임대사례조사(2016), 국토교통부.
젠스타 시장보고서(2015).
진창하 외 3인 "리츠사업 다각화 및 공모활성화 방안 연구", 한국부동산분석학회, 2015.
한국금융투자협회(www.kofia.or.kr).
한국리츠협회(www.kareit.or.kr).
한국은행, 『주거용 비주거용 자산현황 통계』, 2015.

Corgel et al, 『Real Estate Perspectives』, 2000.

07

상업용 부동산 투자의사결정

제1절 상업용 부동산 투자의 개념

제7장에서는 부동산 투자의사결정이 어떻게 이루어지는가에 대해 알아본다. 여기서 살펴보는 투자 과정은 단일 부동산 물건에 직접 투자하는 직접투자 방식을 가정하여 기술하지만, 리츠 및 부동산펀드 등을 이용한 간접투자 방식의 투자 분석에도 그대로 적용할 수 있다.

1 상업용 부동산 투자 전략

부동산 투자 분석의 시작은 바로 부동산 투자 전략을 수립하는 것이다. 부동산 투자자들은 부동산 투자 전략을 통해 여러 투자 계획을 수립할 수 있다. 일반적으로 기관 투자자들은 사전에 수립한 투자 전략 및 계획서에 근거하여 투자를 진행한다. 개인 투자자들이 기관 투자자처럼 체계적이고 정형화한 투자 전략을 수립하는 것은 쉽지 않다. 그러나 개인 투자자들도 추구하는 투자 목표나 그들이 따라야 하는 일반적인 투자 과정에 대한 지식은 갖추어야 한다. 구체적으로 부동산 투자 전략은 투자 철학, 투자 목표, 그리고 투자 기준 세 가지로 나눌 수 있다.[1]

부동산 투자 철학은 능동적 투자자와 수동적 투자자를 구분하는 기준이다. 능동적 투자자(active investor)는 부동산 투자를 전업으로 경제 활동을 영위하면서 부동산 투자에 적극적으로 참여한다. 반면에 수동적 투자자(passive investor)는 부동산 투자를 전업으로 수행하는 것이 아니라 부동산을 자산의 한 종류로 분류하여 정기적금 혹은 채권투자 등과 같이 투자 수단의 일부로 판단한다. 능동적 투자자는 부동산 전문 투자자로서 부동산 투자 물건의 탐색, 투자 결정, 관리, 재매각 과정에서 전문적이고 주도적인 역할을 수행한다. 이와는 반대로 수동적 투자자의 경우에는 리츠나 부동산펀드를 통해 투자를 일임하며 부동산 관리 역시 전문 관리업체에게 위탁한다. 이러한 투자 철학은 부동산을 대상으로 한 투자 활동에서 투자자가 지향하는 부동산의 수익률과 위험 수준을 나타내는 척도가 되기도 한다. 위험이 상대적으로 높은 나대지의 개발과 같은 위험한 부동산 투자를 선호하는 투자자가 있는 반면에 부동산펀드나 상장 리츠에 투자해서 수익률을 올리는 투자자도 존재한다.

부동산 투자 목표는 투자 철학에 따라, '안정적인 운영수익에 목적을 둘 것인가?', '저가 매수 및 전문적인 운영을 통한 매매차익에 목적을 둘 것인가?', '해외 투자를 통한 환차익을 추구할 것인가?' 등과 같이 투자자가 추구하는 위험의 정도를 반영한다. 투자 형태에 따른 세제 혜택 등도 투자 목적에 영향을 미칠 수 있다. 따라서 주로 운용기간 동안의 안정적인 현금흐름을 목적으로 한 우량 물건에 투자할 것인지, 단기운용 후 시세차익을 목적으로 하는 위험추구 형으로 투자할 것인지, 아니면 해외 투자 등을 통해 위험을 분산하면서 고수익을 추구할 것인지 등에 대한 전략이 필요하다.

부동산 투자 기준은 투자 철학과 투자 목표에 부합하는 투자 요건들을 제시한다. 예를 들어 재무적인 투자 기준으로 '매년 부동산가치가 3% 이상 상승하는 물건' 등과 같이 설정할 수 있다. 비재무적인 투자 기준으로는 '연면적 5만평 기준의 투자 물건' 등과 같이 설정할 수 있다. 또한 관리적인 측면에서도 '신축한지 3년 이내의 Class A급 오피스 물건' 등과 같이 설정할 수 있다. 이처럼 투자자에게 부합하는 투자 기준을 설정하면 투자자에게 맞는 투자 물건을 물색한다.

투자 과정에서 선행해야 할 투자 철학, 투자 목표, 투자 기준을 설정하는 것은 투자 물건을 적어도 한 번 이상 검토할 수 있는 기능을 갖고 있다. 투자 대상 물건을 대상으로 과연 이 대상 물건이 투자 철학에 부합하는지 투자 목표에 일치하는지 그리고 투자 기준

1 Real Estate Perspectives, Corgel et al 2000.

그림 7-1 부동산 투자의 현금흐름 구성 요소

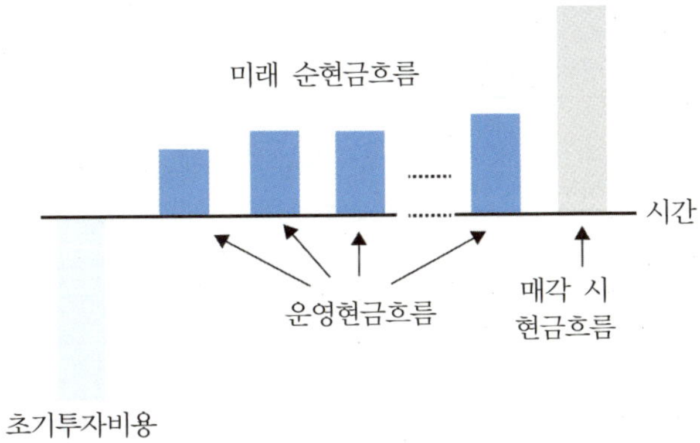

에 일치하는지에 관한 검토를 통해 올바른 투자를 유도할 수 있다.

2 상업용 부동산 현금흐름의 특성

투자자들이 상업용 부동산에 대한 투자로부터 기대하는 현금흐름은 보유기간 동안 안정적인 운영현금흐름과 미래에 발생하는 시세차익으로 구분할 수 있다. 현금흐름의 특성은 [그림 7-1]에 나타나 있다.

초기투자비용은 상업용 부동산을 투자하는 데 필요한 제반비용을 말하며, 일반적으로 총비용은 자기자본과 담보대출을 의미하는 타인자본으로 구성한다. 자기자본 투자자의 경우 초기투자비용은 담보대출액을 제외한 순수 자기자본 투자액이 초기투자비용이다. 상업용 부동산의 투자 수익은 미래의 순현금흐름의 정도에 따라 결정되며, 크게 운영현금흐름과 매각 시 현금흐름 두 가지로 구분한다. 일반적으로 운영현금흐름은 임대료에서 운영비용과 대출 상환금을 제외한 현금흐름을 의미하며, 매월 수취하는 현금이다. 여기서 임대료는 계약서에 명시하므로 계약임대료라 칭한다. 이 임대료는 임대인의 입장에서 실제로 수령하는 임대료와 같을 수도 혹은 차이가 발생할 수도 있다. 최근에는 임대시장에 따라 1~2개월 무상임대기간(free rental duration)을 제공하기도 한다. 임대료는 계약 방식에 따라 계약기간 동안 동일한 임대료를 산정할 수도 있고 혹은 매년 일정 비율의 인상률을 반영

그림 7-2 상업용 부동산 투자 시 초기투자비용의 불확실성 정도

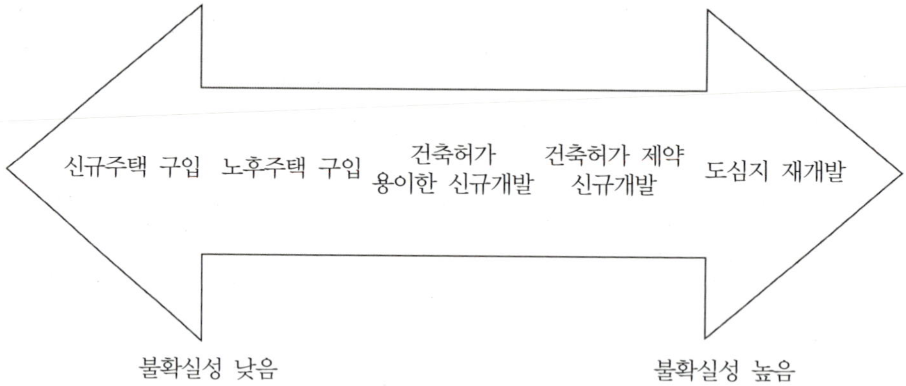

할 수도 있다. 이 임대료는 수익용 부동산의 현금흐름에 있어서 가장 중요한 요소이다.

매각 현금흐름은 매각 시 발생하는 현금흐름을 말하며 부동산 수익의 가장 큰 부분을 차지한다. 매각 시 현금흐름은 부동산가격 상승 정도와 담보대출금에서 운영기간 동안 원금 상환분을 제외한 대출잔액에 따라 결정한다. 부동산 투자에 있어서 자기자본금 증가액은 매각 시 건물가격에서 대출잔액을 제외한 투자자 몫의 순증가분을 말한다. 또한 세제 혜택 여부에 따라 운영현금흐름과 매각 시 현금흐름 모두 영향을 받기도 한다. 부동산 가격 상승 정도는 인플레이션과 인플레이션 이상의 가격 변화로 구분할 수 있다. 부동산과 같은 자산의 경우 장기적으로 인플레이션과 연동하여 가격이 움직이는 경향이 있다. 예를 들어 초기 아파트 분양가 산정 시 필요한 재화나 서비스는 바로 인플레이션에 연동하고 이러한 분양가는 기존 주택의 가격에 영향을 미치기 때문이다. 그러나 때로는 인플레이션 정도와 상관없이 부동산에 대한 수요와 공급에 따라 부동산가격이 하락하기도 한다. 예를 들어 특정 지역에 초과공급이 발생하거나 수요가 부족하다면 부동산가격은 지속적으로 하락할 수도 있다.

[그림 7−2]와 [그림 7−3]은 각각 상업용 부동산 투자 시 초기투자비용과 운영현금흐름의 불확실성 정도를 나타낸다.[2] [그림 7−2]는 상업용 부동산 투자 시 투자 대상 물

2 [그림 7−2]와 [그림 7−3]은 Miller & Geltner(2005)의 『Real Estate Principles for the New Economy』의 내용 일부를 수정하였음을 밝힌다.

그림 7-3 상업용 부동산 투자 시 운영현금흐름의 불확실성 정도

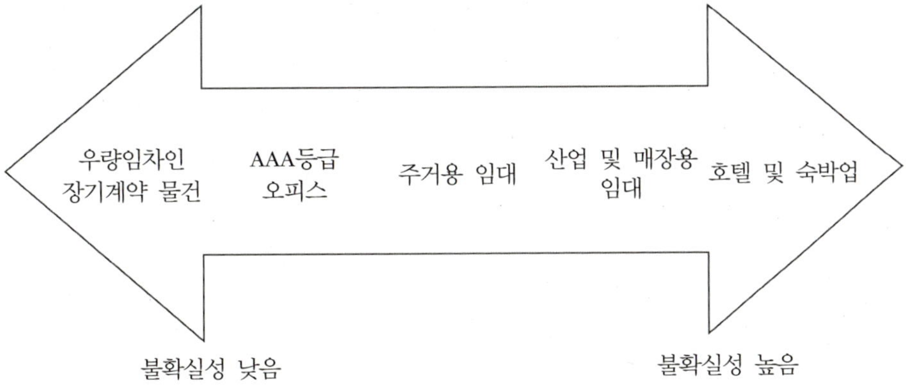

건의 유형에 따라 초기투자비용의 불확실성 정도를 보여주고 있다. 초기투자비용의 불확실성이 가장 낮은 투자 유형은 신규주택 구입의 경우이다. 다음으로 노후주택 구입과 건축허가가 용이한 신규개발 순서로 초기투자비용의 불확실성이 낮은 것을 알 수 있다. 반대로 도심지 재개발사업, 건축허가에 제약이 많은 신규 개발사업의 순서로 초기투자비용의 불확실성이 큰 사업으로 분류하고 있다.

[그림 7−3]은 상업용 부동산 투자에 있어서 운영현금흐름의 불확실성을 나타내고 있다. 운영현금흐름의 불확실성이 가장 낮은 투자 유형은 우량 임차인이 장기 임대계약을 한 물건에 대한 투자이다. 다음으로 AAA등급의 오피스 임대와 주거용 임대의 순서로 운영현금흐름의 불확실성이 낮은 것으로 평가받고 있다. 반대로 호텔 및 숙박업의 경우 경제 환경에 가장 민감하게 반응하므로 운영현금흐름의 불확실성이 가장 높은 투자 유형으로 분류하며 다음으로 산업 및 매장용 임대의 투자 유형이 뒤를 따른다.

제2절 상업용 부동산 현금흐름 분석

1 현금흐름표

수익용 부동산의 현재수익과 미래수익을 결정하는 것은 바로 현금흐름의 예측이다. 따라서 현금흐름 분석은 수익용 부동산의 가치를 결정한다고 볼 수 있다. 우리가 부동산을 개발하고, 임대하고, 마케팅 활동을 하는 이유도 바로 주어진 공간에서 발생하는 현금흐름의 증가와 관련이 있다.

현금흐름표(statement of cash flow)는 일정기간 동안 기업의 현금흐름을 정리한 표로서 기업의 현금 변동 사항을 나타낸다. 현금의 수입과 지출은 크게 영업 활동, 재무 활동, 투자 활동으로 구분한다. 부동산 투자에서 현금흐름 분석은 일정기간 동안 부동산에서 발생하는 수익과 비용을 항목에 따라 정리한 현금 변동 사항을 분석하는 것을 의미한다. 현금흐름 분석은 부동산 구입부터 임대가 이루어지는 기간을 대상으로 할 수도 있고 혹은 재매각 시점을 지정하여 할 수도 있다. 현금흐름 분석은 필요에 따라 연간 또는 월별로 작성할 수 있다. 현금흐름 분석은 투자자에게는 투자의사결정을 하는 데 도움을 주고, 금융기관에게는 대출을 위한 유용한 정보를 제공한다.

현금흐름 분석은 세금을 고려할 경우와 고려하지 않을 경우 두 종류로 구분할 수 있

표 7-1 단순 현금흐름표 구성

	잠재총소득(potential gross Income)
	−공실손실(vacancy loss)
	+기타소득(other incomes)
=	유효총소득(effective gross income)
	−운영경비(operating expense)
=	순운영소득(net operating Income)
	−대출상환금(debt service)
=	세전현금흐름(before tax cash flow)

표 7-2 매장용 건물의 임대계약 조건

임대조건	가정
전체 임대매장	18개 단위(1층 8개, 2층 10개) 임대매장 계약
초기매입가격	17억7,000만원
계약임대료	– 12개 임대계약: 월 90만원 – 6개 임대계약: 월 70만원
임대료 상승률	연 3%
공실손실률	10%
운영경비	유효총소득의 45%
보유기간	5년
5년 후 매각가격	20억5,200만원
매각비용	매각가격의 5%
금융조건	– 담보대출비율(LTV) 50% – 이자율 5% – 5년 만기 일시상환

다. 본서에서는 편의상 [표 7–1]처럼 세금을 고려하지 않는 단순화한 형태의 현금흐름에 대해 살펴보기로 한다. 대로변에 위치한 2층짜리 매장용 건물의 임대계약 조건이 [표 7–2]와 같다고 가정하자.

2 잠재총소득

잠재총소득(potential gross income: PGI)이란 수익용 건물을 공실이 없이 100% 임대한다고 가정할 때 받을 수 있는 임대료 총액을 말한다. 다시 말해 잠재총소득은 해당 건물에서 잠재적으로 받을 수 있는 최대 임대료 수입을 의미한다. 따라서 잠재총소득은 임대 가능 면적에 단위 임대료를 곱한 값과 일치한다. 보증금이 있는 경우 보증금의 활용 방법에 따라 임대소득으로 환산하기도 하는데, 일반적으로 보증금에 임차기간 동안 CD금리를 적용한 수입을 잠재총소득에 포함시킨다.

건물에서 잠재적으로 받을 수 있는 최대 임대료 수입을 나타내는 부동산 용어는 통일되지 않은 상태에서 다양한 방식으로 표현하고 있다. 예를 들어 잠재총소득(PGI)과 동일한 개념으로서 잠재총수익, 잠재조소득, 잠재조수익, 가능총소득, 가능조소득 등과 같이

‖ 표 7－3 ‖ 잠재총소득 산출

1층	8건 임대계약×90만원×12개월	=8,640만원
2층	4건 임대계약×90만원×12개월	=4,320만원
	6건 임대계약×70만원×12개월	=5,040만원
	잠재총소득(PGI)	=1억8,000만원

너무 많은 표현들이 난립하고 있어 독자들에게 커다란 혼선을 불러일으키고 있다. 조소득 또는 조수입은 농업에서 주로 사용하는 용어로서 1년 동안 농업 경영의 성과(농산물과 부산물의 총액)를 말한다. 부동산 투자에서 조소득 또는 조수익이라는 용어를 사용하는 것은 일본식 표기에 영향을 받은 것이 아닌가 생각한다. 시대에 따라 언어도 변하는 상황을 감안한다면 이해하기도 어려운 과거 표현을 고집할 필요는 없다고 생각한다, 특히 '수익'이라는 개념은 총수입에서 총비용을 제외한 값을 의미하는데, 부동산학에서만 조소득과 조수익을 동일 시 한다는 것은 바람직하지 않다고 생각한다. 가능총소득 또는 가능조소득에서 '가능'이라는 표현은 영어 표기 'potential'를 이해하기 쉽도록 '가능'으로 풀어쓴 것으로 추정한다. 부동산학을 공부하는 독자들에게 혼선을 주지 않기 위해서라도 용어를 통일하는 것이 시급하다. 본서에서는 국제화시대에 통용되고 있는 원어 표현 그대로 번역하여 잠재총소득이라고 표현한다.

[표 7－2]에서 1층 임대매장 8개는 월 임대료 90만원에 임대계약이 가능하고, 2층 10개의 임대매장 중 4개는 월 90만원, 6개는 월 70만원에 임대계약이 가능하다고 가정한다. 만약 단위 면적당 관리비는 임차인이 부담하는 것으로 계약조건에 명시한다면 평당 관리비는 임대수입의 일부분으로 계산한다. 본 예제에서는 편의상 임차인이 부담하는 관리비는 없는 것으로 가정한다. 이 경우 1년차의 잠재총소득(PGI)은 [표 7－3]에서 보듯이 1억8,000만원이다.

잠재총소득(PGI)＝8,640만원＋4,320만원＋5,040만원＝1억8,000만원

3 유효총소득

유효총소득(effective gross income: EGI)이란 잠재총소득(PGI)에서 공실손실을 제외한

표 7-4 유효총소득 산출

	잠재총소득(PGI)	1억8,000만원
−	공실손실(0.10×1억8천만원)	−1,800만원
+	기타소득(해당사항 없음)	+0
=	유효총소득(EGI)	=1억6,200만원

후 기타소득을 더한 값을 말한다.

유효총소득(EGI) = 잠재총소득(PGI) − 공실손실액 + 기타소득

공실(vacancy)은 전체 임대 가능 면적에서 임대가 되지 않은 면적을 나타낸다. 건물의 경우 임대 가능 면적 전체가 1년 내내 100% 임대가 이루어질 가능성은 낮다. 설사 100% 임대가 이루어진다고 하더라도 임대차계약이 종료된 후 새로운 임차인이 영업에 필요한 내부공사를 할 경우 임차 기간에서 제외될 수 있다. 이러한 일반적이고 자연적인 공실률 외에 지역적인 영향을 받는 공실률은 주변지역의 초과공급 정도에 달려 있다. 공실률은 주변지역의 유사한 건물들을 대상으로 조사하며, 인근 시장 상황 및 임대관행의 변화를 종합적으로 고려하여 예측한다. 우리의 예제에서 공실손실률을 10%로 가정했기 때문에 공실손실액은 1,800만원이다. 또한 건물에 따라 주차수입, 자판기 운영 수입, 광고탑 설치 수입 등과 같은 임대수입 이외의 수입은 기타소득(other incomes: OI)으로 분류한다. 우리의 예제에서는 기타수입이 없는 것으로 가정한다. 따라서 유효총소득은 [표 7-4]에서 보듯이 1억6,200만원이다.

유효총소득(EGI) = 잠재총소득(PGI) − 공실손실액 + 기타소득
= 1억8,000만원 − 1,800만원 = 1억6,200만원

4 순운영소득

순운영소득(net operating income: NOI)은 유효총소득에서 운영경비를 제외한 값이다.

순운영소득(NOI) = 유효총소득(EGI) − 운영경비(OE)

순운영소득은 수익용 부동산의 현금흐름 분석에서 중요한 요소 중의 하나이다. 순운영소득은 건물의 대출 정도나 세율에 영향을 받지 않는 현금흐름이라는 점에서 수익용 부동산 평가에서 중요한 요소이다. 운영경비(operating expense: OE)란 일반적으로 건물 운영에 소요되는 비용을 말하며 다음과 같은 항목들을 포함한다.

① 당해 부동산에 대한 세금: 지방자치단체 등에서 부과하는 당해 부동산 관련 세금.
② 보험료: 자산 소유자가 자산의 손실, 인명 피해 등에 대비하여 각 개체별로(빌딩, 주차장) 가입한 보험료.
③ 공익비: 계약에 따라 소유자가 전부 또는 일부를 부담하는 수도료, 전기료 등 시설설비 사용료.
④ 유지보수비: 경제적 가치 상승이 목적이 아닌 비용으로서 3년 이내에 반복적으로 발생할 것으로 예상하는 비용.
⑤ 일반관리비: 인건비 혹은 대외 활동 관련 예상 비용.
⑥ 임대관리 수수료: 임차인 모집, 임대료 회수, 경비 지출 등 자산 현장에서 자산을 관리 · 감독하는 고용인에게 지급하는 수수료.
⑦ 보수: 자산 현장에서 항시 대기하면서 수리 등의 일을 하는 현장 직원의 급료.
⑧ 수선충당금(reserve for replacement): 유지보수비와 달리 3년 이상의 기간에 한 번씩 보수해야 하는 항목들에 관한 비용 등이다.[3]

상업용 부동산시장에서는 계약조건에 따라 운영경비의 일부 혹은 상당 부분을 임차인들이 부담하는 경우가 있다. 부동산시장의 상황에 따라 임차인과 임대인이 부담하는 정도는 다르기 때문에 임대계약 시 주의 깊게 살펴볼 필요가 있다.

우리의 예제에서 운영경비는 순운영소득의 45%라고 가정하므로 7,290(=1억 6,200×0.45)만원이다. 따라서 순운영소득(NOI)은 [표 7-5]에서 보듯이 유효총소득에서 운영경비를 제외한 값인 8,910만원이다. 이 금액은 세금과 대출이자를 고려하지 않은 물건 자체에서 발생하는 순수 현금흐름이라는 것을 의미한다.

3 한국감정원(2014), "상업용 부동산 영업경비 연구".

| 표 7-5 | 순운영소득 산출

	유효총소득(EGI)	1억6,200만원
−	운영경비(OE: EGI의 45% 수준) 건물세(1,590만원) 보험료(1,200만원) 수도/광열비(1,390만원) 청소비(400만원) 공용비품(100만원) 유지보수비(600만원) 수선충당금(810만원) 임대관리수수료(1,200만원)	−7,290만원
=	순운영소득(NOI)	=8,910만원

순운영소득(NOI) = 유효총소득(EGI) − 운영경비(OE)
= 1억6,200만원 − 7,290만원 = 8,910만원

5 보유기간 동안의 세전현금흐름: 담보대출이 없을 경우

지금까지 설명한 내용은 우리의 예제에서 1년차의 순운영소득에만 국한되어 있다. [표 7−2]에서 보듯이 해당 물건의 보유기간은 5년이라고 가정했으므로 5년 동안의 순운영소득을 산출해야 한다. 매년 잠재총소득 상승률 3%, 매년 공실손실률 10%, 운영경비는 유효총소득의 45%, 그리고 기타소득은 없다는 가정을 반영한 5년 보유기간 동안의 현금

| 표 7-6 | 5년 보유기간 동안의 순운영소득(단위: 천원)

	구 분	1년차	2년차	3년차	4년차	5년차
	잠재총소득(PGI)	₩180,000	₩185,400	₩190,962	₩196,691	₩202,592
−	공실손실 (공실률 10% 수준)	₩18,000	₩18,540	₩19,096	₩19,669	₩20,259
+	기타소득	₩0	₩0	₩0	₩0	₩0
=	유효총소득(EGI)	₩162,000	₩166,860	₩171,866	₩177,022	₩182,333
−	운영경비(OE: EGI의 45% 수준)	₩72,900	₩75,087	₩77,340	₩79,660	₩82,050
=	순운영소득(NOI)	₩89,100	₩91,773	₩94,526	₩97,362	₩100,283

표 7-7 담보대출 조건 및 대출이자 지급액

초기구입가격	17억7,000만원
대출총액(LTV: 50%)	8억8,500만원(50% 담보대출)
이자율	5%(고정금리)
매년 대출이자 지급액	4,425만원

흐름표는 [표 7-6]과 같다. 2년차의 잠재총소득은 1년차의 1억8,000만원에 1.03을 곱한 값인 1억8,540만원이며, 같은 방식을 적용할 경우 5년차의 잠재총소득은 2억259만2천원의 값을 얻는다. 연도별 공실손실액은 연도별 잠재총소득에 10%를 곱한 값이며, 연도별 운영경비는 연도별 유효총소득에 0.45를 곱한 값이다.

6 보유기간 동안의 세전현금흐름: 담보대출이 있을 경우

수익용 부동산에 투자할 때 100% 자기자본으로 자금을 조달하기는 어렵다. 우리의 예제에서 가정한 것처럼 5년 동안 매년 대출이자를 지급한 후 원금 일시상환 대출조건으로 부동산가격의 약 50%에 해당하는 금액을 조달하였다고 가정하자. [표 7-7]은 대출조건과 대출이자 지급액을 계산한 것이다.

투자자가 대출을 받지 않았다고 가정하면 구입가격의 100%에 해당하는 17억7,000만원에 해당하는 금액을 스스로 조달해야 한다. 그러나 담보대출이 이루어진 경우에는 대출금액을 뺀 금액만큼만 자기자본(equity: E) 조달이 필요하다. 따라서 50%에 해당하는 금액을 대출받은 경우 초기 자기자본 금액은 다음과 같다.

자기자본(E) = 초기구입가격 − 대출총액
= 17억7,000만원 − 8억8,500만원 = 8억8,500만원

대출이 현금흐름에 영향을 미치는 세전현금흐름(before tax cash flow: BTCF)은 순운영소득(NOI)흐름에서 대출 상환금(debt service: DS)을 차감한 금액으로 나타난다.

세전현금흐름(BTCF) = 순영소득(NOI) − 대출 상환금(DS)

투자자가 어떤 건물의 구입 자금을 금융권의 대출을 받지 않고 전액 자기자본으로

표 7-8 5년 보유기간 동안의 세전현금흐름: 담보대출이 있을 경우(단위: 천원)

	구 분	1년차	2년차	3년차	4년차	5년차
	잠재총소득(PGI)	₩180,000	₩185,400	₩190,962	₩196,691	₩202,592
−	공실손실 (공실률 10% 수준)	₩18,000	₩18,540	₩19,096	₩19,669	₩20,259
+	기타소득	₩0	₩0	₩0	₩0	₩0
=	유효총소득(EGI)	₩162,000	₩166,860	₩171,866	₩177,022	₩182,332
−	운영경비(OE): EGI의 45% 수준	₩72,900	₩75,087	₩77,340	₩79,660	₩82,050
=	순운영소득(NOI)	₩89,100	₩91,773	₩94,526	₩97,362	₩100,283
−	대출상환액(DS)	₩44,250	₩44,250	₩44,250	₩44,250	₩44,250
=	세전현금흐름(BTCF)	₩44,850	₩47,523	₩50,276	₩53,112	₩56,033

조달했다면 세전현금흐름은 세전순운영소득흐름과 일치한다. 우리의 예제에서는 50%의 LTV를 적용받아 총8억8,500만원을 이자율 5%, 5년 거치 후 만기 일시상환의 조건으로 대출을 받은 것으로 가정하였다. 따라서 매년 납부해야 하는 이자 부담액은 4,425만원(=8억8,500만원×0.05)이다. 이자 부담액을 차감한 1년차의 세전현금흐름은 4,485(=8,910−4,425)만원이 된다. 이 세전현금흐름은 타인자본인 대출에 따른 이자 비용을 차감한 현금흐름으로서 보통주의 배당금과 유사하다. 대출이 있을 경우의 5년 동안의 세전현금흐름(BTCF)은 [표 7−8]과 같다.

7 세전매각현금흐름

매각 후 현금흐름 계산은 매각가격과 대출잔액의 계산이 중요하다. 소유 건물을 매각할 때는 부동산 담보대출액의 잔액을 상환해야 한다. 우리의 예제에서는 5년 보유기간 동안에는 거치식으로 이자만 지급하고 5년 후 원금을 일시에 상환하는 것으로 가정했다. 따라서 매각 후의 세전현금흐름의 계산은 매각가격에서 대출은행에 상환해야 할 부동산 담보대출금액을 차감하면 되는데, 이 금액을 세전매각현금흐름(before tax equity reversion: BTER)이라고 부른다. 우리의 예제에서 건물가격이 매년 약 3% 상승한다고 가정할 때 5년 보유 후 매각가격은 20억5,200만원이다. 매각비용이 매각가격의 5%라고 가정할 때 매각

표 7-9 세전매각현금흐름

	매각가격	20억5,200만원
−	매각비용(매각가격의 5%)	1억260만원
=	순매각가격	19억4,940만원

비용은 1억260만원이다. 따라서 순매각가격은 매각가격에서 매각비용을 차감한 19억4,940만원이며, 세전매각현금흐름은 [표 7-9]와 같다.

순매각가격 = 매각가격 − 매각비용
= 20억5,200만원 − 1억260만원 = 19억4,940만원

제3절 상업용 부동산 투자의사결정 방식 및 가치평가

1 현금흐름 할인법

지금까지 상업용 부동산에서 발생하는 현금흐름을 계산하는 방법에 대해 살펴보았다. 현금흐름은 크게 운영기간 동안 발생하는 운영현금흐름과 매각 시 발생하는 매각현금흐름으로 구분한다. 우리는 이러한 운영현금흐름과 매각현금흐름을 예측하기 위해 임대료 상승률, 예상 공실률, 운영경비 등의 항목을 가정하여 미래에 발생하는 현금흐름을 추정하였다. 이처럼 순운영소득(NOI)이나 순매각가격은 현금흐름의 가정을 통해 직접 추정할 수 있다. 그러나 미래의 가치를 현재의 가치로 환산할 때 적용하는 비율인 할인율(discount rate: r)은 자본시장으로부터 간접적인 방법 또는 개별 프로젝트의 위험을 감안하여 추정한다. 이렇게 추정한 미래의 현금흐름들이 현재의 시점에 얼마의 가치가 있는지 평가하는 방법이 바로 현금흐름 할인법(discount cash flow: DCF)이다. 현금흐름 할인법은 미래에 발생하는 현금흐름(CF)을 현재가치로 할인하는 화폐의 시간가치를 반영하는 방법으로서 상업용 부동산 가치를 평가하는 데 중요한 재무기법이다.

투자자들이 투자의사결정을 내릴 때 필요로 하는 중요한 정보는 현금흐름 할인법을

이용한 순현재가치와 내부수익률 등이 있다. 순현재가치(net present value: NPV)란 어떤 투자프로젝트에 대한 투자의사결정을 내릴 때 사용하는 방법으로서 투자를 통해 발생하는 미래 현금흐름(CF)의 현재가치와 비용의 차이를 말한다. 이때 할인율(r) 또는 요구수익률(required rate of return: r)은 각 사업의 위험 정도에 따라 선택할 수 있다.

$$NPV = CF_0 + \frac{CF_1}{(1+r)^1} + \frac{CF_2}{(1+r)^2} + \frac{CF_3}{(1+r)^3} + \dots + \frac{CF_N}{(1+r)^N} \quad \text{(식 7–1)}$$

$(NPV > 0)$ ⇒ 투자프로젝트 채택

$(NPV < 0)$ ⇒ 투자프로젝트 기각

여기서, NPV: 순현재가치, $CFi\,(i=0,1,2,..,N)$: 각 연차별 현금흐름, r: 할인율,
N: 사업기간

(식 7-1)에서 도출한 순현재가치(NPV)가 양(+)의 값을 가질 경우($NPV>0$) 새로운 투자에서 창출하는 가치가 투자를 위해 소요되는 비용보다 크다는 것을 의미한다. 이때 NPV가 갖는 양의 값은 투자를 통해 창출하는 부가가치인 셈이며, 투자자는 투자프로젝트를 채택한다. 반대로 순현재가치(NPV)가 음(−)의 값을 가질 경우($NPV<0$) 새로운 투자를 통해 창출하는 가치가 투자를 통해 소요되는 비용보다 작다는 것을 의미하며 투자프로젝트를 기각한다.

2 투자의사결정 방식: 담보대출이 없을 경우

현실 경제에서 가장 널리 사용하고 있는 투자의사결정 방식은 순현재가치 방식과 내부수익률 방식 두 종류이다.

1) 순현재가치(NPV) 기준

금융권의 부동산 담보대출을 고려하지 않은 순현금유출 · 입에 관한 예제는 [표 7-10]에 나타나 있다. 초기투자금액은 17억7,000만원이다. 향후 5년 동안 발생하는 순운영소득은 1년차 8,910만원, 2년차 9,177만3천원, 3년차 9,452만6천원, 4년차 9,736만2천원, 5년차 1억28만3천원이며, 5년차 순매각가격은 19억4,940만원이다. 먼저 연차별 순운

| 표 7-10 | 순현재가치(NPV) 환산(단위: 천원)

Year	초기투자액	순운영소득(NOI)		순매각가격	
		미래가치	현재가치(6% 할인율)	미래가치	현재가치(6% 할인율)
0	−₩1,770,000				
1		₩89,100	₩84,057		
2		₩91,773	₩81,678		
3		₩94,526	₩79,366		
4		₩97,362	₩77,120		
5		₩100,283	₩74,937	₩1,949,400	₩1,456,705

영소득(NOI)의 미래가치를 현재가치로 환산하기 위해 6%의 할인율(r)을 적용할 경우 (식 7−1)을 이용하여 계산한 연차별 순운영소득의 현재가치는 [표 7−10]에 1년차 8,405만7천원에서 5년차 7,493만7천원까지 순서대로 나타나 있다. 5년 동안 건물을 보유한 후 순매각가격(=매각가격−매각비용)의 미래가치는 19억4,940만원이며, 할인율 6%를 적용해 환산한 순매각가격의 현재가치는 14억5,670만5천원이다. 이 투자프로젝트는 5년 동안 현금흐름(=순운영소득+순매각가격−초기투자금액)의 순현재가치(NPV)가 8,386만2천원으로 부가가치를 창출할 수 있는 투자이므로 채택한다.

NPV = 순운영소득의 현재가치 총액 + 순매각가격의 현재가치 − 초기투자금액
= (84,057 + 81,677 + 79,366 + 77,120 + 74,937) + 1,456,705 − 1.770,000
= 83,862

NPV = 8,386만2천원 > 0 ⇒ 투자프로젝트 채택

2) 내부수익률(IRR) 기준

내부수익률(internal rate of return: IRR)이란 투자프로젝트의 현금 유입과 현금 유출의 합을 0으로 만들어주는 할인율을 말한다. 우리의 예제에서는 미래에 발생하는 현금 유입인 순운영소득과 순매각가격의 현재가치를 현금 유출인 초기투자액과 일치하도록 하는 할인율을 의미한다.

$$NPV = 0 = CF_0 + \frac{CF_1}{(1+IRR)^1} + \frac{CF_2}{(1+IRR)^2} + \frac{CF_3}{(1+IRR)^3} + \ldots + \frac{CF_N}{(1+IRR)^N}$$

(식 7-2)

(식 7-2)처럼 미래에 발생하는 현금흐름을 할인한 현재가치와 초기투자액이 일치하면 순현재가치(NPV)는 0이 된다. 내부수익률을 기준으로 투자의사결정을 내릴 때는 산출한 내부수익률(IRR)과 시장요구수익률, 즉 할인율(r)을 비교한다. 내부수익률(IRR)이 할인율(r)보다 큰 경우에는 투자프로젝트를 채택하고 반대로 내부수익률(IRR)이 할인율(r)보다 작을 경우에는 투자프로젝트를 기각한다.

IRR ≥ r ⇒ 투자프로젝트 채택
IRR ≤ r ⇒ 투자프로젝트 기각

여기서, IRR: 내부수익률, r: 할인율

[표 7-11]에서 5년차의 현금흐름 20억4,968만3천원은 5년차의 순운영소득 1억28만3천원에 순매각가격 19억4,940만원을 더한 값이다. 투자프로젝트의 내부수익률(IRR)은 (식 7-2)를 적용하여 산출하였으며, 우리의 예제에서 내부수익률(IRR)은 7.0831%인 것으로 나타났다. 시장요구수익률(r)이 6%임을 감안할 때 내부수익률이 시장요구수익률보다 더 크므로 내부수익률을 기준으로 할 때 해당 투자프로젝트는 채택해야 한다.

[(IRR = 7.0831%) > (r = 6%)] ⇒ 투자프로젝트 채택

또한 [표 7-11]에는 서로 다른 할인율을 반영할 경우 현재가치가 어떻게 달라지는가를 보여주고 있다. 각각 6%, 7.0831%, 9%의 할인율을 적용할 때 현재가치로 환산한 금액은 각각의 열에 나타나 있다. 6%의 할인율을 적용한 순현재가치(NPV)는 8,386만2천원이며, 7.0831%의 할인율을 적용한 순현재가치(NPV)는 0원이다. 순현재가치가 0이라는 것은 내부수익률(IRR)과 할인율(r)이 동일하다는 것을 의미한다. 또한 9%의 할인율을 적용할 경우 순현재가치(NPV)는 -1억3,689만6천원이다.

| 표 7-11 | 할인율에 따른 현재가치와 내부수익률(단위: 천원)

Year	현금흐름	할인율을 반영한 현재가치		
		6%	7.0831%	9%
0	－₩1,770,000	－₩1,770,000	－₩1,770,000	－₩1,770,000
1	₩89,100	₩84,057	₩83,206	₩81,743
2	₩91,773	₩81,678	₩80,034	₩77,243
3	₩94,526	₩79,366	₩76,982	₩72,991
4	₩97,362	₩77,120	₩74,047	₩68,974
5	₩2,049,683	₩1,531,642	₩1,455,732	₩1,332,153
순현재가치(NPV)		₩83,862	₩0	－₩136,896
내부수익률(IRR)		7.0831%		

3) 순현재가치(NPV)와 내부수익률(IRR) 방식의 장단점

투자의사결정 방식으로서 순현재가치 기준 방식과 내부수익률 기준 방식 모두 장단점을 갖고 있다. 먼저 순현재가치(NPV) 방식은 다음과 같은 장점이 있다. 첫째, 적절한 할인율을 적용하여 미래에 발생하는 현금흐름의 시간가치를 고려한다는 점이다. 둘째, 회계상에서만 발생하는 이익이 아닌 현금흐름 중심의 가치평가를 한다는 점이다. 셋째, 투자프로젝트별 특성에 따른 위험을 반영하여 그에 적합한 할인율을 적용할 수 있다는 점이다. 그러나 순현재가치(NPV) 방식은 현금흐름이 종료된 시점 이후 매각 이외의 사업 확장 또는 추가 개발 가능성 등 투자프로젝트 관련 다양한 옵션가치를 고려하지 않는다는 단점이 있다.

내부수익률(IRR) 방식 또한 순현재가치(NPV) 방식과 유사한 장점을 갖고 있다. 첫째, 순현재가치(NPV) 방식과 마찬가지로 미래에 발생하는 현금흐름의 시간가치를 고려하며, 둘째, 회계상의 이익이 아닌 현금흐름 중심의 분석이라는 점이다. 셋째, 타 자산 간의 수익률 비교가 용이하다는 점이다. 그러나 내부수익률(IRR) 방식은 다음과 같은 단점들도 갖고 있다. 첫째 양(+) 또는 음(−)의 현금흐름이 발생하는 시점에 따라 다수의 내부수익률이 산출될 가능성이 있다. 둘째, 현금흐름의 크기에 따라 스케일 문제가 발생할 수 있다. 셋째, 내부수익률 산식을 살펴보면 정해진 내부수익률로 매년 재투자한다는 가정을 내포하고 있다. 따라서 경우에 따라 여러 투자프로젝트에 대한 투자우선순위를 정할 때 순현재가치(NPV)와 내부수익률(IRR) 사이에 상이한 순위를 나타낼 수 있다.

일반적으로 투자자들은 내부수익률(IRR) 방식보다는 순현재가치(NPV) 방식을 더 선호하는 경향이 있다. 정해진 내부수익률로 매년 재투자한다는 가정보다는 시장에서 통용되고 있는 시장할인율로 재투자한다고 가정하는 것이 좀 더 합리적이기 때문이다. 만약 두 개 이상의 부동산 투자프로젝트에서 NPV와 IRR 순위가 서로 상이하다면 초기 투자프로젝트의 크기뿐만 아니라 전체 기간 동안 초기원금이 회수되는 기간도 함께 고려할 필요가 있다.

3 직접환원법을 이용한 가치평가

수익용 부동산의 가치평가는 다음과 같이 직접환원법을 이용한다. 부동산 투자자가 일정 금액의 순운영소득(NOI)이 발생하는 부동산에 투자한다고 가정하자. 이 투자자는 공실 및 운영경비 등을 제외한 순운영소득을 수취하는 권리를 갖는데, 그 가치는 다음과 같이 계산할 수 있다.

$$V_0 = \frac{NOI}{(1+r)} + \frac{NOI}{(1+r)^2} + \frac{NOI}{(1+r)^3} + \dots + \frac{NOI}{(1+r)^n} \qquad \text{(식 7–3)}$$

V_0: 현재시점의 부동산 가치

NOI: 순운영소득

r: 할인율

$n(=\infty)$: 기간

매 기간 순운영소득(NOI)이 동일하고 할인율(r)이 일정하다고 가정한다면, (식 7–3)은 무한등비급수의 공식을 활용하여 (식 7–4)와 같이 다시 정리할 수 있다.[4]

$$V_0 = \frac{NOI}{r} \qquad \text{(식 7–4)}$$

---

4 (식 7–3)은 $NOI/(1+r)$는 초항, $1/(1+r)$은 공비로 하는 무한등비급수의 공식을 이용하면 다음과 같은 값을 갖는다.

$$V_0 = \frac{[NOI/(1+r)]}{[1-1/(1+r)]} = \frac{NOI}{(1+r)} \times \frac{(1+r)}{r} = \frac{NOI}{r}$$

(식 7-4)에 의하면 부동산가치는 순운영소득을 할인율로 나눈 값과 일치한다.

만약 임대료가 매년 g%씩 일정하게 상승한다고 가정하면 (식 7-3)은 다음과 같이 정리할 수 있다.

$$V_0 = \frac{NOI(1+g)}{(1+r)} + \frac{NOI(1+g)^2}{(1+r)^2} + \frac{NOI(1+g)^3}{(1+r)^3} + \dots + \frac{NOI(1+g)^n}{(1+r)^n}$$

(식 7-5)

위 식에서 $NOI(1+g)/(1+r)$는 초항, $(1+g)/(1+r)$는 공비로 하는 무한등비급수의 공식을 이용하면 (식 7-5)는 (식 7-6)과 같이 다시 정리할 수 있다.

$$V_0 = \frac{NOI}{r-g}$$

(식 7-6)

(식 7-6)에 의하면 부동산가치는 순운영소득을 할인율에서 임대료 상승률만큼 차감한 값으로 나눈 값과 일치한다. (식 7-6)은 순운영소득(NOI)이 상승할수록, 할인율(r)이 하락할수록, 그리고 임대료 상승률(g)이 증가할수록 부동산가치는 상승한다는 것을 의미한다.

제4절 타인자본을 활용한 상업용 부동산 투자

부동산 투자자들은 부동산가격이 매우 높기 때문에 담보대출과 같은 타인자본을 이용해 부동산에 투자한다. 담보대출은 투자자의 현금흐름에 영향을 미친다. 우선 초기 매입 시 투입하는 자기자본 금액에 영향을 미치고 투자자의 세전현금흐름(BTCF)의 크기를 결정한다. 또한 매각 시에는 담보대출 원금을 상환한 후의 세전순매각가격(BTER)에 영향을 미친다.

1 담보대출과 자기자본

금융권에서 대출을 받지 않은 투자자라면 부동산 구입 자금 100%를 자기자본으로 조달해야 한다. 그러나 부동산 담보대출이 이루어지는 경우 전체 구입 자금에서 담보대출 금액을 뺀 금액만큼만 초기자기자본(equity: E) 조달이 필요하다. 따라서 초기자기자본 금액은 다음과 같이 산출한다.

E = 초기구입가격 − 대출총액

우리의 예제에서 구입가격의 50%에 해당하는 금액을 대출받은 경우 대출총액은 8억 8,500만원이므로 초기자기자본은 8억8,500만원이다.

E = 17억7,000만원 − 8억8,500만원 = 8억8,500만원

2 담보대출과 세전현금흐름

대출을 고려한 보유기간 동안의 세전현금흐름은 연차별 순운영소득(NOI) 현금흐름에서 대출 상환금(DS)을 차감한 금액이다. 우리의 예제에서 LTV 50%를 적용한 대출 총액은 8억8,500만원이며, 대출 이자율 5%, 5년 거치 후 만기 일시상환의 조건으로 대출이 실행되었다고 가정한다. 이때 매달 납부해야 하는 이자 부담액은 4,425만원(=8억8,500만원 ×0.05)이다. 따라서 이자 상환액을 차감한 1년차의 세전현금흐름(BTCF)은 4,485만원 (=8,910만원 − 4,425만원)이며, 마찬가지로 2년차, 3년차, 4년차, 5년차의 세전현금흐름은 각각 4,752만3천원, 5,027만6천원, 5,311만2천원, 5,603만3천원이다.

표 7-12 세전현금흐름(단위: 천원)

		1	2	3	4	5
=	순운영소득(NOI)	₩89,100	₩91,773	₩94,526	₩97,362	₩100,283
−	대출상환액(DS)	₩44,250	₩44,250	₩44,250	₩44,250	₩44,250
=	세전현금흐름(BTCF)	₩44,850	₩47,523	₩50,276	₩53,112	₩56,033

표 7-13 세전매각현금흐름(단위: 천원)

	매각가격	₩2,052,000,000
−	매각비용(5%)	₩102,600,000
=	순매각가격	₩1,949,400,000
−	담보대출잔액	₩885,000,000
=	세전매각현금흐름	₩1,064,400,000

3 담보대출과 세전매각현금흐름

우리의 예제에서는 5년 보유기간 동안 거치식으로 이자만 납입하고 5년 후 소유 건물을 매각하여 대출액을 일시상환 하는 것으로 가정한다. 초기매입가격은 매년 3%씩 상승한다고 가정하면 매각가격은 20억5,200만원이며, 매각비용은 매각가격의 5%라고 가정할 때 1억260만원이다. 매각가격에서 매각비용을 차감한 순매각가격은 19억4,940만원이며, 순매각가격에서 금융기관에 상환해야 할 담보대출 잔액 8억8,500만원을 차감한 금액 10억6,440만원이 바로 세전매각현금흐름(before tax equity reversion: BTER)이다.

4 투자의사결정 방식: 담보대출이 있을 경우

담보대출이 있을 경우 순현재가치(NPV)와 내부수익률(IRR)은 다음과 같이 산출할 수 있다. 우리의 예제에서 자기자본 투자액은 8억8,500만원이다. 향후 5년간 발생하는 세전현금흐름은 [표 7-14]에서 보듯이 1년차에 4,485만원, 2년차에 4,752만3천원, 3년차에 5,027만6천원, 4년차에 5,311만2천원, 5년차에 5,603만3천원이다. 5년차의 세전매각현금흐름(BTER) 10억6,440만원은 순매각가격 19억4,940만원에서 담보대출 잔액 8억8,500만원을 상환하고 남은 금액이다.

5년 동안 건물을 보유한 후 매각할 경우 세전현금흐름과 세전매각현금흐름의 현재가치는 할인율(r) 6%를 적용할 때 [표 7-14]와 같이 산출할 수 있다. 순운영소득(NOI)의 연차별 현금흐름을 나타내는 세전현금흐름의 현재가치의 총합은 2억1,076만원(=4,231만1천원+4,229만5천원+4,221만3천원+4,207만원+4,187만1천원)이다. 순매각가격에서 담보대출

| 표 7-14 | 순현재가치(NPV) 및 내부수익률(IRR) 산출: 담보대출이 있을 경우

Year	초기투자금액	세전현금흐름(BTCF)		세전매각현금흐름(BTER)	
		미래가치	현재가치 (6% 할인율)	미래가치	현재가치 (6% 할인율)
0	−₩885,000				
1		₩44,850	₩42,311		
2		₩47,523	₩42,295		
3		₩50,276	₩42,213		
4		₩53,112	₩42,070		
5		₩56,033	₩41,871	₩1,064,400	₩795,382

* 순현재가치(NPV) = 1억2,114만2천원, 내부수익률(IRR) = 9.0215%

잔액을 차감한 값인 세전매각현금흐름의 현재가치는 7억9,538만2천원이다. 따라서 세전현금흐름과 세전매각현금흐름의 현재가치를 더한 값(10억614만2천원)에서 초기투자금액(8억8,500만원)을 제외한 값인 순현재가치(NPV)는 1억2,114만2천원이다. 따라서 이 투자프로젝트는 1억2,114만2천원의 부가가치를 창출하므로 투자의사결정을 채택해야 한다.

순현재가치(NPV) = (세전현금흐름의 현재가치 + 세전매각현금흐름의 현재가치) − 초기투자금액
= (2억1,076만원 + 7억9,538만2천원) − 8억8,500만원
= 1억2,114만2천원

NPV = 1억2,114만2천원 > 0 ⇒ 투자프로젝트 채택

또한 (식 7−2)를 이용해 산출한 내부수익률(IRR)은 9.0215%이다. 내부수익률(IRR)이 시장요구수익률(r) 6%를 상회하므로 이 투자프로젝트는 채택해야 한다.

[(IRR = 9.0215%) > (r = 6%)] ⇒ 투자프로젝트 채택

[표 7−15]는 부동산 투자프로젝트에서 담보대출이 없을 경우와 담보대출이 있을 경우의 순현재가치(NPV)와 내부수익률(IRR)을 비교한 것이다. [표 7−11]에서 살펴보았듯이 담보대출이 없을 경우 순현재가치(NPV)와 내부수익률(IRR)은 각각 8,386만2천원과 7.0831%이다. 반면에 [표 7−14]에서 알 수 있듯이 담보대출이 있을 경우 순현재가치(NPV)와 내부수익률(IRR)은 각각 1억2,114만2천원과 9.0215%이다. 결론적으로 대출이 있는 경우가

표 7-15 순현재가치(NPV) 및 내부수익률(IRR) 산출: 담보대출이 있을 경우

구 분	NPV(천원)	IRR(%)
담보대출이 없을 경우	83,862	7.0831
담보대출이 있을 경우	121,142	9.0215

없는 경우에 비해 순현재가치(NPV)와 내부수익률(IRR) 모두 높다는 것을 알 수 있다. 이처럼 대출을 통해 내부수익률과 순현재가치를 높이는 것을 양(+)의 레버리지효과(leverage effect)라고 부른다.

그렇다고 대출을 통해 실행한 모든 투자프로젝트가 양(+)의 레버리지효과를 실현할 수 있는 것은 아니다. 대출을 통한 양의 레버리지 효과가 나타나려면 반드시 대출금리가 요구수익률보다 낮아야 한다. 우리의 예제에서 대출 금리는 5%인데 반해 시장요구수익률은 6%이므로 저리의 대출을 통해 자금조달을 하고 자기자본은 시장요구수익률이 더 높은 투자프로젝트에 투자하는 것이 더 높은 수익을 가져다 줄 수 있다. 그러나 대출을 통한 투자는 파산위험을 높일 수 있다. 대출을 통해 투자한 경우 대출 원리금 상환액은 고정되어 있는 반면에 임대료 하락이나 운영경비 증가, 그리고 재매각가격 하락 등의 위험이 따를 수도 있기 때문이다. 이러한 위험은 투자자에게 귀속되므로 자기자본 투자금을 대출투자금으로 대체하여 투자하는 것은 파산위험 또한 증가한다는 것을 명심할 필요가 있다.

제5절 상업용 부동산 투자비율 분석 기법

1 수익성비율 분석

자본환원율(capitalization rate)은 순운영소득(NOI)을 부동산가격으로 나눈 비율로서 총투자수익률로 해석할 수 있다. 순운영소득은 금융기관에 상환해야 하는 대출금을 제외하기 전의 수입이므로 대출유무와 관계없이 부동산 물건에서 발생하는 수익의 정도를 나타낸다.

$$\text{자본환원율} = \frac{\text{순운영소득}}{\text{부동산가격}} \qquad \text{(식 7–7)}$$

자본환원율은 부동산가격을 산정할 때 사용한다. 해당 물건의 순운영소득(NOI)은 쉽게 추정할 수 있다. 최근에 거래된 유사사례에서 자본환원율을 인용하여 (식 7–7)에 대입하면 해당 물건의 부동산가격을 산정할 수 있다.

2 현금투자수익률 분석

대부분의 부동산 투자는 담보대출을 수반한다. 담보대출 비용은 각 투자프로젝트에 따라 그리고 대출기관에 따라 상이하다. 위에서 설명한 자본환원율은 이러한 대출비용의 효과를 고려하지 않는다는 단점이 있다. 현금투자수익률(cash return on investment)은 초기자기자본 투자액(initial equity investment) 대비 세전현금흐름(BTCF)의 비율을 나타난다.

$$\text{현금투자수익률} = \frac{\text{세전현금흐름}}{\text{초기자기자본투자액}}$$

3 승수비율 분석

순운영소득승수(net operating income multiplier)는 매입가격을 순운영소득(NOI)으로 나눈 비율로서 자본환원율의 역수로 정의한다. 해당 물건의 자본환원율이 높을수록 순운영소득승수는 낮아진다.

$$\text{순운영소득승수} = \frac{\text{매입가격}}{\text{순운영소득}} = \frac{1}{\text{자본환원율}}$$

유효총소득승수(effective gross income multiplied)는 순운영소득승수에 비해 널리 사용하는 분석기법이다. 유효총소득승수는 매입가격을 유효총소득으로 나눈 비율로서 유효총소득 대비 부동산가격이 얼마인가를 나타내는 지표이다.

$$유효총소득승수 = \frac{매입가격}{유효총소득}$$

승수비율 비교 분석은 직관적으로 이해가 빠른 반면에 비교 시 주의해야 할 점이 있다. 승수비율을 비교할 때는 지역별 또는 유형별로 비교대상 물건을 선정하는 데 유의해야 하며 반드시 동일시장 내의 유사물건을 선택하여야 한다.

4 재무비율 분석

부동산 투자자들은 여러 가지 재무비율 분석을 통해 각 투자프로젝트에 대해 평가한다. 재무비율 분석(financial ratio analysis)은 수익용 부동산의 운영이 얼마나 효율적으로 이루어지고 있는지, 그리고 재무상태가 얼마나 건전한지 여부를 파악하는 데 도움을 준다. 수익용 부동산 관련 담보대출 과정에서 대출기관은 해당 물건과 관련된 재무비율을 파악하는 것이 중요하다. 재무비율 분석을 근거로 대출기관에서는 해당물건이 대출원금 상환에 필요한 충분한 현금을 창출하고 있는지 파악한 후 대출여부를 결정한다. 이때 주로 사용하는 재무비율은 운영경비비율, 담보대출비율, 부채감당비율 등이 있다.

1) 운영경비비율

운영경비비율(operating expense ratio: OER)은 유효총소득(EGI)에서 전체 운영경비(OE)가 차지하는 비율로 나타난다.

$$운영경비비율 = \frac{운영경비}{유효총소득}$$

운영경비비율이 높을수록 전체 유효총소득에서 운영경비가 차지하는 비율이 높다는 것을 의미한다. 만약 주변의 수익용 부동산과 비교해서 해당 물건의 운영경비비율이 크다면 운영경비 분석을 통해 그 원인을 파악할 필요가 있다. 해당 물건의 노후화로 인한 비용이 증가하였는지, 또는 임대료가 낮게 책정되어 비율이 낮게 도출되었는지 등에 대한 원인 분석이 필요하다.

2) 담보대출비율

담보대출비율(loan to value ratio: LTV)은 해당 물건의 매입가격 대비 대출 총액의 비율을 말한다. 담보대출비율이 높을수록 매입가격에서 대출 총액이 차지하는 비율이 높다는 것을 의미한다. 담보대출비율이 높을수록 부동산경기 후퇴 시 채무 불이행 및 압류 등의 위험이 증가한다. 만약 담보대출이 이루어진 이후 부동산가격이 하락한다면 해당 물건의 현재 시세를 반영한 담보대출비율은 상승한다. 따라서 대출기관들은 추후 이러한 채무 불이행 및 압류의 위험에 대비하기 위해 지역 및 부동산 유형에 따라 담보대출비율(LTV)을 통상 40%~60% 수준에서 규제한다.

$$\text{담보대출비율} = \frac{\text{대출총액}}{\text{부동산가격}}$$

3) 부채감당비율

부채감당비율(debt coverage ratio)은 부채 상환금에 대한 순운영소득(NOI)의 비율로 나타난다.

$$\text{부채감당비율} = \frac{\text{순운영소득}}{\text{부채상환금}}$$

따라서 순운영소득이 부채 상환금액보다 클수록, 즉 부채감당비율이 1보다 클수록 해당 물건에서 발생하는 수입으로 부채 상환금을 감당할 여력이 더 크다는 것을 의미한다. 비율이 1일 경우에는 발생하는 순운영소득과 부채 상환금이 동일하며, 비율이 1보다 작다면 해당 물건에서 발생하는 수입이 부채 상환금에 미치지 못한다는 것을 의미한다.

참고문헌

한국감정원, “상업용 부동산 영업경비 연구” 2014.

Corgel J., Ling D., Smith C., H., 『Real Estate Perspectives』, 2000.

Miller N., Geltner, D., 『Real Estate Principles for the New Economy』, 2005.

03

부동산개발과 가치평가

08
부동산개발

제1절 부동산개발의 개념

1 부동산개발 과정

넓은 의미의 부동산개발(property development)이란 사회적으로 필요한 공간을 만들어 내기 위해 절차적인 단계와 방안 등을 포함한 체계적인 경제 활동의 과정을 의미한다. 법률적 의미의 부동산개발이란 "건설공사의 수행 또는 형질 변경 등의 방법으로 토지를 조성하는 행위와 건축, 대수선, 리모델링 또는 용도를 변경하거나 건축물을 설치하는 행위를 말한다."[1]

부동산개발 과정은 공간의 사용자와 공급자, 공공기반시설, 그리고 제도와 밀접한 연관성을 갖는다. 공간 사용자는 부동산개발을 통해 공급하는 상업용, 주거용, 산업용 등의 공간을 최종적으로 사용하는 자를 말한다. 공간 공급자는 공간 사용자들의 필요와 선호도를 파악해야 한다. 이를 알기 위해서는 공간 사용자들이 속한 기업들과 업종들에 대한 기능과 활동에 대해 이해하는 것이 필요하다. 공간 사용자는 공간에 대한 소유권과 임차권을 제공받는 대가로 가격이나 임대료 등을 지불한다. 공간 공급자는 다양한 공간을 제공

1 국가법령센터, '부동산개발업의 관리 및 육성에 관한 법률'(www.law.go.kr).

그림 8-1 부동산개발 사업의 일반 구조

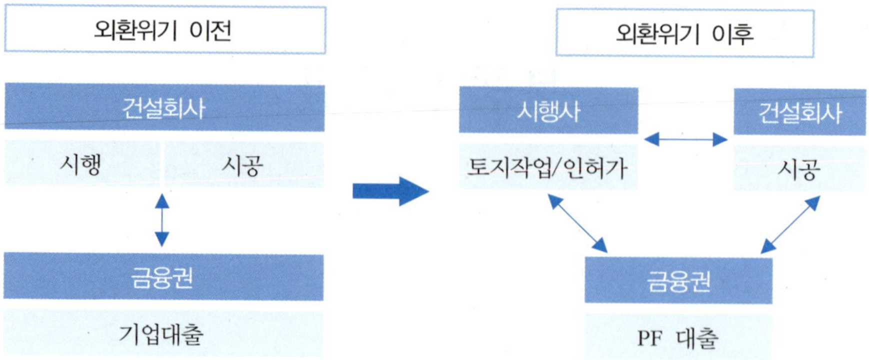

자료: 이현석 외(2011) 재인용, 진창하(2013) 부동산시장 환경변화와 상업용 부동산금융의 역할.

하고 공간 사용자의 필요를 충족시킴으로써 개발에 따른 직간접비용, 기업가적인 노력, 그리고 위험에 대한 보상을 받는다.

국내 부동산개발 사업 구조는 1997년 말 외환위기 이전과 이후로 구분할 수 있다. 외환위기 이전 부동산개발 사업은 주로 시공사를 중심으로 진행하였다. 이 시기에 시공사들은 토지 매입은 물론 분양 관련 부분까지 개발사업 전 과정을 담당하는 구조였다. 그 당시만 해도 급속한 도시화와 고도성장으로 부동산개발 사업은 그 자체가 분양을 보증할 정도로 무위험 혹은 저위험 사업으로 인식하였다. 일반적인 부동산개발 사업 구조는 [그림 8−1]과 같다. 외환위기 직후 분양 위험에 직면한 건설사들은 부동산개발 사업을 진행할 때 위험 구조를 이분화하여 시행사와 시공사로 역할을 구분하였다. 시공사는 공사를 전담하고, 시행사는 공사를 제외한 토지 매입부터 분양 등의 단계를 전담하는 위험 분산이 이루어졌다.

2 부동산개발 절차

일반적으로 부동산개발 절차는 아이디어 구상, 사업부지 조사 및 확보, 사업 타당성 분석, 인허가 및 건물 디자인, 금융, 건설, 마케팅 및 임대, 운영 등으로 구분한다.

① 아이디어(사업안) 구상
② 사업부지 조사 및 확보
③ 사업 타당성 분석
④ 인허가 및 건물 디자인
⑤ 금융
⑥ 건설
⑦ 마케팅 및 임대
⑧ 운영

제8장에서는 사업부지에 대한 용도를 결정하고 개발 부지를 찾는 경우를 가정하여 부동산개발 절차를 설명한다. 사업구상 단계에서는 먼저 개발의 주목적을 설정한 후 이를 위해 단계적 세부 목적을 세우고 대안과 의사결정 기준 등을 설정한다. 왜 개발하고자 하는지, 개발을 통해 어떤 가치를 극대화하고 만족시켜야 할 것은 무엇인지 등을 통해 각 단계별로 달성해야 할 구체적인 목표를 수립한다.

사업부지 조사 및 확보의 단계는 본격적인 개발의 시작 단계라고 할 수 있다. 사업부지를 개발업자가 소유한 경우에는 큰 문제없이 개발사업을 수행할 수 있다. 그러나 부지를 분양받아 구입하는 경우에는 공공택지나 민간택지를 특정 시점에 얼마의 가격으로 구입할지가 중요한 변수이다. 부지 확보와 관련해서 중요한 것은 부지 구입을 위한 대금을 지급하기 전에 타당성 분석, 인허가 취득, 금융대출 등을 시행하는 데 필요한 충분한 시간을 확보하는 것이다.

투자자가 부지를 확보할 때는 해당 부지를 대상으로 사업의 타당성 분석을 수행해야 한다. 타당성 분석의 단계는 재무분석을 통한 개발비 및 예상수익 산정, 공법상 규제 분석, 부지 분석 등을 수행하는 단계이다. 전통적인 순현재가치(NPV) 방법이나 내부수익률(IRR) 등의 방법을 활용하여 미래에 발생하는 수익과 제반비용 등을 현재가치로 환산하여 재무분석을 한 후 투자의사결정을 한다. 이러한 재무분석 결과가 개발안을 진행할 만큼 완전히 충족한다면, 즉 NPV > 0, 또는 IRR > 시장수익률의 투자기준을 충분히 상회한다면 큰 문제는 없을 것이다. 그러나 개발안이 투자기준을 약간 상회하는 경우 다시 면밀한 시장분석을 통해 타당성 분석 결과의 범위에 신뢰성을 더해야 한다. 이 단계에서는 객관적인 비용과 관련 정보를 취합하여야 하고 개발프로젝트의 여러 측면을 분석하여야 한다.

그림 8-2 부동산개발의 타당성 분석 수정 과정

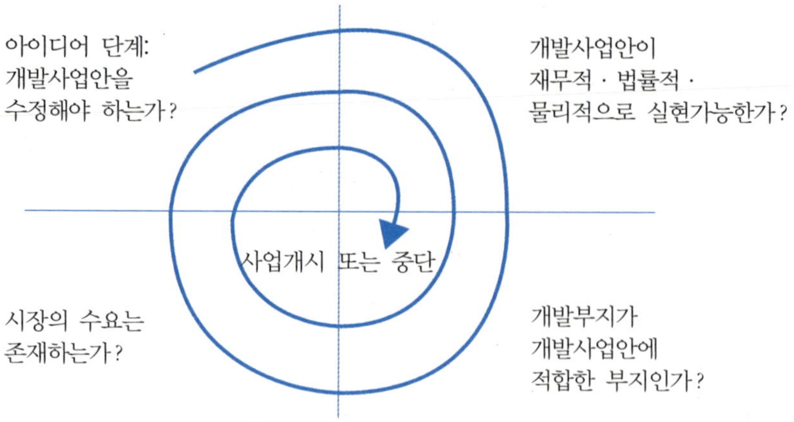

출처: Ling and Archer, Real Estate Principles: Value approach.

면밀한 시장분석을 통해 재산출한 타당성 분석에서도 순현재가치(NPV)가 음(−)의 값이 나오거나 투자기준에 부합하지 못하는 경우에는 개발프로젝트를 중단해야 한다.

이 단계에서는 재무분석을 통해 투자 타당성을 확보하더라도 법적인 규제 측면에서 개발사업이 부합하는지 여부를 확인하여야 한다. 예를 들어 개발부지의 토지가 환경적인 면에서 문제가 없는지, 개발보호구역, 군사보호구역, 문화재보호 등 법적인 규제와 상충하는 문제가 없는지 여부를 살펴보아야 한다. 만약 이러한 토지규제 관련 문제가 있다면 그 비용을 재산정해서 재무분석을 다시 수행하여야 하고, 그 비용이 수익을 초과하는 경우에는 사업을 중단해야 한다. 토지규제 관련 분석이 끝나면 소유권 관련 부분을 면밀히 살펴보아야 한다. 개발을 통해 취득하는 권리관계에 이상이 없는지 여부와 개발을 통해서 하자 없는 소유권을 취득할 수 있는지 여부 등에 대해 면밀히 분석해야 한다.

또한 수요분석을 통해 시장의 수요가 충분한지 여부에 대해서도 면밀히 조사해야 한다. 우선 지역경제 분석을 통해 해당 지역의 인구, 고용, 소득 등이 부동산수요에 미치는 영향을 분석하여야 한다. 대상 지역 분석을 통해 특정 지역에 개발하고자 하는 부동산 유형에 대한 수요와 공급(경쟁 물건) 등을 분석한다. 예를 들면 특정 지역의 특정 유형의 부동산 임대료가 어느 정도 수준인지, 공실률은 얼마인지, 거래는 얼마나 활발하게 일어나는지 등에 대한 조사가 이루어져야 한다. 이를 통해 개발하고자 하는 부동산이 시장에서 얼마나 용이하게 매매 또는 임대할 수 있는지 여부에 대한 분석을 수행한다. 시장분석에 유용하게 사용하는 방법은 시장흡수율 분석이다. 시장흡수율(market absorption rates)이란 부동산시장에서 일정기간 동안 공급된 특정 부동산이 임대 또는 매매를 통해 시장에 흡수된 비율을 말한다. 이러한 과정들을 통해 투자 타당성이 확실히 확보될 때 비로소 부동산개발을 진행할 수 있다.

인허가 단계는 특별히 인허가를 변경해야 할 필요가 없는 개발의 경우 별 문제가 되지 않는다. 그러나 재개발이나 재건축과 같은 개발사업의 경우 인허가 관련 문제가 사업의 진행 속도를 좌우하는 결정적 요인으로 작용할 수 있다. 건물 디자인 단계는 인허가 개시가 난 후 진행한다. 이때 개발사업의 중요한 참여자인 건축설계 및 조경설계 관련 전문가들과 작업을 시작한다.

금융 단계에서는 토지 매입 대금 및 건설비용 관련 금융대출을 진행한다. 국내의 타인자본을 활용한 금융조달 방법에는 자산담보부증권(asset backed securities: ABS)를 통해 조달하는 PF대출(project financing), 시공사의 시공보증을 담보로 발행하는 자산담보부기업어음(asset backed commercial paper: ABCP), 자산담보부단기채권(asset backed short-term bond: ABSTB) 등이 있다.

건설 단계에서는 건설을 담당하는 건설업체와 하청업체, 그리고 공사의 올바른 진행 유무를 감독하는 감리업체의 역할이 중요하다. 마케팅 및 임대 단계에서는 시행사가 직접 분양과 임대를 주관하거나 분양과 임대를 대행할 대행사를 선정한다. 운영 단계에서는 전문 시설관리업체(property management company: PMC)에 관리 · 운영을 위탁할 수 있다.

제2절 부동산개발 타당성 분석

1 예상비용접근법을 활용한 재무분석

부동산개발 타당성 분석은 개발사업의 특성과 용도의 지정에 따라 여러 방법으로 분석할 수 있다. 그 중의 하나가 개발하고자 하는 부동산의 총개발비용을 추산한 후 해당

그림 8-3 부동산개발 타당성 분석: 예상총개발비용 기준 요구임대료 도출

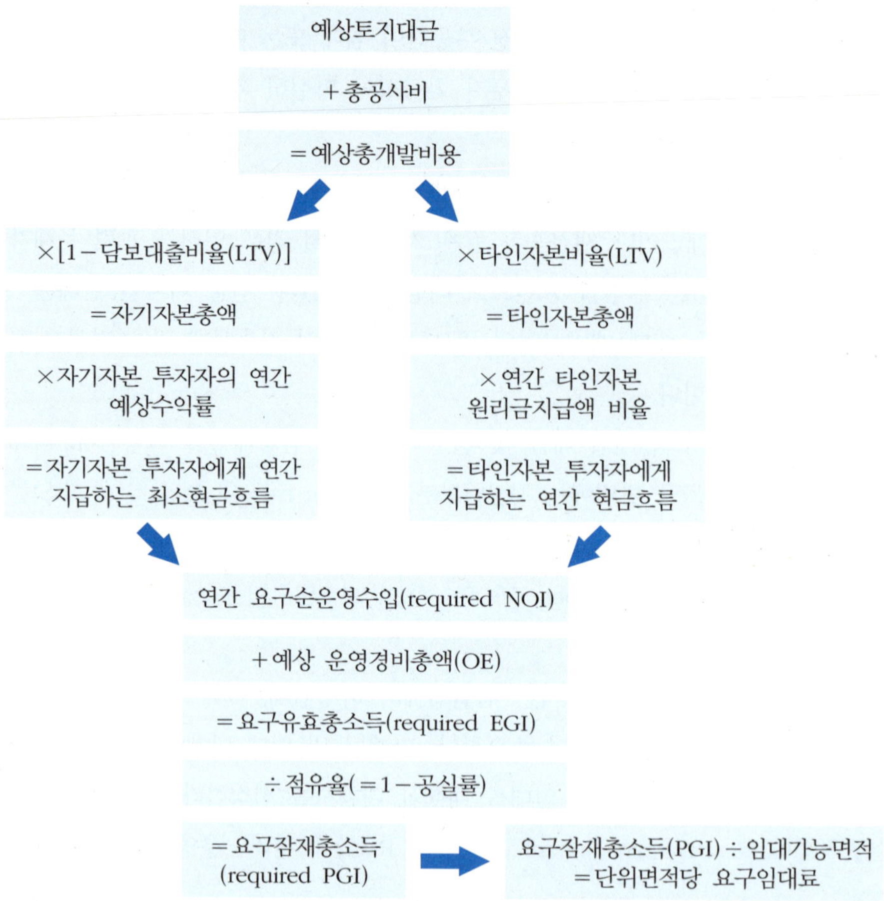

출처: Front Door Financial Feasibility Analysis from Real Estate Principles for the New Economy by Miller & Geltner(2003).

개발사업에서 요구하는 최소임대료 수준을 도출하는 것이다. 이 방법을 통해 얻고자 하는 것은 임대시장에서 해당 물건이 예상총개발비용을 충족하고도 남을 정도로 충분한 요구임대료가 산출될 수 있는가의 여부이다. 이와는 역순으로 시장조사를 통해 예상임대료를 산정하고 시장 금융조건을 반영한 자본비용 등을 도출하여 예상총개발비용을 산출하는 것이다. 이러한 예상임대료 접근법에서 얻고자 하는 것은 예상총개발비용으로 해당 개발부지에서 원하는 부동산개발 사업을 진행할 수 있는가의 여부이다. 예상총개발비용 접근법이

나 예상임대료 접근법은 1차 단계에서는 대략적인 예상을 통해 부동산개발 타당성 여부를 쉽게 분석할 수 있다. 그러나 부동산개발 절차가 진행될수록 개발 관련 비용 정보와 주변 시세 등의 정보를 보다 종합적이고 객관적으로 산정해야만 분석의 정확성을 기할 수 있다. 또한 설계 디자인과 소비자의 취향 분석을 완료하면 예상총개발비용이나 예상임대료에 대한 세부적인 조정을 추가해야 한다.

[그림 8-3]은 예상총개발비용 접근법을 활용한 재무분석의 단계를 나타낸다. 먼저 개발대상지의 예상토지대금과 총공사비를 추정하여 예상총개발비용을 산정한다. 그리고 시장에서 통용되는 타인자본비율(LTV)을 계산하여 자기자본 총액과 타인자본 총액을 각각 산출한다. 자기자본 총액에는 자기자본 투자자의 연간 예상수익률을 곱하여 매년 자기자본 투자자에게 현금투자수익률에 해당하는 최소현금흐름을 산출한다. 마찬가지로 타인자본 총액에도 금융대출 조건에 명시되어 있는 연간 타인자본 원리금 지급액 비율을 곱하여 매년 타인자본 투자자에게 지급해야 할 현금흐름을 산출한다. 자기자본 투자자에게 매년 지급해야 하는 최소현금흐름과 타인자본 투자자에게 매년 지급해야하는 현금흐름을 합산한 금액이 바로 개발사업에서 최소한 창출해야 하는 연간 요구순운영소득(required NOI)이다. 연간 요구순운영소득에 예상운영경비총액(OE)을 합산한 금액은 연간 요구유효총소득(required EGI)이 된다. 연간 요구유효총소득을 점유율(=1-공실률)로 나눈 값이 요구잠재총소득(required PGI)이다. 연간 요구잠재총소득을 임대 가능 면적으로 나눈 값이 바로 단위 면적당 요구임대료가 된다. [그림 8-3]의 산출 과정은 여러분이 쉽게 이해할 수 있도록 여러 복잡한 가정들을 단순화하였으나, 현실경제에서는 상황에 맞게 세분화하여 활용할 수 있다.

2 부동산개발 위험 분석

부동산개발 관련 위험은 크게 법률적 위험, 부동산시장 위험, 개발비용 위험, 금융위험, 마케팅 위험, 개발참여자 위험 등으로 구분할 수 있다.[2]

① 법률적 위험: 토지이용에 따른 용도 규제와 같은 법제적인 측면과 소유권 관계와

2 김재환 · 이상엽, "부동산개발 프로젝트의 위험요소 정립 및 위험도 산정", 주택연구 Vol. 14, No. 1, pp. 85~114, 2006.

같은 권리 측면에서 발생하는 위험을 말한다. 개발 인허가에 문제가 없고 토지용도에 부합하는 토지를 구입하는 것이 법률적 위험 부담을 줄이는 확실한 방안 중의 하나이다. 사업부지에 그린벨트 또는 군사시설 보호 구역이 일부 포함되어 있어 사업이 중단되었다면 이는 법률적 위험 분석이 미흡했다는 것을 의미한다.

② 부동산시장 위험: 부동산시장 전반에 영향을 미치는 정치 · 환경 · 제도적 위험에 따른 불확실성이 개발업자에게 미치는 위험을 말한다. 예를 들어 금융위기나 외환위기와 같은 세계경기 전반의 침체로 인한 투자수요의 감소, 공사기간 중 국내경기 둔화에 따른 개발사업 위험 증가, 부동산시장 침체기에 따른 공실의 장기화 등은 부동산시장 위험에 속한다. 이밖에 부동산정책의 변화 등도 개발사업에 영향을 미치는 부동산시장 위험에 해당한다.

③ 개발비용 위험: 개발 과정에서 발생하는 비용의 불확실성에 따른 개발업자의 위험을 말한다. 예를 들어 재개발이나 재건축사업을 추진할 때 공사기간의 연장, 건설자재 가격의 상승, 조합원 부담금 인상, 기부체납의 증가 등은 개발사업의 수익성에 부정적인 영향을 미치는 요소들이다.

④ 금융 위험: 자본시장의 변동성으로 인해 발생하는 금융비용의 위험, 금융기관 자체의 변동성에 따른 위험, 그리고 자본구조 관련 채무 불이행에 따른 위험 등을 말한다. 또한 사업추진을 위한 전반적인 자금 동원 능력, 담보대출 조건, 보증보험 등의 자금조달 관련 위험도 금융 위험에 속한다.

⑤ 마케팅 위험: 개발종료 시점의 분양률과 공실에 영향을 미치는 마케팅적인 요소와 연관된 제 위험을 말한다. 개발을 완료한 부동산에 대한 사용자의 선호도 변화, 경쟁상품의 등장, 그리고 소비자의 전반적인 취향 변화 등은 마케팅 위험 요소로 작용할 수 있다.

⑥ 개발참여자 위험: 사업시행자, 사업파트너, 관련업체들의 자질 및 상호 신뢰도와 연관된 위험을 말한다. 사업시행자의 미숙한 진행이나 전문성 부족, 조합원들 간의 소통 문제, 시공사나 금융사 등과 같은 참여자들의 소통이나 신뢰성 문제도 잠재적인 위험에 속한다.

⑦ 설계 및 시공 위험: 설계와 시공 관련 기술적인 결함에 따른 위험을 말한다. 이와 같은 잠재적 위험을 최소화하기 위해서는 품질관리와 안전관리에 만전을 기해야 한다.

제3절 부동산개발 방식

1 토지취득 방식에 따른 분류

부동산개발은 시행자의 토지취득 방식에 따라 환지방식, 수용방식, 혼합방식으로 시행할 수 있다.[3] 환지방식은 대지로서의 효용 증진 및 공공시설의 정비를 위해 토지의 교환, 분할, 구획 변경 또는 형질의 변경, 그리고 공공시설의 설치 및 변경이 필요한 경우에 사용하는 사업시행 방식이다. 환지방식에서는 개발 전 토지에서 개발사업이 종료된 후 공공시설용지와 사업비로 충당하는 토지를 제외한다. 이 방식은 개발한 토지를 개발 전 토지의 위치, 지목, 면적, 등급, 이용도, 그리고 기타 필요사항 등을 고려하여 토지 소유자에게 재분배하는 방식이다. 환지방식은 일반적으로 사업지구의 토지가격이 높아서 매수 또는 수용이 어려울 때 적용하는 방식이다. 초기사업비의 투입이 상대적으로 작고 토지 소유자에게는 적정한 개발이익이 돌아가므로 토지 소유자들의 참여를 유도할 수 있다. 토지 수용에 따른 보상 문제가 발생할 가능성이 상대적으로 낮다는 장점이 있으나 공공용지 확보에 어려움을 겪을 수도 있다는 단점이 있다.

수용방식은 공공기관(국가, 지방자치단체, 한국토지주택공사, 지방공사 등)이 사업지구의 토지를 토지 소유자와 협의하여 매수하거나 보상금을 지급하고 강제로 수용하여 개발하는 방식을 말한다. 이 방식은 사업대상 토지를 신속하게 확보해야 할 때, 그리고 계획적이고 체계적인 도시개발 등과 같이 대규모 공급이 필요한 경우에 사용하는 개발방식이다. 토지 소유자와 협의나 매수를 통해 토지를 수용하는 과정에서 토지 보상비 문제와 원주민들의 이주 관련 문제가 발생할 수도 있다.

혼합방식은 환지방식과 수용방식을 혼합한 방식으로서 도시개발사업이나 산업단지개발사업 등에서 사용하는 방식으로서 수용방식과 환지방식을 구역별로 적용하는 것을 말한다. 지가가 저렴한 농지 등에는 수용방식을 적용하고 지가가 높은 곳에는 환지방식을 적용하므로 혼합방식은 저렴한 택지의 공급이 가능하고 공공용지를 확보하는 데 용이하다.

3 최수 외, "포스트 개발시대의 택지공급체계 정립방안 연구", 국토연구원, 2014.

표 8-1 도시정비사업의 분류

구 분		주거환경개선사업	주택재건축사업	재개발사업 (통합)		가로주택 정비사업
사업 특성	대상 지역	저소득자 집단거주, 단독주택 및 다세대 밀집지역	공동주택	주거지역 (조례상 주택정비형)	상 · 공업지역 (조례상 도시정비형)	주거지역
	지역 특성	노후불량건축물 밀집 (기반시설 열악)	노후주택, 부대복리시설 및 오피스텔 건설 공급 (기반시설 양호)	노후불량 건축물 밀집 (기반시설 열악)	도시기능 회복, 상권 활성화 필요	노후불량건축물 밀집 가로구역 (소규모)
	대상 사업	주거환경개선사업 통합	주거환경개선	주거환경개선	도시환경개선	주거환경개선

주: 도시정비법(2017년)에 의해 주택재개발사업과 도시환경정비사업은 재개발사업으로, 주거환경개선사업과 주거환경관리사업은 주거환경개선사업으로 통합되었다.

그러나 수용방식을 적용한 지역의 토지 소유자와 협의 및 매수 과정에서 갈등이 발생할 가능성이 있고, 보상비에 따른 사업비 확보에도 어려움을 겪을 수도 있다.

2 도시정비사업에 따른 분류

도시정비사업(urban renewal project)이란 도시기능을 회복하기 위하여 정비구역 내에서 기반시설을 정비하거나 주택 등 건축물을 개량 또는 건설하는 사업을 말한다. '도시정비법'에서는 도시정비사업을 주거환경개선사업, 재개발사업, 주택재건축사업, 가로주택정비사업으로 분류한다.[4] 각 사업별 자세한 내용은 [표 8-1]에 잘 나타나 있다.[5]

1) 주건환경개선사업

주거환경개선사업은 도시 저소득 주민이 집단 거주하는 지역으로서 기반시설이 극히 열악하고 노후 · 불량 건축물이 과도하게 밀집한 지역을 대상으로 한다. 이 사업은 단독주

4 국가법령센터, '도시 및 주거환경정비법'(http://www.law.go.kr).

5 각 사업별 기술은 국토교통부 정책자료–주거환경개선사업(http://www.molit.go.kr/)과 정영석, "정비사업의 현황과 보증상품의 도입–재개발/재건축을 바탕으로", 주택금융월보 p. 40, 2013을 참고하였음.

택 및 다세대주택이 밀집한 지역에서 기반시설과 공동이용시설 확충을 통하여 주거환경을 보전 · 정비 · 개량하기 위한 사업이다. 이 사업은 기반시설 설치비용을 국고에서 지원하고 당해 구역 내 국 · 공유지를 무상으로 투입하는 정부정책 사업에 해당한다. 그러나 경우에 따라서는 관리형 주거환경개선사업(종전의 현지개량사업), 수용 및 건설공급사업(공동주택건설사업), 환지방식사업, 관리처분계획 및 이를 혼용한 사업방식 등으로 시행하기도 한다.

2) 주택재건축사업

주택재건축사업은 기반시설은 양호하나 노후 · 불량 건축물에 해당하는 공동주택이 밀집한 지역에서 주거환경을 개선하기 위해 시행하는 사업을 말한다. 주택재건축사업은 안전상 문제가 있거나 준공 후 30년 이상 경과하여 노후 주택이거나 재해위험지역 내의 주택을 대상으로 한다. 사업시행자는 지정구역 내에서 재건축 대상 토지와 건물 등을 모두 확보한 경우에만 재건축사업을 진행할 수 있다. 주택재건축사업은 지역 기반시설이 양호하다는 점과 정비구역으로 지정하지 않아도 사업을 추진할 수 있다는 점이 재개발사업과 다르다. 또한 재개발사업처럼 원주민 소유 토지와 건축물 등을 출자하는 형식은 유사하나 토지 매입 자금 투입비율은 재개발사업에 비해 낮다.[6]

3) 재개발사업

재개발사업은 기반시설이 열악하고 노후 · 불량 건축물이 밀집한 지역에서 주거환경을 개선하거나 상업지역이나 공업지역에서 도시기능의 회복 및 상권 활성화 등을 위하여 시행하는 사업을 말한다. 사업시행자는 주민들이 설립한 조합 또는 토지 등 소유자가 요청한 지정개발자, 즉 LH공사 등과 같이 법정 요건을 갖춘 기관이며 토지 수용권을 부여받는다. 이 사업은 주민들이 소유한 토지 등을 출자하는 형식의 사업으로서 토지 매입 자금 투입비율이 낮다는 장점이 있다.

4) 가로주택정비사업

가로주택정비사업은 노후 · 불량 건축물이 밀집한 가로구역(도시계획시설 도로로 둘러싸인 구역)에서 종전의 가로구역을 유지하면서 소규모로 주거환경을 개선하기 위하여 시행하

6 생활법령정보(http://easylaw.go.kr).

는 사업이다. 가로주택정비사업은 1만㎡ 미만의 가로구역으로 15층 이하의 공동주택을 건설하는 소규모 정비사업이다. 단독주택과 아파트의 장점을 결합한 공동주택으로 주택의 개선과 함께 공용 옥외 공간, 주민 커뮤니티시설 등을 확보할 수 있는 소규모 정비사업이다. 1만㎡ 미만의 대상지에서 노후 건축물의 수가 2/3 이상이거나 해당 구역 내 20세대 이상이 해당하는 경우에 한하여 사업을 시행할 수 있다. 토지 등 소유자 80% 이상의 동의로 조합 설립이 가능하며 정비구역 지정 등의 별도 사업절차를 생략하기 때문에 이르면 3년 내에 사업을 마무리 할 수 있다. 가로주택정비사업은 주민들의 자발적 의지만 결합할 수 있다면 사업추진이 가능하다는 점에서 주민 주도의 주거지정비 방식이자 소단위의 연쇄적이고 점진적인 주거지정비 수단의 하나로 볼 수 있다. 특히 기존 거주자의 커뮤니티를 유지하기 위해서 조합원 1가구당 1주택을 분양하던 기존 공급방식에서 벗어나 조합원 1가구당 3주택까지 분양받을 수 있다는 점에서 기존 정비방식과 차이가 있다고 할 수 있다.[7]

제4절 재개발사업

1 재개발사업의 기본 절차

재개발사업은 정비구역에서 인가받은 관리처분계획에 따라 건축물을 건설하여 공급하거나 환지로 공급한다. 재개발사업이 조합을 통해 진행할 경우 [그림 8-4]와 같은 절차를 밟아야 한다. 재개발사업은, 도시 및 주거환경 정비 기본계획 수립 → 정비계획 수립 및 정비구역 지정 신청 → 조합설립추진위원회 설립(토지 등 소유자 1/2 이상 동의) → 조합설립인가(토지 등 소유자 3/4 이상 및 토지면적 1/2 이상 동의) → 사업시행인가(다른 법률 인허가 의제처리) → 분양신청(30일 이상) → 관리처분계획 인가(30일 이내 인가여부 결정) → 철거 → 착공 → 준공 및 입주 → 이전고시 → 청산의 절차를 거치면서 진행한다.[8]

7 서울도시재생포털(https://uri.seoul.go.kr), '가로주택정비사업의 이해'.

8 찾기 쉬운 생활법령정보(http://easylaw.go.kr), '재개발사업 개념'.

그림 8-4 재개발사업 추진 절차

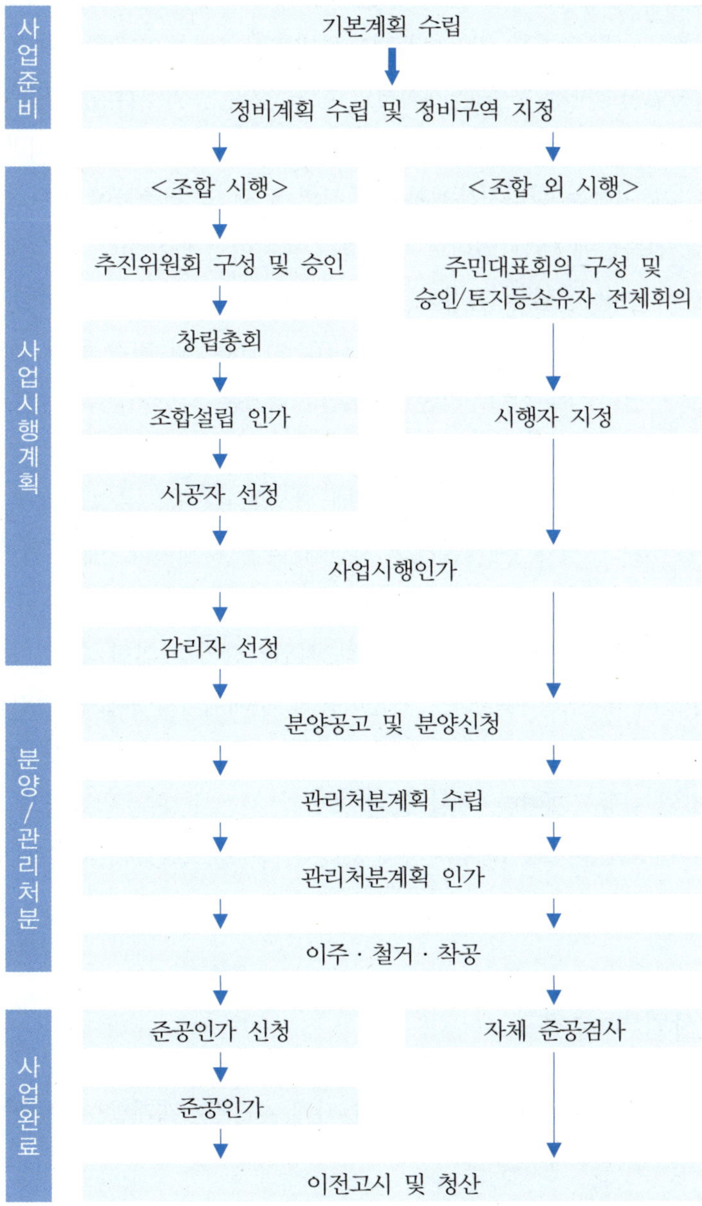

주택재개발사업의 경우 조합설립추진위원회는 토지 등 소유자 과반수의 동의를 얻어

야 구성할 수 있다. 조합설립은 토지 등 소유자 3/4 이상의 동의를 얻은 후 정관 등의 필수서류를 첨부하여 시장 · 군수의 인가를 받아야 가능하다. 조합은 법인으로서의 법적 지위를 가지며, 조합설립 인가를 받은 날로부터 반드시 30일 이내에 등기를 마쳐야 한다. 시장 · 군수는 사업시행자가 제출한 계획서와 함께 정관 등의 서류를 공람 · 공고 및 의견청취를 거쳐 사업시행 인가를 고시하여야 한다. 주택재개발사업은 관리처분계획에 특별히 주목해야 한다. 그 이유는 관리처분계획은 종전의 토지 및 건축물에 대한 권리를 새로 건설하는 대지 및 건축물에 대한 권리로 변경하는 절차이기 때문이다. 관리처분계획은 주택의 분양과 주민의 비용 부담을 확정하는 사업절차이다. 사업시행자는 주민들에게 개략적인 부담금 내역 및 분양신청기간 등을 통지하고 30~60일의 기간 동안 분양신청을 받아 관리처분계획을 수립하여야 한다. 기존 건축물의 철거는 시장 · 군수의 인가를 받아야 가능하다.

주택재건축 또는 재개발사업을 추진할 때 발생할 수 있는 문제점들은 다음의 네 가지로 요약할 수 있다.[9] 첫째, 재개발기간 지연에 따른 문제이다. 예를 들면 시공사 선정 유찰로 인한 지연, 조합원들의 권리와 이주대책 등을 포함한 관리처분계획 수립에 장기간 소요되는 문제, 그리고 지자체의 규제 등으로 사업기간이 지연될 수 있다. 둘째, 재개발사업이 중단될 경우 발생할 수 있는 매몰비용의 문제이다. 셋째, 조합장의 재개발사업 운영 미숙 및 비리문제, 조합원 간의 갈등 등으로 인한 문제이다. 넷째, 재개발사업의 주요 참여자들 간의 갈등문제이다. 예를 들어 조합과 시공사 또는 감리업체 등과의 갈등이나 사업방식의 변경에 따른 이해당사자들 간의 이견 등으로 사업추진에 어려움을 겪을 수 있다.

2 재개발사업의 분류

재개발사업은 시행방식에 따라 크게 네 가지, 즉 철거재개발, 수복재개발, 개량재개발, 보전재개발로 구분할 수 있다.[10]

9 정영석, "정비사업의 현황과 보증상품의 도입 – 재개발/재건축을 바탕으로", 주택금융월보 p. 40, 2013.
10 김민철, "도시 및 주거환경정비법 시행령 및 시행규칙 주요 개정내용", 국토연구 2012.

1) 철거재개발

철거재개발(redevelopment)은 전면철거 후 재개발하는 방식으로서 가장 많이 적용하고 있는 재개발 방식이다. 이 방식은 특정 주거지구가 제 기능을 다하지 못할 경우 기존 시설을 완전히 철거하고 새로운 환경 및 시설물로 대체하는 가장 대표적인 도시재개발의 유형이다. 1970년대 이후 '도시환경정비사업'에 따른 정비방식은 전면철거 재개발 방식 위주로 진행하였다. 그 결과 도심 고유의 특성 및 장소성(sense of place)이 사라지고, 고층 고밀도 개발로 인한 도심환경 악화 등의 문제가 발생했다는 지적을 받고 있다.

2) 수복재개발

수복재개발(rehabilitation)이란 전면철거를 통해 업무 및 상업시설 등의 새로운 거점을 형성하는 철거재개발 방식과는 달리 지역의 특성과 장소성을 유지 · 보존하면서 노후 건축물과 취약한 도시환경을 점진적으로 정비하는 방식을 말한다. 이 방식은 '소단위 맞춤형 정비수법'이라고 부르는데, 여기서 '소단위'란 개발의 단위를 작게 하여 몇 개의 필지가 모인 단위를 말하며, '맞춤형'이란 그 지역의 독특한 물리적 환경과 기능적 특성 등에 맞추어 정비해 가는 것을 의미한다.

3) 개량재개발

개량재개발(improvements)은 수복재개발의 일종으로서 기존 도시환경의 시설기준 및 구조 등이 현재의 수준에 크게 미달한 지역에서 시행한다. 이 방식은 기존시설의 확장, 개선, 또는 새로운 시설의 첨가를 통해 기존 물리적 환경의 질적 수준을 높여 도시기능을 제고시키는 도시재개발의 한 형태이다.

4) 보전재개발

보전재개발(conservation)은 현재에는 충분한 기능과 쾌적한 환경을 유지하고 있으나 그대로 방치할 경우 악화할 우려가 있는 지역에서 시행한다. 특히 역사적 · 문화적 가치가 있는 훌륭한 건축물들이 위치한 지역에 대해 보전재개발을 추진함으로써 향후 노후 또는 쇠퇴 가능성을 미연에 방지하는 재개발 방식이다. 이 방식은 도심에 들어서 있는 많은 건축물이나 시설물들이 건전하고 양호하게 보전된 지구나 서양에서처럼 역사적 · 문화적으로 보전이 필요한 건축물이나 기념물이 많은 지구에 적용한다. 우리나라는 2000년 '도심부 관리 기본계획(2000)'을 수립하면서 4대문 안 도심부는 역사적 · 문화적 특성을 보존하는 방식으로 관리 방향을 전환하였다. 이를 반영하여 2001년 '도심재개발기본계획'에서는 층수 제한을 강화하고, 도심부 내 일부 지역에 대해 정비구역을 해제하거나 수복재개발방식으로 전환할 수 있도록 하였다. 또한 근대건축물을 포함하고 있는 지구에 대해서도 보전재개발 방식을 적용할 수 있도록 하였다.

제5절 부동산 민간개발 방식

1 부동산 민간개발 사업의 분류

그동안 우리나라에서는 건설업체들이 여러 개발사업에 직접 참여하여 사업주체로서 많은 역할을 담당해 왔다. 그러나 최근에는 재무투자자, 전문 부동산 개발업자, 신탁회사, 지역조합 등을 중심으로 다양한 개발사업들을 진행하고 있다. 따라서 부동산 개발사업도 건설업체 중심에서 민간 중심으로 재편되면서 부동산 민간개발 사업의 역할이 확대되고 있다. 민간에서 시행하는 부동산개발의 유형은 자체개발사업, 지주공동사업, 토지신탁개발, 컨소시엄 방식(PF 방식) 등으로 나눌 수 있다.[11] 이에 대한 자세한 설명은 [표 8-2]에 잘 나타나 있다.

1) 자체개발사업

자체개발사업은 토지 소유자가 사업을 기획하고 자금을 직접 조달하여 시공 및 분양을 하는 개발 방식이다. 이 방식은 사업성이 좋다고 판단할 때 이용하는 방식으로서 토지 소유, 건축시공, 자금조달, 사업의 이행 및 이익의 귀속이 모두 토지 소유자에게 돌아간다.

11 김현아, 『대규모 개발사업에 대한 민간역할 확대방안』, 한국건설산업연구원, 2007.

표 8-2 민간의 개발사업 참여 방식

구분		자체 사업	지주공동사업				토지신탁 개발	컨소시엄 방식 (PF 방식)
			공사비 대물변제 등가교환	공사비 분양금 정산	투자자 모집	사업위탁 방식		
사업주체	토지 소유	토지소유자	토지소유자	토지소유자	사업시행자	토지소유자	신탁회사	토지소유자
	건축 시공		개발업자	개발업자	사업시행자	개발업자	신탁회사	컨소시엄 구성회사
	자금 조달		개발업자 토지소유자	개발업자	투자자	개발업자	신탁회사	
	사업 이행		토지소유자	토지소유자	사업시행자	개발업자	신탁회사	토지소유자
	이익 귀속		토지소유자 개발업자	토지소유자 개발업자	토지소유자 개발업자	개발업자 토지소유자	토지소유자	토지소유자
사업내용	정의	토지소유자에 의한 자금조달, 시공, 분양	토지소유자가 공사비를 대물변제	토지소유자가 공사비를 분양금으로 변제	토지소유자/개발업자가 투자자 모집	토지소유자가 개발업자에게 사업 전과정을 위탁	토지소유자가 신탁회사에 수수료주고 신탁개발	대규모 토지개발에 시공사가 공동참여
	내용	자금조달(자기자금, 차입금)후 시공, 분양	건설회사는 대물부분을 분양, 임대, 자기 사용	기설에 따른 지불이 아닌 분양금에서 지불	투자조합에 의한 투자 후 수익보장	개발업자는 위탁수수료를 받고 사업시행	신탁회사에 형식상 소유권 이전 후 배당받음	토지소유자와 컨소시엄은 대물, 혹은 현금 정산
	활용	사업성이 좋은 경우	입지가 양호한 경우	현실적으로 많이 활용	테마 빌딩	건설사에서 적극 활용	사업성이 좋은 경우	대규모 아파트 및 SOC 사업
비고		일반적으로 이용됨	시공사와 공사비 산정문제	대표적 지주공동사업	새로운 유형	소규모 사업에 활용	신탁수수료 협의 문제	지주공동사업과 유사

출처: 김현아(2009), “민간의 개발사업 참여방식”.

2) 지주공동사업

토지 소유자와 개발업자가 부동산개발을 공동으로 시행하는 방식을 말한다. 일반적으로 토지 소유자는 토지를 제공하고 개발업자는 개발의 노하우를 제공하여 서로의 이익을 추구하는 형태이다. 지주공동사업은 불확실하거나 위험도가 큰 부동산개발 사업에 대한 위험을 토지 소유자와 개발업자 간에 분산할 수 있다는 장점이 있다. 지주공동사업은 그 특성에 따라 등가교환 방식, 공사비 분양금 지급 방식, 사업위탁 방식, 투자자모집 방식으로 구분한다. 등가교환 방식은 토지 소유자가 제공한 토지에 개발업자가 공사비를 부담하여 부동산을 개발하고 개발한 부동산을 제공한 토지가격과 공사비의 비율에 따라 나누는 방식을 말한다. 공사비 분양금 지급 방식은 토지 소유자가 사업을 시행하면서 건설업체에 공사를 발주하고 공사비의 지급은 분양 수입금으로 지급하는 방식이다. 투자자모집 방식은 투자조합에 의해 투자 후 수익을 보장하는 방식이다. 투자자는 토지 소유자 및 개발업자가 모집하며, 주로 테마빌딩을 개발할 때 사용하는 방식이다. 사업위탁 방식은 토지 소유자가 개발업자에게 사업의 전 과정을 위탁하고 개발업자는 위탁수수료를 받는 방식이다. 이 방식은 건설업체에서 적극적으로 활용하는 방식으로서 주로 소규모 사업에 활용한다.

3) 토지신탁개발

토지신탁개발 방식은 토지 소유자가 신탁회사에 수수료를 부담하면서 신탁개발을 하는 방식이다. 토지 소유자는 신탁회사에 형식상으로 소유권을 이전하고 신탁회사는 자금조달, 건축시공, 사업시행 일체를 책임지면서 발생한 수익을 토지 소유자에게 배당하는 방식을 말한다.

4) 컨소시엄 방식

컨소시엄 방식은 PF(project financing) 방식이라고 부르며 대규모 토지개발에 투자자들이 공동으로 참여하는 방식을 말한다. 토지 소유자와 컨소시엄은 대물 혹은 현금으로 정산하며 대규모 아파트 및 SOC개발 사업에 적합한 방식이다.

2 민간투자사업 개발 방식

'민간투자법'에 따르면 민간투자사업(public-private partnership: PPP)이란 "전통적으로 재정으로 건설하고 유지해 온 도로, 항만, 철도, 학교, 환경시설과 같은 사회기반시설을 민간자본으로 건설하고 운영함으로써 민간부문의 창의성과 효율성을 활용하는 사업이다"라고 정의한다. 도로, 철도, 항만, 공항처럼 대규모 자금이 소요되는 사회기반시설은 정부재정으로만 건설하기에는 한계가 있다. 이에 정부는 대안으로서 민간자본을 유인할 수 있는 방안을 모색하였다. 정부는 1994년 8월 '사회간접자본시설에 대한 민간자본유치 촉진법'을 제정하였으며, 1998년 12월 이 법률을 전면적으로 개정하여 '사회기반시설에 대한 민간투자법'을 공포하였다. 이 법은 정부의 정책지원을 통해 민간투자사업을 활성화하는 것을 목표로 하며 최소운영수입보장(minimum revenue guarantee: MRG)을 제도화하는 내용을 담고 있다. 민간투자사업(PPP) 방식은 크게 다음의 네 가지로 분류할 수 있다.[12]

① BTO(Build-Transfer-Operate) 방식: 민간 사업시행자가 시설의 준공과 동시에 해당 시설의 소유권을 국가 또는 지방자치단체에 귀속시키고, 사업시행자는 일정기간 시설을 운영하며 수익을 내는 방식이다. 이 방식은 사업별 특성에 따라 투자위험을 사업시행자가 전적으로 부담하는 '일반형 BTO사업'과 주무관청과 사업시행자가 분담하는 '위험분담형 BTO사업'이 있다.

② BOT(Build-Operate-Transfer) 방식: 사업시행자가 시설 준공 후 일정기간 동안 해당 시설의 소유권을 유지하면서 시설을 운영한 후 그 기간이 만료되면 시설 소유권을 국가 또는 지방자치단체에 귀속시키는 방식이다.

③ BOO(Build-Own-Operate) 방식: 시설의 준공과 동시에 사업시행자가 해당 시설의 소유권을 갖고 직접 운영하는 플랜트 건설 방식이다. 예를 들면 사업시행자가 발전소 건설에 필요한 자금과 건설을 맡아 계약기간(통상 20~30년) 동안 운영한 후 계약기간을 연장하거나 매각할 수 있는 권리를 갖는 방식이다.

④ BTL(Build-Transfer-Lease) 방식: 시설의 준공과 동시에 해당 시설의 소유권을 국가 또는 지방자치단체에 귀속시키며, 사업시행자는 일정기간 동안 시설관리 · 운영권을 갖

12 KDI 공공투자관리센터, 민간투자사업설명(http://pimac.kdi.re.kr/).

는 방식이다. 사업시행자는 국가 또는 지방자치단체 등과 협약에서 정한 기간 동안 해당 시설을 임차하여 수익을 창출한다.

정부는 2005년 1월 '민간투자법'을 개정하여 사회기반시설을 경제적 기반시설(도로, 철도, 항만 같은 수송시설 및 환경시설)에서 학교, 주택 및 노인 복지시설, 문화시설과 같은 사회적 기반시설로 확대했다. 정부는 기존의 수익형 민간투자사업(BTO) 방식에 추가하여 임대형 민간투자사업(BTL) 방식을 새로 도입함으로써 민간투자사업의 참여 범위와 기회를 확대하였다.[13]

13 KDI · 기획재정부, 『2012 경제발전경험모듈화사업: 한국의 민간투자사업: 제도적 정비 및 정책 성과로부터의 교훈』, 2016.

참고문헌

국가법령센터(www.law.go.kr).

김민철, "도시 및 주거환경정비법 시행령 및 시행규칙 주요 개정내용", 국토연구, 2012.

김재환 · 이상엽, "부동산개발 프로젝트의 위험요소 정립 및 위험도 산정", 주택연구 Vol. 14, No. 1, pp. 85~114, 2006.

김현아, 『대규모 개발사업에 대한 민간역할 확대방안』, 한국건설산업연구원, 2007.

서울도시재생포털(https://uri.seoul.go.kr), '가로주택정비사업의 이해'.

정영석, "정비사업의 현황과 보증상품의 도입－재개발/재건축을 바탕으로", 주택금융월보 p. 40, 2013.

진창하, "부동산시장 환경 변화와 상업용 부동산금융의 역할", 2013.

찾기 쉬운 생활법령정보(http://easylaw.go.kr), '재개발사업 개념'.

최수 외, "포스트 개발시대의 택지공급체계 정립방안 연구", 국토연구원, 2014.

KDI 공공투자관리센터, 민간투자사업설명(http://pimac.kdi.re.kr/).

KDI · 기획재정부, 『2012 경제발전경험모듈화사업: 한국의 민간투자사업: 제도적 정비 및 정책 성과로부터의 교훈』, 2016.

Ling D. and Archer, W. 『Real Estate Principles : Value Approach』, 2017.

Miller and Geltner, 『Front Door Financial Feasibility Analysis from Real Estate Principles for the New Economy』, 2003.

09

부동산 가치평가

제1절 부동산의 시장가치

제9장에서는 부동산의 가치와 가격, 그리고 비용의 개념에 대해 설명한 후 현실경제에서 부동산의 시장가격이 어떻게 결정되는지 살펴본다. 또한 부동산 감정평가의 세 가지 방식과 각각의 특성에 대해 설명한다. 실제로 감정평가 가격이 적용되는 가격공시제도, 즉 개별 토지가격과 개별 주택가격 공시제도에 대해서도 설명한다.

1 부동산 가치평가의 개념

경제학자 애덤 스미스(Adam Smith)는 그의 저서 『국부론』에서 재화의 가치를 사용가치와 교환가치 두 종류로 분류하였다. 사용가치(use value)란 재화의 사용으로부터 얻는 만족감의 크기를 말하며, 교환가치(exchange value)란 어떤 재화로 타재화를 구매할 수 있는 능력을 말한다. 따라서 사용가치는 사용자의 주관적인 의견에 따라 달라질 수 있지만, 교환가치는 시장에서 결정된 가치로서 오늘날의 가격의 개념에 해당한다.

우리가 부동산에 대해 얘기할 때 가격과 가치라는 용어를 함께 사용하는 경우가 있다. 부동산의 가치(value of real estate)는 경쟁적인 부동산시장에서 수요와 공급에 의해 결정되는 가격과는 달리 개념적이고 주관적인 의견이 반영된 만족감의 크기라고 정의할 수 있다. 예를 들어 나대지는 일반인들에게는 시장의 교환가치로 쉽게 측정할 수 있는 공터에 불과하지만 소유주에게는 조상 대대로 경작해온 전통과 소중한 가치가 내재되어 있는 공터일 수도 있다. 이 경우 부동산시장에서 수요와 공급에 의해 형성된 시장가격과 개인적인 생각을 반영하는 가치 사이에 괴리가 발생할 수 있다.

가격(price)이란 사실적이고 객관적이며 실체적인 화폐가치에 근거한다. 예를 들어 매수호가(asking price)는 매수인이 기꺼이 지불할 의사가 있는 가격을, 그리고 매도호가(selling price)는 매도인이 매각을 대가로 받기를 원하는 가격을 의미한다. 부동산시장에서 사용하는 투자가치(Investment value)라는 용어는 매수자에게는 지불하고자 하는 최대가격(maximum price)을, 매도자에게는 매각할 수 있는 최저가격(minimum price)을 의미한다. 투자가치는 특정 매수인과 매도인의 위험 선호도나 투자세율에 따라 달라질 수 있다. 매수인과 매도인은 시장분석을 통해 산정한 부동산의 적정 투자가치를 바탕으로 각각 지불의사가격(willingness to pay)과 수취의사가격(willingness to receive)을 형성한다. 부동산 거래의 기준이 되는 시장가격(market price)은 매수인의 지불의사가격과 매도인의 수취의사가격이 교차하는 지점에서 형성한다.

그림 9-1 부동산 시장가격의 형성 과정

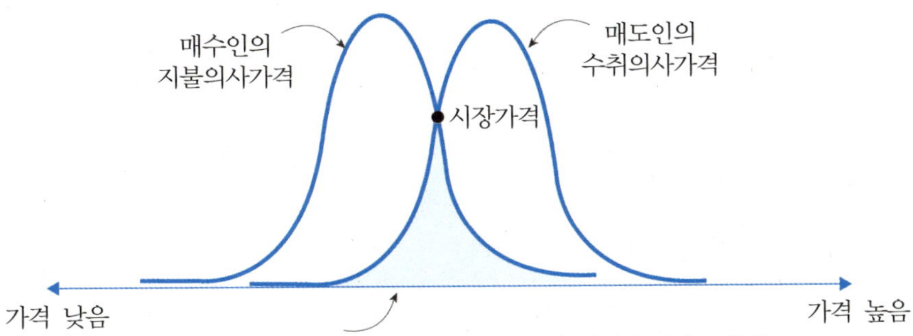

위의 빗금 친 부분에서 매수인과 매도인 사이에 협상을 통한 실제 거래가 발생하며 거래가격이 형성된다. 매도인과 매수인의 분포는 시장상황에 따라 변동될 수 있다. 시장에서 거래량이 감소하는 경우에는 매도인과 매수인의 정규분포 그래프의 전체 면적이 작아지므로 매도인의 수취의사가격과 매수인의 지불의사가격 사이에 거래가격의 편차가 넓어진다. 반면에 시장에서 거래량이 증가하는 경우에는 두 그래프의 면적이 넓어지므로 매도인과 매수인 사이에 거래가격의 편차가 작아진다.

출처: Geltner and Miller(2005).

[그림 9-1]은 매도인과 매수인 사이의 협상을 통한 시장가격 형성 과정을 보여준다. 정규분포의 형태를 보이는 곡선들은 매도인의 수취의사가격 및 매수인의 지불의사가격과 연관된 각각의 빈도수 분포 곡선을 나타낸다. 시장가격은 매도인과 매수인의 의사를 나타내는 두 곡선이 교차하는 지점에서 결정되며, 실거래가(real price)는 시장가격의 하단 빗금친 부분에서 매수자와 매도자 사이에 협상을 통해 형성한다. 매도자와 매수자의 분포는 시장 상황에 따라 변할 수 있다. 시장에서 거래량이 감소할 경우 매도자와 매수자의 정규분포 그래프의 전체 면적이 축소되므로 가격에 대한 매도자와 매수자의 의사와 실거래가 사이의 편차는 확대된다. 반대로 시장에서 거래량이 증가할 경우 두 그래프의 면적이 확대되므로 그 편차는 축소된다.

시장가치(market value)는 매도인과 매수인이 완정한 정보를 바탕으로 자유로운 협상을 통해 거래가 이루어질 때 형성된 가격을 의미한다. 양측 모두 완전한 정보를 바탕으로 협상에 임해야 하며 금융조건을 수반하지 않아야 한다. 감정평가 규정에서는 시장가치를 다음과 같이 정의한다. "시장가치란 감정평가의 대상이 되는 토지 등(이하 '대상 물건'이라 한다)이 통상적인 시장에서 충분한 기간 동안 거래를 위하여 공개된 후 그 대상 물건의 내용에 정통한 당사자 사이에 신중하고 자발적인 거래가 있을 경우 성립될 가능성이 가장 높다고 인정되는 대상 물건의 가액을 말한다."[1]

부동산의 시장가치와 시장가격은 항상 일치하는 것은 아니다. 시장가격은 시장에서 매도인이 받고자 하는 가격과 매수인이 지불하고자 하는 가격이 서로 일치하는 가격을 의미한다. 반면에 시장가치는 위에서 언급한 바와 같이 충분한 기간 동안 거래를 위해 공개된 후 그 대상 물건의 내용에 정통한 당사자 사이에 신중하고 자발적인 거래를 바탕으로 산정한 가액이다. 따라서 시장가치를 제대로 파악하기 위해서는 유사한 물건의 시장거래 자료와 시장분석이 충분히 이루어져야 한다.

원가(cost)란 토지조달 비용이나 건축비용 등과 같은 재원조달 비용을 말한다. 부동산 개발비용은 통상적으로 토지, 인건비, 자재비 등 실제공사와 관련이 있는 직접비용(hard cost)과 환경영향평가비용, 금융비용, 마케팅비용, 임대비용, 인허가와 관련된 법적인 비용 등의 간접비용(soft cost), 그리고 개발업자의 적정이윤을 포함한다. 여기서 적정이윤(normal profit)이란 경쟁적인 시장에서 금리와 일치하는 수준의 이익을 말한다. 원가와 시

1 감정평가에 관한 규칙 제2조(http://www.law.go.kr/).

장가치는 차이가 발생할 수 있다. 원가는 전술한 바와 같이 생산에 필요한 직 · 간접비용과 적정이윤 등을 포함한 비용이다. 반면에 시장가치는 원가뿐만 아니라 미래의 발전가능성, 즉 미래에 발생하는 현금흐름의 현재가치를 포함한다. 일반적으로 개발업자들은 미래의 발전가능성을 고려한 시장가치가 원가보다 클 때 개발사업을 추진하는 경향이 있다.

2 부동산 감정평가의 필요성

부동산 감정평가제도는 1989년에 발표한 '지가공시 및 토지 등의 평가에 관한 법률'에 의해 도입한 제도이다. 이 제도는 1972년에 도입한 토지평가사제도와 1973년에 도입한 공인감정사제도를 통합하여 일원화한 제도이다.[2] 감정평가란 "토지 등의 경제적 가치를 판정하여 그 가치를 가액으로 표시하는 것을 말한다."[3]

부동산 감정평가가 필요한 이유는, 첫째, 부동산의 매매와 임대를 위해 필요하다. 부동산 감정평가를 통해 매매가와 임대료에 대한 시장가치를 제공함으로써 부동산의 매매와 임대 시 올바른 거래를 위한 기준점을 제시한다. 특정 부동산 물건에 대한 시장가치를 제공한다면, 매수자와 매도자는 그 감정가액을 근거로 협상을 시장할 수 있기 때문에 가격에 대한 매도자와 매수자 사이의 편차를 줄일 수 있다. 이처럼 부동산 감정평가는 부동산의 시장가치를 제공함으로써 정보의 비대칭성(asymmetry of information)을 극복하고 부동산시장의 효율성과 안정성을 제고하는 데 기여한다.

둘째, 공평하고 효율적인 조세재정 집행을 위해 필요하다. 개별 공시지가와 개별 주택가격 공시를 통해 공평하고 효율적인 부동산 조세제도 확립에 기여하고 합리적인 손실보상이 이루어지도록 한다. 부동산거래 및 보유 관련 취득세, 양도세, 재산세, 그리고 종합부동산세 등과 같은 국세와 지방세 등의 부과 기준을 제시한다. 또한 부동산개발에 따른 개발 부담금 책정에 필요한 가격 산정의 기준이 되기도 한다.

셋째, 부동산금융의 건전성 확보를 위해 필요하다. 부동산 감정평가는 부동산금융에 필요한 담보물을 평가할 때 중요한 역할을 한다. 특히 주택시장과 상업용 부동산시장에서 감정평가 가격은 대출가능 금액의 크기를 결정하는 기준이 된다. 부동산 감정평가는 부동

2 토지평가사제도는 1972년 '국토이용관리법'에 근거하여 건설부 주관 하에 도입하였고, 1973년 '부동산 감정평가에 관한 법률'이 제정되어 재무부 주관 하에 동산과 건물을 평가하는 공인감정사제도가 도입되었다.

3 감정평가실무기준(http://www.law.go.kr/).

산 유동화시장과 밀접한 연관성을 갖는다. 주택시장에서 주택담보대출을 지속적으로 공급하기 위해서는 주택저당채권(MBS)의 유동화를 통해 2차 시장에서 조달한 자금을 주택시장으로 공급해야 한다. 2차 시장에서 발행하는 주택저당채권의 초기발행 원금의 기초자산 가격은 바로 감정평가 가격으로 산출한다. 상업용 부동산시장에서도 리츠(REITs) 법인의 설립 및 합병에 따른 감정평가가 필요하다. 감정평가에 의해 산출한 가격을 기초자산 가격으로 하여 리츠나 부동산펀드의 총액을 설정한다.

넷째, 국토의 효율적인 관리 및 개발을 위해 필요하다. 특히 부동산 감정평가는 국토계획 및 이용에 관한 법률 등 관계법령에 의해 조성한 주거용지, 공업용지, 관광용지 등의 가격을 산정하는 데 필요하다. 국토의 효율적인 관리를 위해 토지구획정리, 경지정리지구 등 환지청산 또는 체비지매각을 진행할 때, 그리고 공공용지의 매수, 매각, 수용 등 각종 공공사업에 따른 보상이 이루어질 때도 감정평가 가격을 기준으로 한다.

제2절 부동산 감정평가 절차와 방법

1 감정평가 절차

일반적으로 감정평가사들은 부동산을 평가할 때 [그림 9-2]의 순서에 따라 감정평가를 진행한다.[4]

① 기본적인 사항의 확인 단계: 감정평가 의뢰인과 대상 물건, 감정평가 목적, 기준시점, 감정평가 조건, 기준가치, 자문에 관한 사항, 감정평가 수수료 등과 같은 기본적인 사항에 대해 상호 확인하는 절차이다. 여기서 기준시점이란 대상 물건의 가격조사를 완료하는 날짜를, 기준가치란 감정평가의 기준이 되는 가치를 말한다.

② 처리계획의 수립 단계: 감정평가의 시작 단계인 대상 물건 확인에서 최종 단계인 감정평가액의 결정까지 일련의 감정평가 과정에 대한 계획을 수립하는 절차를 말한다.

4 감정평가절차 관련 기술은 감정평가에 관한 규칙을 참고하였다(www.law.go.kr).

그림 9-2 감정평가 절차

1. 기본적 사항의 확정
2. 처리계획의 수립
3. 대상물건의 확인
4. 자료 수집 및 정리
5. 자료검토 및 가치 형성 요인 분석
6. 감정평가 방식의 선정 및 적용
7. 감정평가액의 결정 및 표시

③ 대상 물건의 확인 단계: 대상 물건의 물리적 조건, 권리 상태, 위치, 면적 및 공법상의 제한 내용에 대해 그 제한 정도 등을 조사하고 대상 물건이 위치한 곳에서 직접 확인하는 절차를 말한다.

④ 자료 수집 및 정리 단계: 대상 물건의 물적 사항, 권리 관계, 이용 상황에 대한 분석 및 감정평가액 산정을 위해 필요한 확인자료, 요인자료, 사례자료 등을 검토한다. 이 과정은 정리한 자료의 필요성, 객관성, 신빙성 등을 검토하는 단계이다.

⑤ 자료 검토 및 가치형성요인 분석 단계: 자료의 신뢰성과 충실성 등을 검증하는 단계로서 일반요인, 지역요인, 개별요인으로 구분하여 가치형성요인을 분석하는 절차를 진행한다. 일반요인이란 대상 물건의 이용과 가격수준 형성에 일반적으로 영향을 미치는 요인을 말한다. 지역요인이란 대상 물건이 속한 지역의 가격수준 형성에 영향을 미치는 자연적, 사회적, 경제적, 행정적 요인 등을 의미한다. 개별요인이란 대상물건의 구체적 가치에 영향을 미치는 대상 물건의 고유한 개별적 요인을 말한다.

⑥ 감정평가 방식의 선정 및 적용 단계: 대상 물건의 특성이나 감정평가 목적 등에 따라 감정평가의 세 가지 방식 중 적절하다고 판단하는 하나 이상의 감정평가 방법을 선정한다. 감정평가의 세 가지 방식이란 원가방식, 비교방식, 수익방식을 말한다. 각 방식에 따라 가치형성요인 분석 결과 등을 토대로 시산가격을 산정하는 절차를 진행한다. 여기서 시산가격이란 대상 물건의 감정평가액을 결정하기 위하여 각각의 감정평가 방법을 적용하여 산정한 가액을 말한다.

⑦ 감정평가액의 결정 및 표시 단계: 감정평가 방법을 통해 산정한 시산가격을 합리

적으로 조정하여 대상 물건이 갖는 구체적인 가치를 최종적으로 결정하고 감정평가서에 그 가액을 표시하는 단계를 말한다.

2 감정평가 방식

부동산 감정평가 방식은 비용성에 중점을 두는 원가방식, 시장성에 중점을 두는 비교방식, 그리고 수익성에 중점을 두는 수익방식이 있다.

1) 원가방식: 원가법

원가법이란 대상 물건의 재조달원가에서 감가수정을 하여 대상 물건의 가액을 산정하는 감정평가 방식을 말한다. 이러한 원가법에 따라 산정한 가액을 적산가액이라 부른다.

$$\text{적산가액} = \text{재조달원가} - \text{감가수정액}$$

여기서 재조달원가란 대상 물건을 기준시점에 재생산하거나 재취득하는 데 필요한 적정원가의 총액을 말한다. 재조달원가의 산정 방식은 직접법과 간접법 두 종류가 있다. 직접법은 대상 물건의 자료를 직접 활용하여 재조달원가를 산정하는 방법이고, 간접법은 유사한 물건의 자료를 활용하여 간접적으로 재조달원가를 산정하는 방법이다. 재조달원가는 개발자의 적정이윤을 포함한 표준 건설비와 건설 관련 금융비용, 관리감독 비용, 제세공과금 등과 같은 부대비용을 포함한다.

감가수정은 대상 물건에 대한 재조달원가에서 차감해야 할 요인이 있는 경우 이에 해당하는 금액을 차감하여 기준시점에 대상 물건의 가액을 적절하게 조정하는 작업이다. 감가요인은 대상 물건의 물리적 상태의 변화에 따른 물리적 요인, 대상 물건의 기능적 효용의 변화에 따른 기능적 요인, 인근지역의 경제적 상태, 주위 환경, 시장 상황 등의 변화에 따른 경제적 요인으로 구분한다.

감가수정을 할 때는 경제적 내용연수를 기준으로 한 정액법, 정률법, 또는 상환기금법 중에서 대상 물건에 가장 적합한 방법을 적용하여야 한다. 정액법이란 대상 물건의 감가총액을 내용연수로 나누어 매년 감가상각액을 산정하는 방법이다. 따라서 정액법은 매년 감가액이 일정하며 건물이나 구축물 평가에 적용한다. 정률법이란 대상 물건의 연말 잔존가치에 일정한 감가율을 곱해 연도별 감가상각액을 구하는 방법이다. 따라서 정액법과 달리 정률법에 의한 감가액은 시간이 지날수록 체감하며 주로 기계나 동산에 적용한다. 상환기금법은 대상 물건의 내용연수가 만료되는 시점의 감가누계상당액과 그에 대한 복리이자상당액의 합계를 대상 물건의 내용연수로 상환하는 방식으로 연도별 감가액을 구하는 방법이다. 매년 감가액이 일정한 이자를 발생시킨다는 전제하에 감가상각자산의 내용연수 만료 시의 감가누계액을 당해 물건의 내용연수로 상환하는 방법이다. 이 방법은 감가액 산정 시 기간에 따른 이자비용을 고려한다는 점에서 논리적이나 난해하다는 단점이 있다.

원가방식에서 임대료 또는 사용료를 평가할 때는 비용성의 원리에 기초한 적산법을 이용하여 평가한다. 적산법이란 대상 물건의 기초가액에 기대이율을 곱해 산정한 기대수익에 대상 물건을 계속 임대하는 데 필요한 경비를 더하여 대상 물건의 임대료를 산정하는 감정평가 방법이다. 따라서 적산임대료란 적산법에 따라 산정한 임대료를 말한다.

$$\text{적산임대료} = \text{기초가액} \times \text{기대이율} + \text{제경비}$$

여기서 기초가액이란 대상 물건의 원본가치를 말하며 비교방식이나 원가방식으로 산정한다. 기대이율(r)이란 임대차에 제공하는 대상 물건을 취득하는 데 투입한 자본에 대해 기대하는 임대수익의 비율을 의미한다. 기대이율은 주로 국공채 이율, 은행의 장기 대출금리, 일반 시중금리 등을 고려하여 결정한다. 제경비는 감가상각비, 유지관리비, 제세공과금, 손해보험료, 대손충당금, 공실손실상당액, 정상운영자금 이자 등을 포함한다.

원가방식은 비용접근법(cost approach)이라고도 하는데, 이 방식은 평가의 대상이 되는 부동산과 유사한 부동산을 신축하는 데 필요한 비용을 계산하는 방법을 적용한다. 이 방식의 평가 목적은 어느 정도의 비용이 투입되었는지를 알아보는 데 있으며, 감정평가 원리 중 대체의 원칙에 근거를 둔다. 원가방식은 건축, 구조물, 조성지, 매립지 등 재생산 및 재취득이 가능한 자산평가에 유용하며 비교적 논리적이고 평가자의 주관이 개입할 여지가 제한적이므로 평가자에 따른 가격차이가 작다는 장점이 있다. 그러나 감가상각과 재조달원가의 산정에 유의해야 하며 토지와 같이 재생산이 불가능한 자산에는 적용이 어렵다는 단점이 있다.

2) 비교방식: 거래사례비교법

비교방식은 대상 물건과 가치형성요인이 유사한 물건의 거래사례와 비교하여 대상 물건의 현황에 맞게 사정보정, 시점수정, 가치형성요인 비교 등의 과정을 거쳐 대상 물건의 가액을 산정하는 감정평가 방식을 말한다. 비교방식은 거래사례비교법이라고 부르기도 하는데, 이 방식에 따라 산정한 가액을 비준가액이라 한다.

$$\text{비준가액} = \text{거래사례가격} \times \text{사정보정} \times \text{시점수정} \times \text{지역요인 비교} \times \text{개별요인 비교} \times \text{면적 비교}$$

거래사례비교법으로 평가할 때는 거래사례를 수집하여 적정성 여부를 검토한다. 이때 중요한 검토 요소는 정상거래 여부, 기준시점으로 시점수정이 가능한 사례인지 여부, 대상 물건과 위치적 · 물리적 유사성에 있어서 가치형성요인의 비교가 가능한 사례인지 여부를 판단하는 것이다.

비준가액을 산정하는 데 있어서 사정보정이란 수집한 거래사례의 가격이 특수한 사정으로 인해 적절하지 못한 경우에는 사정보정을 통해 적절한 가격수준으로 정상화하는 것을 의미한다. 여기서 말하는 특수한 사정이 있는 거래란 친인척간의 은혜적 거래, 개별적 동기를 반영한 거래, 당사자가 시장에 정통하지 않은 상황에서의 거래 등을 말한다. 시점수정이란 수집한 거래사례의 거래시점과 대상 물건의 기준시점 사이의 불일치로 인해 가격수준에 차이가 존재할 때 가격 변동률을 적용하여 수집한 거래사례의 가격을 기준시점의 가격수준으로 일치시키는 것을 말한다. 지역요인 비교 및 개별요인 비교는 거래사례와 대상 물건 간에 종별 · 유형별 특성에 따라 지역요인이나 개별요인 등과 같은 가치형성요인에 차이가 존재할 경우 이를 비교하여 대상 물건의 가치를 조정하는 것을 의미한다.

[표 9-1]은 비교방식을 활용한 감정평가의 예로서 주택의 시장가치를 평가하기 위한 과정을 보여주고 있다. 대상 물건의 시장가치를 추정하기 위해 3개의 비교사례를 수집하였다. 이를 바탕으로 시점수정, 지역요인수정, 그리고 물리적 특성 등을 반영하여 대상 물건의 비준가액을 산출할 수 있다. 비교사례 1, 2, 3에서 산출한 비준가액은 각각 5억 2,300만원, 5억100만원, 5억470만원이다. 감정평가사나 혹은 거래당사자는 이러한 비교사례에 근거한 비준가액을 바탕으로 대상 물건의 시장가치를 책정할 수 있다.

비교방식을 활용한 임대료 산정 방법은 임대사례비교법을 활용한다. 임대사례비교법이란 대상 물건과 가치형성요인이 유사한 물건의 임대사례를 비교하여 대상 물건의 현황에 맞게 사정보정, 시점보정, 가치형성요인 비교 등을 통해 대상 물건의 임대료를 산정하는 감정평가방법을 말한다.

▌표 9-1▌ 비교방식을 활용한 감정평가 사례

비교방식(거래사례법)을 활용한 감정평가의 예				
평가항목	대상물건	비교사례1	비교사례2	비교사례3
거래사례가격				
매매가격		₩565,000,000	₩475,000,000	₩5,125,000,000
건물면적(㎡)	54	57	54	54
대지면적(㎡)	150	150	152	148
(A)매매가격/㎡		₩9,912,281	₩8,796,296	₩94,907,407
사정보정				
특수거래여부	정상거래	정상거래	정상거래	정상거래
사정보정가격조정치		₩0	₩0	₩0
시점수정				
매매시점(개월전)		6	5	1
시점보정(%)		3%	2.50%	0.50%
(B)시점보정가격조정치		₩297,368	₩219,907	₩474,537
시점보정가격((A)~(B))		₩10,209,648	₩9,016,204	₩95,381,944
지역요인비교				
접근의 편의성	보통	매우양호	다소불편	양호
접근성(보정%)		−4%	2%	−2%
주변환경조건	보통	양호	보통	보통
주변환경(보정%)		−2%	0%	0%
(C)지역요인보정가격		−₩612,579	₩180,324	−₩1,907,639
개별요인비교				
전반적인 상태	양호	양호	보통	다소미흡
물리적상태보정(%)		0%	1%	2%
화장실수	2	2.5	2	2
화장실수 보정(%)		−2%	0%	0%
주차대수	2	3	2	3
주차대수 보정(%)		−2%	0%	−2%
(D)개별요인보정가격		−₩408,386	₩90,162	₩0
최종 ㎡당 보정후 가격 ={(B)+(C)+(D)}		₩9,188,684	₩9,286,690	₩93,474,306
대상부동산의 추정가격		₩523,755,000	₩501,481,250	₩5,047,612,500

주 1: 최종 ㎡당 보정후 가격은 시점보정후의 가격에 지역요인 및 개별요인을 보정한 가격임.
주 2: 주 대상부동산의 추정가격은 최종 ㎡당 보정후 가격에 건물면적을 곱한 가격으로 산정하였다.

$$\text{비준임료} = \text{사례실질임대료} \times \text{사정보정} \times \text{지역요인 비교} \times \text{개별요인 비교} \times \text{면적 비교}$$

여기서 비준임료란 임대사례비교법에 따라 산정한 임대료를 말한다. 또한 사례실질임대료와 층별 위치에 따른 차이가 존재할 경우 각 건물의 층별 임대료 차이도 효용 비교를 통해 비준임료를 조정한다.

비교방식은 시장가격 형성에 필요한 토지, 주택, 아파트 상가 등과 같은 부동산 물건 전반에 걸쳐 적용이 가능하다. 이 방식은 현실성과 설득력이 있어 세 가지 감정평가 방식 중 가장 유용하게 사용하는 방식이다. 그러나 신규 분양주택의 경우 거래사례가 존재하지 않아 적용이 어렵고, 사정보정이나 시점보정, 그리고 주변 환경 분석 등에 있어서 다소 주관적인 판단이 개입될 소지가 있다는 단점이 있다.

3) 수익환원방식: 소득접근법

수익환원방식이란 장래 산출할 것으로 기대하는 순수익이나 미래의 현금흐름을 할인하여 대상 물건의 가액을 산정하는 감정평가 방식을 말한다. 이처럼 수익환원방식에 의해 산정한 대상 물건의 가액을 수익가액이라 부른다. 미래에 발생하는 수익이나 현금흐름을 바탕으로 수익가액을 산정할 때는 제7장에서 이미 설명한 직접환원법과 현금흐름 할인법을 활용한다. 예를 들어 5년 동안 운영한 후 재매각할 경우 대상 물건의 수익가액은 다음과 같이 산출할 수 있다. 우선 잠재총소득(potential gross income: PGI)에서 공실손실상당액 및 대손충당금을 제외하고 기타소득을 더하면 유효총소득(effective gross income: EGI)을, 그리고 유효총소득에서 운영경비(operating expense: OE)를 제외하면 순운영소득(net operating income: NOI)을 산출할 수 있다. 운영기간은 매입시점 이후 5년을 적용하며, 보유기간 말 재매각 가치는 6기의 순운영소득(NOI)을 최종자본환원율로 환원하여 산정한다.

$$\text{수익가액} = \sum_{i=1}^{5} \frac{NOI_i}{(1+r)^i} + \frac{NOI_6/R_{out}}{(1+r)^6}$$

여기서 NOI: 순운영소득, R_{out}: 최종자본환원율, r: 할인율($i = 1, 2, 3, 4, 5$).

직접환원법에서 사용하는 자본환원율은 시장추출법으로 구하는 것을 원칙으로 한다. 다만 시장추출법의 적용이 적절하지 않을 때는 요소구성법, 물리적 투자결합법, 금융적 투자결합법 등에 의한 결정 방법 등을 검토하여 조정할 수도 있다. 여기서 말하는 시장추출법이란 대상 부동산과 유사한 최근의 매매사례로부터 자본환원율을 도출하는 것을 말한다. 요소구성법이란 투자위험을 여러 가지 요소로 분해하여 무위험 수익률에 위험 할증률을 더해 자본환원율을 구하는 방식을 말한다. 투자결합법은 물리적 투자결합법과 금융적 투자결합법으로 구분한다. 물리적 투자결합법이란 부동산을 구성하는 토지와 건물은 수익을 창출하는 능력이 상이하다는 점을 반영하여 토지비율과 건물비율에 각각 토지환원율과 건물환원율을 곱하여 자본환원율을 산출하는 방법을 말한다. 금융적 투자결합법은 대출투자자와 지분투자자의 요구수익률이 서로 다르다는 가정을 반영한다. 따라서 배당수익율을 나타내는 지분배당율에 지분비율을 곱하고 대출저당상수를 나타내는 저당환원율에 대출비율을 곱하여 자본환원율을 도출한다.

현금흐름 할인법에서 사용할 할인율은 대상 물건의 위험을 적절히 반영할 수 있는 할인율을 적용한다. 미래 5년차 매각가격 산정을 위한 최종자본환원율은 자본환원율에 장기 위험 프리미엄, 경제성장률, 소비자물가상승률 등을 고려하여 결정한다. 자본환원율에는 개별자본환원율과 종합자본환원율이 있다. 개별자본환원율은 부지와 건물의 환원율이 서로 다른 경우 각각의 자본환원율을 적용하는 것을 말한다. 종합자본환원율이란 2개 이상의 대상 물건이 함께 작용하여 순운영소득을 산출할 경우 각 부동산별 가격 구성 비율과 개별자본환원율을 곱하여 계산한 가중산술평균 자본환원율을 의미한다.

수익환원방식을 활용하여 임대료를 산정하는 방식은 소득접근법이라고 부른다. 소득접근법은 대상 물건이 일정기간 동안 산출할 것으로 기대하는 순운영소득(NOI)에서 대상 물건을 계속 임대하는 데 필요한 경비를 더하여 임대료를 산정하는 감정평가 방식이다. 이렇게 산출한 임대소득을 수익임료라고 부르며, 임대소득이 발생하는 수익용 부동산평가에 주로 활용한다. 이 방법은 소득에 기반을 두고 평가한다는 점에서 논리적이고 합리적인 방법이다. 그러나 부동산시장이 안정되어 있는 경우에는 수익환원방식의 가치평가가 내재가치를 가장 잘 반영하지만, 부동산경기 침체로 소득이 발생하지 않는 부동산에 대해서는 적합하지 않다. 또한 부동산시장이 과열될 경우 수익환원방식과 비교방식의 감정평가 사이에 괴리가 발생할 수 있다. 따라서 세 가지 감정평가 방식에 의해 산출한 시산가격을 상호 비교하여 최종가격을 산정하여야 한다. 시산가격은 세 가지 방식에서 산출한 시산가격들을 단순산술평균한 값이 아니며, 자료의 신뢰도와 대상 물건의 특성 및 활용에 따라 각각의 시산가격들에 대해 가중치를 부여하는 가중산술평균 방식으로 조정하여야 한다.

제3절 부동산가격 공시제도

부동산가격 공시제도의 도입 목적은 전국의 토지 및 주택가격을 공시함으로써 지가체계의 일원화, 과세 형평성 제고 및 불균형 해소, 부동산시장 안정, 그리고 부동산정책 관련 정보 구축에 기여하는 데 있다. 1989년 이전에는 건설부의 기준지가, 내무부의 과세시가 표준액, 국세청의 기준시가, 재무부의 감정시가 등으로 구분하여 따로 관리하였다. 이처럼 각 부처별 목적에 따라 별도로 운영하던 지가체계를 1989년에 공시지가로 일원화하였다. 2005년에는 보유세 강화 및 형평과세를 위해 주택의 적정가격을 공시하는 '주택가격 공시제도'를 도입하였다.[5] 여기서 적정가격이라 함은 해당 주택이 통상적인 시장에서 정상적으로 거래될 때 성사될 가능성이 가장 높다고 인정되는 가격을 말한다. 공시 대상은 토지와 주택으로 구분한다. 토지는 표준지 공시지가와 개별 공시지가로 구분하며, 주택은 표준 주택가격, 개별 주택가격, 공동 주택가격으로 구분하여 공시한다. 매년 8월 말부터 익연도 7월 말까지 조사하며 공시 기준일은 매년 1월 1일이다. 공시지가 및 공시가격이 중요한 이유는 이를 바탕으로 부동산 관련 보유세를 산정하기 때문이다.

현재 우리나라의 부동산 관련 보유세는 2005년부터 지방세인 재산세와 국세인 종합부동산세로 이원화되어 있다. 재산세의 산출기준은 다음과 같다.

$$\text{재산세액} = \text{시가표준액} \times \text{공정시장가액비율} \times \text{재산세율}$$

재산세는 실거래가로 산정하는 것이 아니라, 정부에서 발표하는 시가표준액을 바탕으로 산정한다. 시가표준액이란 국토교통부에서 매년 고시하는 가격으로서 주택의 경우 개별 주택가격과 공동 주택가격 등의 공시가격을, 그리고 토지의 경우 개별 공시지가를 의미한다. 공정시장가액비율은 부동산의 시세, 지방재정 여건, 납세자의 부담 등을 고려하여 산정하며 2017년 12월 기준 주택은 60%, 토지 및 건축물은 70%를 적용한다. 재산세율은

5 국토교통부 정책자료(http://www.molit.go.kr).

누진세율을 적용하며 세율은 과세 대상별로 상이하다.

재산세 부담 정도는 재산가액 대비 실효세율과 소득 대비 실효세율로 구분하여 측정할 수 있다. 재산가액 대비 재산세 부담은 아래와 같이 계산할 수 있다.[6]

$$\text{재산가액 대비 재산세부담} = \frac{\text{재산세액}}{\text{재산가액}} = \frac{\text{재산세액}}{\text{시가표준액}} \times \frac{\text{시가표준액}}{\text{재산가액}}$$
$$= \text{명목세율} \times \text{과표현실화율}$$

마찬가지로 소득 대비 실효세율은 다음과 같이 계산할 수 있다.

$$\text{소득 대비 재산세부담} = \frac{\text{재산세액}}{\text{소득}} = \frac{\text{재산세액}}{\text{주택가격}} \times \frac{\text{주택가격}}{\text{소득}}$$
$$= \text{실효세율} \times \text{소득 대비 매매가비율}$$

1 토지가격 공시

1) 표준지 토지 공시제도

표준지 토지 공시제도란 국토교통부장관이 전국의 개별 토지(약 3,100만 필지) 중 지가의 대표성이 있다고 판단하는 50만 필지를 선정 · 조사하여 매년 1월 1일 표준지의 단위 면적당 가격을 공시하는 제도를 말한다. 국토교통부장관은 토지이용 정도나 주변 환경, 그리고 기타 자연적 · 사회적 조건이 유사하다고 인정하는 토지 중에서 표준지를 선정한다. 표준지 공시지가는 매년 공시 기준일인 1월 1일 현재 표준지에 대한 적정가격을 조사 · 평가하고 중앙부동산가격공시위원회의 심의를 거쳐 공시한다. 표준지 공시지가는 타 지시장에 지가정보를 제공하며 일반적인 토지거래의 지표로 사용한다. 또한 국가와 지방자치단체 등이 그 업무와 관련하여 지가를 산정하는 경우, 그리고 감정평가사들이 개별적으로 토지를 감정평가 하는 경우에도 표준지 공시지가를 기준으로 한다.

표준지를 선정하고 관리하는 데 있어서 다음의 기본 원칙을 준수한다. 첫째, 지가정보를 제공함으로써 토지의 감정평가 및 개별 공시지가의 산정 등에 효율적으로 활용될 수

6 김경환 · 손재영, 『부동산경제학(2011)』 참조.

있도록 표준지를 선정 · 관리한다. 둘째, 다양한 토지 유형별로 일반적이고 평균적인 토지이용 상황, 가격수준 및 그 변화를 나타낼 수 있도록 표준지를 선정 · 관리한다. 셋째, 표준지 상호간 연계성을 고려하여 용도지역 · 용도지대별 또는 토지이용 상황별로 표준지를 균형 있게 분포시키고, 인근 토지의 가격비교 기준이 되는 토지로서 연도별로 일관성을 유지할 수 있도록 표준지를 선정 · 관리한다. 이와 같은 기본 원칙을 준수하면서 표준지 선정 시 다음의 네 가지 기준을 적용한다.

① 지가의 대표성: 표준지 선정 단위 구역 내에서 지가수준을 대표할 수 있는 토지 중 인근 지역 내 가격의 층화를 반영할 수 있는 표준적인 토지.
② 토지 특성의 중용성: 표준지 선정 단위 구역 내에서 개별 토지의 토지이용 상황 및 면적, 지형지세, 도로조건, 주위 환경 및 공적 규제 등이 동일하거나 유사한 토지 중 토지특성 빈도가 가장 높은 표준적인 토지.
③ 토지용도의 안정성: 표준지 선정 단위 구역 내에서 개별 토지 주변 토지이용 상황으로 보아 그 이용 정도가 안정적이고 장래 상당기간 동일 용도로 활용할 수 있는 표준적인 토지.
④ 토지 구별의 확정성: 표준지 선정 단위 구역 내에서 다른 토지와 구분이 용이하고 위치를 쉽게 확인할 수 있는 표준적인 토지.

위의 네 가지 일반적인 선정 기준과 함께 특수 토지 및 대규모 필지의 경우 국가 및 지자체의 행정 목적상 요청이 있을 때에도 표준지를 선정할 수 있다. 예를 들어 특수 토지 또는 용도상 불가분의 관계를 형성하고 있는 비교적 대규모의 필지를 하나의 단지로 평가할 필요가 있는 경우 표준지로 선정하여 개별 공시지가의 산정 기준으로 활용할 수 있도록 하되, 형상 · 위치 등이 표준적인 토지를 선정한다. 그리고 국가 및 지방자치단체에서 행정 목적상 필요에 따라 표준지를 선정하여 줄 것을 요청한 특정 지역이나 토지에 대해서는 지역 특성을 고려하여 타당하다고 인정하는 경우 표준지를 선정할 수 있다.[7]

7 국가법령센터, '표준지의 선정 및 관리지침'(http://www.law.go.kr/).

2) 개별 토지가격 공시제도

개별 토지가격 공시제도란 국토교통부장관이 공시하는 표준지 공시지가를 기준으로 시장, 군수, 구청장이 결정 공시하는 개별 토지의 단위 면적당 가격(원/㎡)을 말한다.[8] 개별 토지가격은 시장, 군수, 구청장이 조사한 개별 토지의 특성과 비교표준지의 특성을 비교하여 토지가격 비준표상의 토지특성의 차이에 따라 산출한 가격 배율을 표준지 공시지가에 곱하여 산정한다. 이렇게 산정한 개별 공시지가는 감정평가사의 검증을 받아 토지 소유자 등의 의견 수렴을 거친 후 시 · 군 · 구 부동산평가위원회의 심의 절차를 거쳐 공시한다. 개별 토지가격 산정 주체는 시장, 군수, 구청장이며, 그 절차를 요약하면 다음과 같다.

① 토지특성 조사: 조사 대상 필지의 토지특성 조사
② 비교표준지 선정: 비교표준지 선정 기준에 따라 선택
③ 가격배율 산출: 비교표준지와 개별 토지의 특성 차이에 따른 토지가격 비준표상의 가격배율 산출
④ 지가 산정: 산출한 가격배율을 비교표준지의 가격에 곱함
⑤ 산정지가 검증: 산정한 지가에 대하여 감정평가사가 가격의 타당성 여부 검증

개별 공시지가는 토지 관련 국세 및 지방세 부과 기준으로 활용하고 개발 부담금 등 각종 부담금의 부과 기준으로 사용하며 국세, 지방세, 공적 평가 및 행정 분야, 복지 분야

표 9-2 토지와 주택가격 공시제도

구 분	토 지		주 택		
	표준지공시지가	개별공시지가	표준주택가격	개별주택가격	공동주택가격
평가대상 및 방식	대표 50만 필지 대상 지가공시	표준지와 개별지 비교방식	–	표준주택과 개별주택 비교	현장조사를 통한 전수조사
공시주체 /산정자	국토교통부 /감정평가사	지차체/시 · 군 · 구 공무원	국토교통부 /감정평가사	지자체/시 · 군 · 구 공무원	국토교통부 /한국감정원
평가의 검증	–	감정평가사		감정평가사	한국감정원

8 국토교통부, '2018년도 적용 개별 공시지가 조사 · 산정 지침'.

에도 널리 활용한다.

2 주택가격 공시

주택가격 공시제도는 국가와 지방자치단체 등의 공공기관이 행정 목적으로 개별 주택가격을 산정하는 경우 적정가격의 기준으로 적용할 수 있도록 2005년도에 도입하였다. 주택가격 공시는 단독주택과 공동주택 가격공시로 구분하며, 단독주택은 국토교통부에서 표준주택을 선정하여 조사한 가격을 각 지자체장이 개별 주택가격 산정 시에 활용한다. 공동주택은 한국감정원에서 전수조사 후에 국토교통부에서 공시한다. 주택 공시가격은 주택시장의 가격정보를 제공하고, 국가나 지방자치단체 등 공공기관이 그 업무와 관련한 기준 자료, 즉 국세(종합부동산세 등) 및 지방세(재산세, 취득세 등) 등의 과세 기준으로 이용한다.

1) 표준주택 가격공시

표준주택 가격이란 국토교통부의 의뢰를 받아 감정평가사가 전국의 주택을 대상으로 조사하고 평가한 적정가격을 중앙부동산평가위원회의 심의를 거쳐 국토교통부에서 공시하는 가격을 말한다. 적정가격은 전국 19만호의 표준주택을 대상으로 주택특성 조사, 가격자료 수집, 지역분석을 한 후 시 · 군 · 구/시 · 도/전국 가격균형 협의를 거쳐 소유자 및 시 · 군 · 구의 의견 청취 결과를 반영하여 산출한다. 표준주택은 토지와 건물의 대표성, 중용성, 안정성, 확정성을 고려해 선정한다.[9]

표준주택의 선정 기준은 앞에서 설명한 표준지의 선정 기준과 다를 바 없다. 대표성이란 표준주택 선정 단위 구역 내에서 주택가격 수준을 대표할 수 있는, 다시 말해 인근지역 내 가격의 층화를 반영할 수 있는 표준적인 주택을 선정하는 것을 의미한다. 중용성이란 개별 주택의 대지면적, 지형지세, 도로 조건, 주위 환경, 공적 규제와 개별 주택의 구조, 연면적 등이 동일 또는 유사한 주택의 특성 빈도가 가장 높은 표준적인 주택을 선정하는 것을 말한다. 안정성은 개별 주택의 주변 환경이 안정적이고 장래 상당기간 동안 동일한 상태를 유지할 수 있는 표준적인 주택을 선정하는 것을 의미한다. 확정성이란 다

9 국가법령정보센터(http://www.law.go.kr).

른 주택과 외관 구분이 용이하고 위치를 쉽게 확인할 수 있는 표준적인 주택을 선정하는 것을 말한다.

2) 개별단독주택 가격공시

개별단독주택 가격공시란 시장, 군수, 구청장이 감정평가사의 검증과 시 · 군 · 구 부동산가격공시위원회의 심의를 거쳐 개별단독주택 가격을 공시하는 것을 말한다. 개별단독주택 가격은 19만호의 표준주택을 대상으로 도출한 주택가격 형성 요인에 관한 표준적인 주택가격 비준표를 기준으로 지방자치단체 공무원이 개별단독주택의 특성을 상호 비교하여 산정한 가격이다. 2017년 기준 통계청 발표 전국의 단독주택수는 396만3,000호이다. 공동주택 및 개별단독주택 모두 전년도 12월 31까지 사용 승인한 주택을 대상으로 다음 연도 1월 1일 기준으로 4월 30일에 공시한다. 개별단독주택 가격의 산정 절차를 요약하면 다음과 같다.

① 표준주택 가격공시(국토교통부) → ② 주택가격 비준표에 따라 개별단독주택 가격 산정(시 · 군 · 구) → ③ 열람 및 의견 청취 → ④ 시 · 군 · 구 부동산가격공시위원회 심의 → ⑤ 가격 결정 및 공시

3) 공동주택 가격공시

공동주택 가격공시란 전국 공동주택 1,289만호(2018년 4월 기준)를 대상으로 전수 조사하여 산정한 가격을 중앙부동산평가위원회의 심의를 거쳐 국토교통부에서 공시하는 것을 말한다. 한국감정원의 감정평가사 및 조사자가 아파트, 연립, 다세대 주택의 현장을 방문하여 주택특성 조사, 가격자료 수집, 가격형성요인 및 지역분석 등을 통해 적정가격을 산정한다. 공시 이전에 소유자 등의 열람 및 의견을 청취하고, 경우에 따라서는 재조사 및 재산정 절차를 다시 거친다. 공동주택가격의 산정 절차를 요약하면 다음과 같다.[10]

① 한국감정원 가격 조사 → ② 공동주택 가격 검증 → ③ 공동주택 가격(안) 심

10 공동주택가격은 '부동산공시가격알리미'(www.realtyprice.kr) 또는 주택이 소재한 시 · 군 · 구청 민원실에서 4월 30일부터 5월 29일까지 열람이 가능하다.

표 9-3 토지 및 주택 공시가격의 적용 사례

구 분	제 도	적용범위
국세	- 양도소득세 - 증여세 - 상속세 - 종합부동산세	- 양도가액 산정을 위한 기준시가 - 증여재산가액 산정을 위한 기준시가 - 상속재산가액을 산정하기 위한 기준시가 - 과세표준액 결정 자료
지방세	- 재산세 - 취득세 - 등록면허세	- 과세표준액 결정 자료
공적평가 및 행정 분야	- 개발부담금 - 개발제한구역 보전 부담금 - 개발제한구역 내 토지매수 - 국 · 공유 재산의 사용료 - 공직자 재산등록	- 개발사업 개시시점 지가 산정 - 개발제한구역 보전부담금 산정기준 - 개발제한구역 내 매수 대상 토지 판정 기준 - 사용료 산정을 위한 토지가액 - 재산가액 산정을 위한 기준시가
복지 분야	- 건강보험료 산정 - 기초노령연금 및 기초생활보장수급 대상자 판단 - 장애인 연금대상자, 생계유지곤란자의 병역감면 판단 기준 - 사업주 및 장애인 융자 · 지원금 산정 기준 - 공공임대주택 입주 기준	- 각 항목의 재산가액 산정을 위한 기준시가

사 → ④ 열람 및 의견 청취 → ⑤ 중앙부동산가격평가위원회 심의 → ⑥ 국토교통부장관 가격 결정 및 공시

토지 공시가격과 주택 공시가격은 [표 9-3]에서 보듯이 다양한 분야에서 널리 활용하고 있다. 특히 부동산 관련 국세 및 지방세 부과 기준으로 활용하며, 공적 평가를 필요로 하는 행정 분야에서 개발 부담금 산정 등 각종 부담금의 부과 기준으로 사용한다. 또한 개발제한구역 내 토지 매수 및 국 · 공유지 재산의 사용료 부과 시 판단의 기준이 된다. 복지 분야에서도 건강보험료 산정, 기초노령연금 지급, 공공임대주택 입주 등의 판단 기준으로 활용하고 있다. 이처럼 토지 및 주택 가격공시제도는 사회전반에 미치는 영향력이 매우 큰 중요한 제도라는 것을 알 수 있다.

참고문헌

국가법령센터(www.law.go.kr).
국토교통부 정책자료(www.molit.go.kr).
국토교통부, '2018년도 적용 개별 공시지가 조사 · 산정 지침'.
김경환 · 손재영, 『부동산경제학(2011)』.
부동산공시가격알리미(www.realtyprice.kr).

Miller & Geltner, 『Real Estate Principles for the New Economy』, 2005.

Introduction of Real Estate Studies

04

거시경제와 부동산정책

10

거시경제와 부동산시장

제1절 거시경제 이해의 필요성

일반적으로 부동산시장 동향을 분석하거나 부동산경기를 예측할 때 부동산시장의 여건과 부동산정책을 중심으로 분석하는 경향이 있다. 물론 부동산시장에서 수요와 공급의 여건은 어떠한지, 그리고 정부의 부동산정책은 부동산경기 부양 혹은 억제 중 어느 것에 중심을 두고 있는지에 대해 파악하는 것은 부동산경기를 예측하는 데 가장 중요한 요소임에 틀림없다. 그럼에도 불구하고 우리가 간과해서는 안 될 것은 부동산시장을 둘러싸고 있는 국내외 거시경제 환경이라고 말할 수 있다. [그림 10－1]에서 보듯이 부동산시장은

그림 10-1 거시경제와 부동산시장의 연계성

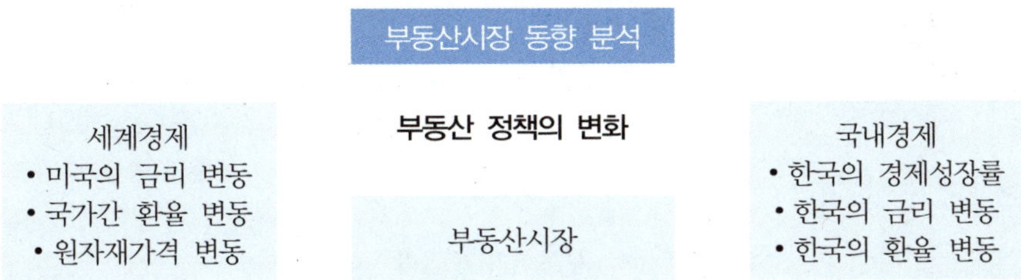

국내 거시경제의 틀 속에 있으며, 국내 거시경제 또한 세계 거시경제의 틀 속에 있다. 따라서 세계경제의 흐름에 따라 국내경제의 흐름이 영향을 받고 국내경제의 흐름에 따라 부동산시장도 영향을 받을 수밖에 없다. 다시 말해 시차는 있겠지만 실물경기가 침체에 빠져 있는데, 부동산경기만 나 홀로 좋을 수는 없다는 것이다.

1 경제위기와 부동산가격 급락

실물경기와 부동산경기가 상호 밀접하게 연관되어 있다는 것은 경제위기가 발생할 때 부동산가격이 급락하고 반대로 부동산가격이 급락할 때 경제위기가 오는 과정을 통해 쉽게 이해할 수 있다. 1997년 말 외환위기가 발생했을 당시 1년 동안 부동산시장에 어떠한 변화가 나타났는가를 살펴보면 부동산시장이 실물경기에 얼마나 민감하게 영향을 받는가를 알 수 있다. 주택과 토지의 매매가격은 각각 12.6%와 13.6%씩 급락하고, 전세보증금도 8.4%나 급락했다. 주택거래가 급감하고 매매가와 전 · 월세 모두 하락세가 지속하면

그림 10-2 경제위기와 부동산가격 급락

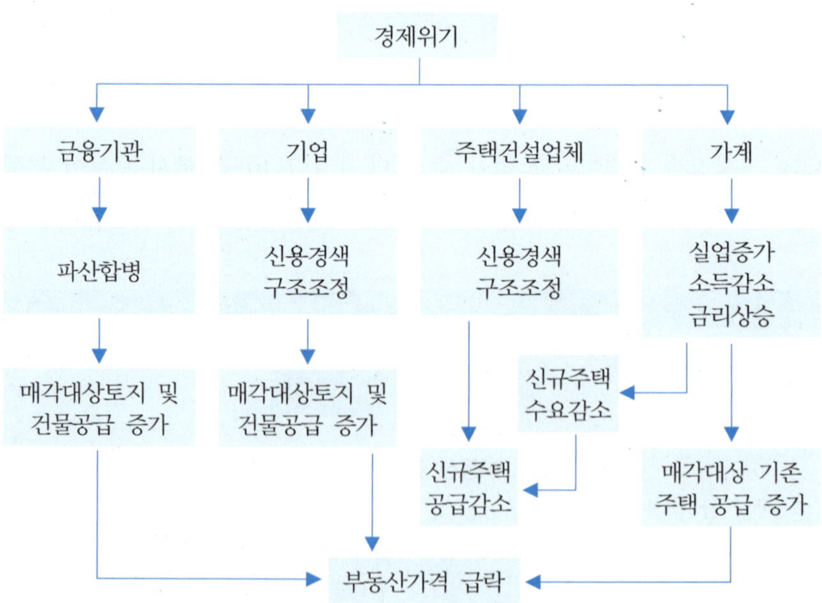

서 만기가 도래했음에도 임대인이 임차인에게 전세보증금을 반환할 수 없는 소위 '역전세난'이 확산하던 시기였다. 매매거래 급감에 따른 신규주택 미분양이 확산하면서 주택건설업체의 11.8%가 도산하고 주택건설 호수도 전년 대비 49%나 급감하는 등 부동산시장의 위기는 지속되었다. 정부의 강력한 부동산경기 부양책으로 주택경기는 1999년 하반기부터 회복하기 시작하여 4년만인 2001년 말에 주택가격은 명목가격 기준 외환위기 직전의 수준으로 회복하였다.

[그림 10-2]는 경제위기가 확산할 경우 어떤 과정을 거쳐 부동산가격 급락으로 이어지는가를 보여주고 있다. 경제위기가 확산할 때 신용위기에 직면하는 기업들의 파산이 급증하고 강력한 구조조정으로 매각 대상 토지 및 건물의 공급이 증가하며 부동산가격 하락에 영향을 미친다. 금융권에서도 기업 파산의 급증에 따른 부실대출채권의 증가로 파산 또는 합병이 늘어나며, 이로 인해 매각 대상 토지 및 건물의 공급 증가로 부동산가격 하락에 영향을 미친다. 주택건설업체 역시 신용경색과 구조조정의 여파로 파산과 합병이 늘어나면서 신규주택 공급은 감소한다. 그러나 금융권을 포함한 기업들의 파산과 구조조정으로 실업이 증가하고 신용경색에 따른 금리 상승으로 신규주택에 대한 수요의 감소가 더 크게 나타나 부동산가격 하락 요인으로 작용한다. 특히 가계의 소득 감소와 금리 상승에 따른 주택담보대출 상환 부담이 늘어나면서 매각 대상 기존 주택의 공급 증가는 부동산가격 하락에 커다란 영향을 미칠 수 있다. 이처럼 경제위기가 발생할 때 금융기관, 기업, 건설업체, 가계 등 경제주체 전반에 걸쳐 부동산시장에 부정적인 영향을 미침으로써 부동산가격의 급락으로 이어진다.

2 부동산가격 급락과 경제위기

앞에서 우리는 경제위기의 확산이 어떤 과정을 거쳐 부동산가격의 급락으로 이어지는가에 대해 알아보았다. 이와는 반대로 [그림 10-3]은 부동산가격이 급락할 경우에도 경제위기로 이어질 수 있다는 것을 보여주고 있다. 부동산가격이 급락할 경우 가계에서 보유하고 있는 부동산의 실질가치가 하락하므로 심리적 요인 등에 의해 소비가 급감할 수 있다. 기업 또한 보유하고 있는 부동산의 실질가치 하락에서 비켜갈 수는 없다. 많은 기업들은 부동산을 담보로 금융기관으로부터 대출을 받는다. 부동산가격의 급락은 기업이 보유하고 있는 부동산의 담보가치 하락을 의미하며, 그만큼 기업의 차입능력이 감소하므로

그림 10-3 부동산가격 급락과 경제위기

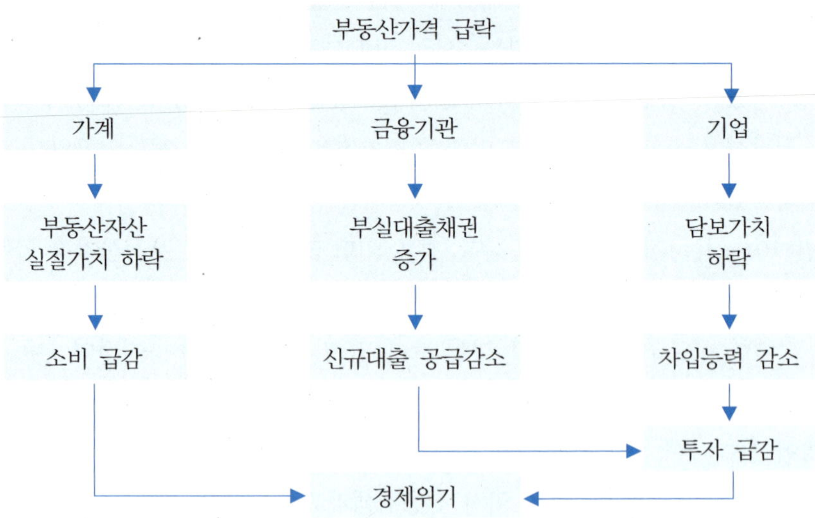

투자의 급감으로 이어질 수 있다. 금융기관 또한 부동산가격 급락으로 부실대출채권이 증가함에 따라 건전성 유지를 위한 신규대출 축소에 나설 수밖에 없다. 이는 기업의 입장에서 대출 조건이 그만큼 엄격해진다는 것을 의미하며, 그 결과 투자의 감소로 이어진다. 이처럼 부동산가격이 급락할 때 가계, 기업, 금융기관 등과 같은 경제주체들의 경제 활동이 위축되면서 소비와 투자의 급감으로 나타난다. 일반적으로 선진국의 경우 소비와 투자의 국내총생산(GDP) 기여도가 80% 이상인 것을 감안하면, 부동산가격 급락에 따른 소비와 투자의 급감은 경제위기로 이어질 가능성이 높다는 것을 의미한다.

제2절 실물경기변동과 부동산경기변동

1 실물경기변동[1]

실물경기변동(real business fluctuations)이란 경제가 좋아졌다 나빠졌다 하는 경제현상을 말한다. 그렇다면 경제가 좋고 나쁨을 판단하는 근거는 무엇일까? 그것은 전년 대비 혹은 전분기 대비 국내총생산이 얼마나 증가했는가, 혹은 감소했는가를 기준으로 한다. 전년 대비 실질GDP 증가율이 평균치를 웃돈다면 경제는 좋다고 말할 수 있고 반대로 평균치를 밑돈다면 경제는 나쁘다고 말할 수 있다. 따라서 실물경기변동을 이해하기 위해서는 먼저 한 나라의 경제성적표를 나타내는 GDP에 대한 이해가 선행되어야 한다.

1) GDP의 개념

대부분의 사람들은 경제성장률(economic growth rate)이 한 나라의 경제성적표를 나타낸다는 것을 잘 알고 있다. 우리나라 경제성장률은 2017년도에는 3.1%이지만 2018년도에는 2.7%로 하락했으므로 2018년도 우리나라 경제는 2017년도보다 나빠졌다는 것을 잘 이해한다. 그러나 경제성장률은 바로 전년 대비 실질GDP의 증가율이라는 것을 모르는 사람들이 많다. 현재 우리나라 실물경제가 왜 어려운지, 향후 우리나라 실물경제는 좋아질 것인지 혹은 나빠질 것인지 등에 대해 판단할 수 있는 능력을 기르려면 반드시 GDP에 대한 이해가 선행되어야 한다.

국내총생산(gross domestic product: GDP)이란 국내에서 생산 활동을 하고 있는 기업들이 일정기간(1년 혹은 1분기) 동안 생산한 재화나 서비스를 시장에 내다 판 총액을 말한다. 국내에 있는 기업이 생산한 재화나 서비스를 시장에 내다 팔았다는 것은 누군가가 그만큼을 구매했기에 가능했다는 것을 의미한다. 따라서 GDP는 국내 모든 기업들의 매출액을 더해서 추계할 수도 있지만, 반대로 경제주체들이 재화나 서비스를 구매하기 위해 지출한 총액을 더해서도 추계할 수 있다.

---

1 실물경기변동에 관한 내용은 다음의 자료를 주로 참고하였다. 임덕호, 『교양경제(제5판)』, 명경사, 2018.

기업들이 생산한 재화나 서비스를 가장 많이 소비하는 경제주체는 가계(household)이다. 이와 같은 가계의 지출 행위를 경제학에서는 소비(consumption)라고 부른다. 가계와 마찬가지로 기업도 생산에 필요한 재화나 서비스를 소비하는데, 이처럼 기업이 소비하는 행위를 투자(investment)라고 부른다. 정부 또한 소비를 하며, 정부의 소비 행위를 정부지출(government expenditure)이라 한다. 국내기업들이 생산한 재화와 서비스는 국내뿐만 아니라 해외에서도 소비가 이루어지는데, 이처럼 국내에서 생산한 재화와 서비스를 해외에서 소비하는 행위를 수출(export)이라고 부른다. 반대로 국내에서 활동하고 있는 경제주체들(가계, 기업, 정부)도 해외 기업들이 생산한 재화와 서비스를 소비하는데, 이처럼 해외에서 생산한 재화와 서비스를 국내에서 소비하는 행위를 수입(import)이라고 부른다. 소비, 투자, 정부지출, 수출이 증가할수록 국내 기업들의 판매액이 증가하는 것을 의미하기 때문에 GDP는 증가한다. 반대로 수입이 증가할수록 그만큼 국내에서 생산한 재화나 서비스에 대한 경제주체들의 소비 지출이 감소하므로 국내 기업들의 판매액이 줄어 GDP는 감소한다. 따라서 GDP를 경제주체들의 지출측면에서 추계하면 다음과 같이 나타낼 수 있다.

$$\text{GDP} = \text{소비} + \text{투자} + \text{정부지출} + (\text{수출} - \text{수입}) \qquad (\text{식 } 10\text{–}1)$$

위 식에서 소비와 투자는 민간부문, 정부지출은 정부부문, 수출과 수입은 해외부문이라고 부른다. 대부분의 선진국들은 정부부문보다 민간부문의 GDP 기여도가 훨씬 더 크며, 민간부문에서도 소비의 GDP 기여도가 절대적으로 큰 역할을 한다. 예를 들어 2018년 기준 미국과 일본의 소비가 차지하는 GDP 기여도는 각각 70%와 58%이며 우리나라의 경우 48%이다. 이것은 경제가 성장하기 위해서는 가계의 소비가 증가해야만 가능하다는 것을 의미한다. 소비와 투자를 합한 민간부문의 GDP 기여도는 2018년 기준 미국 86%, 일본 81%, 한국 77%로 경제성장을 위해서는 가계의 소비와 기업의 투자가 확대되어야만 한다는 것을 보여준다.

경기침체로 민간부문(소비와 투자)이 위축될 경우 정부가 적극 나서서 경기부양책을 추진하는 것이 일반적이다. 대표적인 경기부양책으로는 추가경정예산을 편성하여 정부지출을 직접 늘리거나 개인소득세와 법인세를 감면하여 소비와 투자를 촉진하는 감세정책을 시행하기도 한다. (식 10−1)에서 보듯이 순수출(=수출−수입)이 양(+)의 값을 가질 때, 즉 무역흑자일 때 GDP는 증가하지만, 반대로 음(−)의 값을 가질 때, 즉 무역적자일 때 GDP는 감소한다. 따라서 여타조건이 일정하다면 모든 국가들은 수출은 늘리고 수입은 줄이려는 보호무역주의정책을 선호할 수밖에 없으며, 이러한 정책이 경쟁적으로 이루어질 경우 무역전쟁을 불러올 수 있다는 것을 역사적으로 경험한 바 있다.

현재 우리나라의 실물경기(real economy)가 어떠한가라고 묻는 것은 (식 10-1)에서 보듯이 소비, 투자, 정부지출, 순수출이 확대되고 있는가, 혹은 위축되고 있는가를 묻는 것과 동일하다. 특히 소비와 투자가 빠른 속도로 확대되고 있다면 경제는 확장국면에, 반대로 빠른 속도로 위축되고 있다면 경제는 후퇴국면에 있다고 볼 수 있다. 마찬가지로 향후 경기가 어떻게 변할 것인가를 묻는 것은 향후 소비, 투자, 정부지출, 순수출이 현재보다 얼마나 좋아질 것인지, 혹은 나빠질 것인지를 묻는 것과 동일하다. 따라서 향후 경기를 예측하기 위해서는 소비와 투자, 정부지출, 그리고 수출과 수입에 영향을 미치는 경제요인들이 어떻게 변할 것인가에 대한 분석이 뒤따라야 한다.

2) 실물경기 순환국면

실물경기순환(real business cycle)이란 경기가 좋아졌다 나빠졌다 하는 현상, 즉 실질 GDP 증가율의 상승과 하락이 파동처럼 주기적으로 반복하는 현상을 말한다. 순환이라는 용어는 파동처럼 상승과 하락이 주기적으로 반복하는 것을 의미하기 때문에 예측이 가능하다는 뜻을 내포하고 있다. 그러나 일부 경제학자들은 경기순환보다는 경기변동이라는 용어를 사용하기를 좋아한다. 변동이라는 용어는 실질GDP가 자주 변할 뿐만 아니라 비정상적이고 예측하기 어려운 방향으로 변한다고 생각하기 때문이다.

[그림 10-4]는 실물경기 순환국면을 나타낸다. 실물경기 순환국면은 크게 경기후퇴와 경기확장 두 국면으로 나눌 수 있다. 경기후퇴(recession)국면은 실질GDP 증가율이 감소하는 구간으로서, 실질GDP가 2분기 연속 감소하면 경기후퇴가 시작한 것으로 판단한다. 경기후퇴는 경제가 고점(peak)에 도달할 때, 즉 실질GDP 증가율이 상승하는 것을 멈추는 전환점에 도달할 때 시작해서 경제가 저점(trough)에 도달할 때, 즉 실질GDP 증가율이 하락하는 것을 멈추는 전환점에 도달할 때 끝난다. 실질GDP 증가율이 계속 감소하다가 저점에 다다르면 경제는 경기후퇴에서 벗어나 경기확장(expansion)국면에 진입하기 시작한다. 경기확장국면은 경제가 새로운 고점에 도달할 때까지 지속한다.

[그림 10-4]에서 실물경기 순환국면의 한 가운데를 지나는 선은 과거의 자료를 기초로 하여 추계한 실질GDP 증가율의 평균치를 나타내는 추세선이다. 만약 어떤 나라 경제가 경기후퇴도, 그리고 경기확장도 전혀 나타나지 않는다면 이 나라 경제는 정확히 추

그림 10-4 실물경기 순환국면

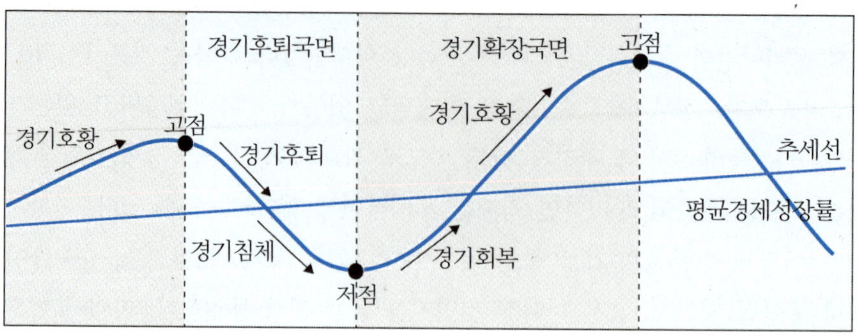

세선을 따라 움직인다는 것을 의미한다. 만약 경기후퇴가 지속하여 실질GDP 증가율이 추세선 아래로 계속 하락한다면 이 나라 경제는 경기침체(depression)에 빠지게 된다. 경기침체기에는 도산하는 기업들이 늘어나고 노동자들은 실업의 고통을 겪는다. 경기침체기에 국민소득이 감소하면 가계의 소비도 감소하고 기업의 재고는 증가하며 물가상승률은 하락한다. 기업의 재고 증가와 물가상승률의 하락으로 기업의 이윤이 감소하면 투자도 감소한다. 투자의 감소로 자금에 대한 수요와 노동에 대한 수요가 감소하므로 금리와 임금상승률도 하락한다. 이와 같은 경기침체가 지속하면 실업이 급증하면서 심각한 사회문제로 확산할 수 있다.

경기침체기: 국민소득↓⇒ 소비↓⇒ 재고↑⇒ 물가상승률↓⇒ 이윤↓
⇒ 투자↓⇒ GDP↓⇒ 국민소득↓⇒ 소비↓⇒ …

투자↓⇒ 노동에 대한 수요↓⇒ 임금상승률↓
투자↓⇒ 자금에 대한 수요↓⇒ 금리↓

경기침체기의 주요 경제변수: 물가상승률 하락, 임금상승률 하락, 금리 하락

반대로 경기확장이 지속되어 실질GDP 증가율이 추세선 위로 계속 상승한다면 이 나라 경제는 경기호황(boom)에 진입한다. 경기호황기에는 저소득층들이 인플레이션의 고통을 겪을 가능성이 높다. 호황기에 국민소득이 증가하면 가계의 소비도 증가하고 기업의 재고는 감소하며 물가상승률은 증가한다. 기업의 재고 감소와 물가상승률의 증가로 기업

의 이윤이 증가하면 투자도 증가한다. 투자의 증가로 자금에 대한 수요와 노동에 대한 수요가 증가하면 금리와 임금상승률은 증가한다. 이와 같은 경기호황이 지속하면 경기가 과열되고 악순환이 반복되면서 심각한 인플레이션에 직면할 수 있다.

경기호황기: 국민소득↑⇒ 소비↑⇒ 재고↓⇒ 물가상승률↑⇒ 이윤↑
⇒ 투자↑⇒ GDP↑⇒ 국민소득↑⇒ 소비↑⇒ …

투자↑⇒ 노동에 대한 수요↑⇒ 임금상승률↑
투자↑⇒ 자금에 대한 수요↑⇒ 금리↑

경기호황기의 주요 경제변수: 물가상승률 상승, 임금상승률 상승, 금리 상승

2 부동산경기변동

부동산경기변동(real estate business fluctuations)이란 부동산경기가 좋아졌다 나빠졌다 하는 현상을 말한다. 이러한 경기변동은 파동처럼 반복하기 때문에 부동산경기순환(real estate business cycle)이라고 부르기도 한다. 부동산의 경기변동은 부동산의 특성에 기인한다. 부동산은 경제적 단위가 매우 크다는 특징을 갖고 있다. 일반적으로 부동산은 대규모로 장기간에 걸쳐 시장에 공급되는 경향이 있다. 부동산은 금융과 정부의 규제와도 밀접한 연관성이 있기 때문에 최초 계획에서 최종 입주까지 짧게는 1년에서 길게는 수년이 걸릴 수도 있다. 따라서 부동산 특성을 반영한 부동산경기순환의 4국면, 즉 회복기, 호황기, 후퇴기, 침체기를 이해하는 것이 매우 중요하다.

[그림 10-5]에서 보듯이 부동산경기 회복기는 부동산의 점유율(=1-공실률)이 장기 평균점유율보다 낮지만 공실률이 하락하면서 점유율이 저점을 지나 회복세로 접어드는 구간을 말한다. 그동안 공실로 남아 있던 신규 건설물량이 소진되기 시작하면서 신규건설 위축에 따른 신규물량 공급부족 현상이 조금씩 나타나기 시작한다. 그 결과 부동산가격 하락세에 제동이 걸리고 부동산 거래량도 조금씩 회복될 기미를 나타낸다. 이러한 시기에는 부동산시장 활성화를 위한 여러 가지 규제완화와 금융대출 확대 등과 같은 부동산정책이 도입되기도 한다.

부동산경기 호황기는 부동산의 점유율이 장기 평균점유율보다 높을 뿐만 아니라 점유율이 지속적으로 상승하는 구간을 말한다. 호황기에는 신규 건설물량이 증가하고, 부동

그림 10-5 부동산경기 순환국면

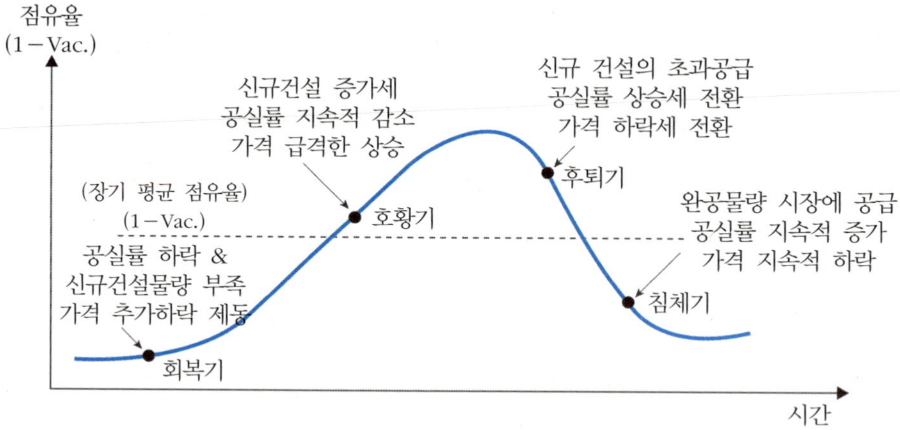

산가격 또한 지속적인 상승세로 접어든다. 이 시기에는 금융대출 규제와 같은 부동산가격 안정 대책을 강구하는 경향이 있다.

부동산경기 후퇴기는 부동산의 점유율이 장기 평균점유율보다 높지만 공실률이 점차 증가하면서 점유율이 고점을 지나 하락세로 접어든 구간을 말한다. 호황기를 거치면서 허가받은 신규 건설물량들이 시장에 나오면서 초과공급으로 이어질 가능성이 높다. 이 시기에는 부동산가격 하락에 대한 우려가 높기 때문에 부실대출 문제 등 부동산시장의 위험에 대한 대책들이 강구되기도 한다.

부동산의 신규 건설물량은 장기간에 걸쳐 부동산시장에 공급되므로 후퇴기에 건설되고 있던 신규 건설물량들이 부동산시장에서 소진되지 못하고 침체기에 초과공급 부담으로 남게 된다. 그 결과 공실률이 지속적으로 상승하고 부동산가격 하락세도 지속된다. 이 시기에는 미분양 문제와 건설업 활성화 등과 같은 이슈가 부상하는 경향이 있다.

그림 10-6 실물경기순환과 부동산경기순환

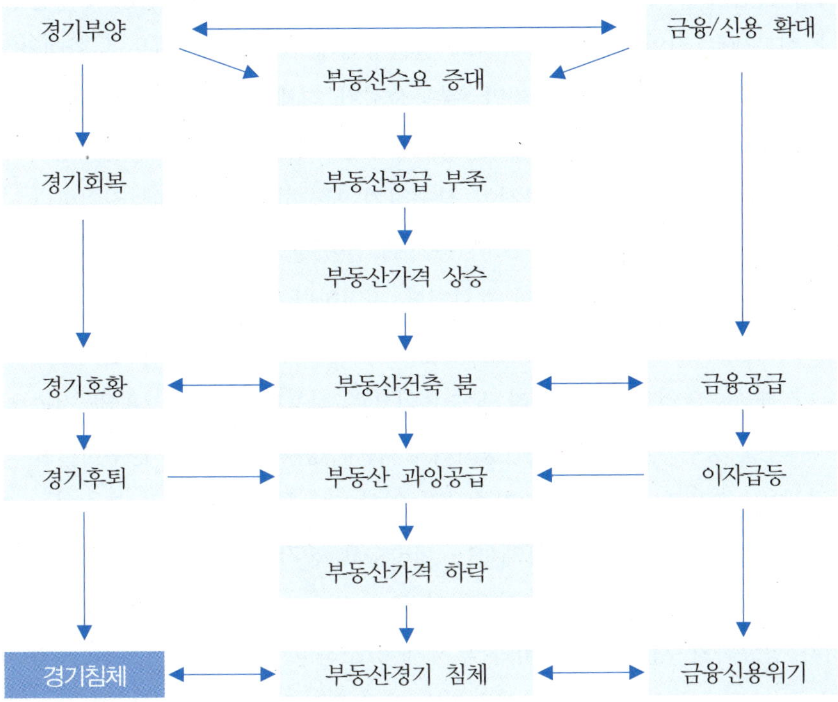

3 실물경기와 부동산경기의 연계성

실물경기와 부동산경기는 상호 밀접하게 연계되어 있다. 전술한 바와 같이 실물경기가 침체기에 진입하면 재고가 늘어나고 실업이 증가하면서 물가상승률, 임금상승률, 그리고 금리가 하락한다. 실물경기를 부양하기 위해 정부는 정부지출을 늘리는 확대재정정책을, 그리고 중앙은행은 기준금리를 인하하고 통화량을 늘리는 확대금융정책을 시행한다.

[그림 10-6]에서 보듯이 실물경기를 부양하기 위해 정부가 세금을 감면하거나 정부지출을 늘리면 가계의 가처분소득(disposable income)과 기업의 순이익(net profit)이 증가하므로 소비와 투자가 증가한다. 중앙은행이 금융 및 신용을 확대하고 기준금리를 인하하면 가계의 저축은 감소하고 소비는 증가하며, 대출금리 하락으로 기업의 금융비용 부담이 감

소하므로 투자는 증가한다. 이처럼 정부의 확대재정정책과 중앙은행의 확대금융정책은 가계의 소비와 기업의 투자를 촉진하므로 GDP 증가율은 상승세로 전환하고 실물경기는 저점을 지나 회복세로 진입한다. 마찬가지로 실물경제에서 금융 및 신용의 확대와 금리 인하로 부동산에 대한 수요는 증가하지만, 부동산경기 침체기에 착공물량의 감소로 부동산시장에서 공급은 감소하는 현상이 나타난다. 따라서 부동산경기도 부동산시장에서 초과수요가 나타나기 시작하면서 부동산가격이 상승하기 시작하는 회복기에 진입한다.

실물경기가 회복기를 지나면서 소비 증가로 인한 물가 상승세가 지속되고 기업의 이윤 증가로 투자도 꾸준히 늘어나면서 호황기에 진입한다. 부동산경기 또한 부동산가격 상승세가 지속되면서 '건축 붐'이 일어나는 호황기에 진입한다. 호황기에 설비투자와 건설투자에 필요한 대출수요의 증가는 금리 상승요인으로 작용한다. 경기호황의 지속으로 인플레이션이 우려될 경우 경기과열을 진정시키기 위해 정부는 증세나 정부지출을 축소하는 긴축재정정책을, 그리고 중앙은행은 기준금리 인상이나 통화량 공급을 축소하는 긴축금융정책을 실시한다. 그 결과 금융시장에서는 대출수요 증가와 중앙은행의 기준금리 인상에 따른 금리의 급등 현상이 나타나기 시작한다.

금리가 상승하기 시작하면 소비와 투자가 감소하고 실물경기는 고점을 지나 후퇴기에 진입한다. 부동산경기 또한 금리 상승으로 담보대출 원리금 상환부담이 늘어나므로 부동산에 대한 수요가 감소하기 시작하면서 고점을 지나 후퇴기에 진입한다. 그러나 호황기에 나타난 부동산 건축 붐은 공사기간에 따른 시차로 인해 부동산경기가 후퇴기에 진입했을 때 부동산시장에 공급물량 증가로 나타난다. 그 결과 부동산시장에서 초과공급으로 인해 부동산가격은 하락한다. 부동산가격 하락이 지속하면서 부동산경기는 침체기에 접어드는데, 이 과정에서 부동산가격 급락 현상이 나타난다면 금융신용 위기를 유발하면서 실물경제의 위기로 확산할 수 있다.

제3절 실물경기 예측[2]

경기침체나 경기과열과 같은 경제 불안 상태가 지속하면 대량실업이나 인플레이션을 유발할 수 있다. 이로 인해 사회가 부담해야 할 비용이 너무나 크기 때문에 모든 국가는 이를 사전에 차단하기 위해 경기변동을 미리 예측하는 데 많은 노력을 기울인다. 경제학자들은 경기순환을 예측하기 위한 방법으로서 계량경제모형과 경기선행지수를 주로 이용한다.

1 계량경제모형

계량경제모형(econometric model)이란 경제의 움직임을 분석하기 위해 수리방정식을 이용하는 경제모형을 말한다. 오늘날 경기변동을 예측하기 위해 주로 사용하는 계량경제모형은 앞에서 설명한 GDP 산출 모형이다.

GDP = 소비 + 투자 + 정부지출 + (수출 − 수입)

경기순환이란 실질GDP 증가율의 상승(경기확장)과 하락(경기후퇴)이 주기적으로 반복하는 현상이라고 앞에서 정의한 바 있다. 따라서 경기를 예측한다는 것은 향후 GDP 증가율이 어떻게 변할 것인가를 예측하는 것과 동일하다고 볼 수 있다. GDP 증가율이 어떻게 변할 것인가를 예측하기 위해서는 위 식에서 보듯이 GDP를 구성하는 요소, 즉 소비, 투자, 정부지출, 순수출(=수출−수입)이 향후 어떻게 변할 것인가에 대한 예측이 선행되어야 한다.

향후 소비의 변화를 예측하기 위해서는 소비에 영향을 미치는 요인이 무엇인가를 먼저 파악해야 한다. 현실경제에서 다양한 요인들이 소비에 영향을 미치지만, 그 중에서도 가장 중요한 요인으로서 현재소득, 미래의 예상소득, 금리, 자산소득 등을 들 수 있다. 특히 현재소득에서 세금을 제외한 가처분소득(disposable income)이 증가하면 현재와 미래의

2 실물경기예측에 관한 내용은 다음의 자료를 주로 참고하였다. 임덕호, 『교양경제(5판)』, 명경사, 2018.

소비는 증가한다. 만약 정부가 세금을 감면하는 감세정책을 도입한다면 그만큼 가처분소득이 증가하므로 소비도 증가한다. 물론 가계가 미래소득이 증가할 것으로 예상한다면 현재와 미래의 소비 또한 증가한다. 금리가 오르면 소비에 따른 기회비용(opportunity cost), 즉 저축을 포기한 데 따른 이자소득 상실분이 그만큼 증가하므로 소비는 감소한다. 부동산이나 주식, 그리고 채권 등과 같은 자산의 가치가 상승하면 그만큼 부가 늘어나는 것을 의미하기 때문에 소비는 증가한다.

기업의 투자에 가장 큰 영향을 미치는 요인으로서 금리, 재고수준, 투자심리 등을 들 수 있다. 금리가 오르면 투자비용(investment cost), 즉 이자 부담이 그만큼 증가하므로 투자는 감소한다. 거의 모든 기업들은 재화를 원활히 공급하기 위해 적정 수준의 재고를 유지한다. 만약 재고가 적정 수준에 미달하면 재고를 늘리기 위해 투자를 확대하고 반대로 적정 수준을 초과하면 재고를 줄이기 위해 투자를 축소한다. 투자는 기업의 투자심리에 따라 커다란 영향을 받을 수 있다. 기업이 경제 상황을 지나치게 비관적으로 전망할 경우 투자는 꽁꽁 얼어붙고, 반대로 지나치게 낙관적으로 전망할 경우 과잉투자를 불러와 GDP의 변동 폭을 크게 하는, 즉 경제 불안을 가중시키는 요인으로 작용할 수 있다. 흔히들 “기업이 마음 놓고 투자할 수 있는 분위기를 조성하자”는 말은 투자를 결정하는 기업가들의 불안 심리를 잠재우자는 것을 의미한다.

정부지출은 예산을 편성하고 집행하는 정부와 예산을 심의하고 의결하는 국회의 판단에 따라 영향을 받는다. 일반적으로 경기침체기에는 정부지출을 늘리고 경기과열기에는 정부지출을 줄이는 경향이 있다. 경기침체기에는 소비와 투자가 위축되므로 실업문제를 우려한 정부가 정부지출을 늘려 재화와 서비스에 대한 수요를 창출하려고 한다. 반대로 경기과열기에는 소비와 투자가 과열되므로 인플레이션을 우려한 정부가 정부지출을 줄여 수요를 억제하려고 한다.

수출과 수입은 주로 환율, 물가, 국민소득 등에 의해 영향을 받는다. 일반적으로 환율이 상승하면 수출업자의 이익은 증가하고 수입업자의 이익은 감소하므로 수출은 증가하고 수입은 감소한다. 국내 물가가 상승하면 수출기업들은 수출보다는 국내 공급을 늘리기 때문에 수출은 감소하고 수입은 증가한다. 그리고 국민소득이 증가하면 국산품뿐만 아니라 수입품에 대한 소비도 늘어나기 때문에 수입은 증가한다.

2 경기선행지수

경기순환을 예측하는 두 번째 방법은 경기선행지수를 이용하는 것이다. 경기선행지수(index of leading indicators)란 실질GDP 증가율이 상승 또는 하락으로 반전하기에 앞서 그와 같은 현상이 먼저 나타나는 경제지표들로 구성하며 향후 경기를 예측하는 데 사용한다. 경기선행지수에 포함하는 대표적인 경제지표로서 기업의 재고 변동, 신규건설허가면적, 종합주가지수, 신용장 내도액 등을 들 수 있다.

기업의 재고가 늘어나면 기업은 투자를 줄이며, 신규건설허가면적이 감소하면 향후 건설 공사가 그만큼 줄어들고, 수출 주문서인 신용장(letter of credit: LC) 내도액이 감소하면 수출이 감소하기 때문에 향후 실질GDP 증가율은 하락할 것으로 예상할 수 있다. 반대로 기업의 재고가 감소하고 신규건설허가면적과 신용장 내도액이 늘어나면 향후 실질GDP 증가율은 상승할 것으로 예상할 수 있다.

경제학자들은 경기순환을 예측하기 위해 이와 같은 경제지표들뿐만 아니라 소비자와 기업가들을 대상으로 직접 설문조사를 실시하는 실사법을 활용하기도 한다. 예를 들면 소비자기대지수(consumer expectation index: CEI)는 현재와 비교하여 6개월 후의 경기, 생활형편, 소비지출 등에 대한 소비자들의 기대를 나타낸다. 이 지수는 기준 점수를 100으로 하여 지수가 100 이상이면 6개월 이후의 경기가 현재보다 개선될 것으로 보는 가구가 더 많고 100 이하이면 악화할 것으로 보는 가구가 더 많다는 것을 의미한다.

소비자기대지수(CEI)는 통계청에서 매월 도시 지역 2,000가구를 대상으로 조사하여 발표한다. 14개 조사 문항별 응답 등급에 따라 '매우 좋음(2점), 조금 좋음(1.5점), 비슷함(1점), 조금 나쁨(0.5점), 매우 나쁨(0점)'과 같은 가충치를 부여하여 다음과 같이 지수를 산정한다.

$$CEI = \frac{(A\times 2.0)+(B\times 1.5)+(C\times 1.0)+(D\times 0.5)+(E\times 0)}{\text{총응답자수}}$$

$$(CEI>100) \Rightarrow \text{경기호전 전망}, \ (CEI<100) \Rightarrow \text{경기악화 전망}$$

여기서, A: 매우 좋은 가구수, B: 조금 좋은 가구수, C: 비슷한 가구수,
D: 조금 나쁜 가구수, E: 매우 나쁜 가구수

기업경기실사지수(business survey index: BSI)는 향후 경기에 대한 기업가의 판단과 전망, 그리고 이에 대비한 계획 등을 설문서를 통해 조사한 결과를 수치화하여 전반적인 경기동향을 파악하는 데 사용하는 지표이다. 이 지수는 전체 응답 기업 중 전기에 비해 '호전되었다'고 응답한 기업의 비율에서 '악화되었다'고 응답한 기업의 비율을 뺀 값에 100을 더하여 산출한다. 모든 기업이 악화되었다고 응답했다면 BSI의 값은 $0(=0-100+100)$이다. 반대로 모든 기업이 호전되었다고 응답했다면 BSI의 값은 $200(=100-0+100)$이다. 따라서 BSI의 값은 0에서 200사이의 값을 갖는다. BSI의 값이 100 이상이면 경기확장국면을, 100 미만이면 경기후퇴국면을 나타낸다. 현재 우리나라에서는 한국은행, 전국경제인연합회, 산업은행 등이 경기실사지수를 조사하여 발표한다.

$$(BSI > 100) \Rightarrow \text{경기확장국면}, \quad (BSI < 100) \Rightarrow \text{경기후퇴국면}$$

제4절 부동산경기 예측

1 실물경제모형 기반

일반적으로 국민소득이 증가하면 주택을 구입할 수 있는 능력이 증가하므로 주택에 대한 수요는 증가하고 부동산가격은 상승한다. 가계의 주택 구매능력을 나타내는 지표로서 가계소득 대비 주태가격 비율(price to income ratio: PIR)을 사용한다.

$$PIR = \frac{\text{주택가격}}{\text{연간소득}}$$

PIR 지표는 주택가격 상승이나 하락세를 분석할 때 소득수준의 변화를 함께 고려하기 위해 고안한 지표로서 각국의 주택가격을 비교할 때 활용할 수 있는 지표이다. 일반적으로 주택가격은 '중위주택가격'을, 그리고 연간소득은 '중위소득'을 사용한다. 만약 PIR=10이라면 어느 국가 또는 도시의 중간소득에 위치한 가구의 연간소득을 한 푼도 지출하지 않고 10년 동안 저축해야만 중간주택가격의 집을 살 수 있다는 것을 의미한다.

실물경제가 경기확장(후퇴)국면에 진입해 있다면 GDP 증가율이 상승(하락)한다는 것을 의미한다. GDP가 증가(하락)하면 노동에 대한 수요의 증가(감소)로 고용이 증가(감소)하고 임금도 상승(하락)한다. 또한 기업의 이윤 증가(감소)에 따른 가계의 배당소득이 증가(감소)하므로 GDP가 증가(감소)하면 가계소득이 증가(감소)한다. 가계소득이 증가(감소)하면 위 식에서 보듯이 PIR 값이 하락(상승)하므로 가계의 주택 구매능력 증가(감소)에 따른 주택수요의 증가(감소)로 주택가격은 상승(하락)한다. 이처럼 실물경기와 부동산경기는 동행한다는 것을 알 수 있다. 따라서 실물경기에 대한 예측은 부동산경기를 예측하는 데 가장 중요한 요소라는 것을 알 수 있다. 앞에서 실물경기를 예측하는 방법에 대해서는 자세히 설명했기 때문에 여기서는 생략하기로 한다.

2 자산시장균형모형 기반

부동산경기는 자산시장균형모형을 이용하여 예측할 수도 있다. 자신시장균형(equilibrium of asset market)이란 자산시장이 경쟁적인 시장이라고 가정할 때 모든 자산(부동산, 주식, 채권, 예금)의 투자수익률은 금리와 일치하는 것을 말한다. 먼저 설명을 간단히 하기 위해 부동산을 보유할 때 세금을 포함한 어떠한 비용도 발생하지 않는다고 가정한다면, 이때 경쟁적인 자산시장에서 부동산 투자수익률은 다음과 같이 나타낼 수 있다.

$$r = \frac{R}{P} + \frac{\Delta P}{P} \qquad \text{(식 10–2)}$$

여기서, r: 금리, R: 임대료, P: 부동산가격, ΔP: 부동산가격 상승분

부동산을 포함한 모든 자산의 투자수익률은 (식 10−2)와 같이 나타나며, 이 식을 자산시장균형조건이라고 부른다. (식 10−2)에서 좌변의 r은 금리를, 우변의 R/P는 임대수익률을, 그리고 $\Delta P/P$는 부동산가격 상승률을 나타낸다. 어떤 이유로 인해 금리(r)가 상승했다고 가정하자. 자산시장은 다음과 같은 과정을 거쳐 (식 10−2)의 자산시장균형조건으로 회귀한다.

$$r\uparrow \Rightarrow r > \left(\frac{R}{P} + \frac{\Delta P}{P}\right) \Rightarrow \text{부동산투자 기회비용(이자부담)}\uparrow$$

$$\Rightarrow \text{부동산에 대한 수요}\downarrow \Rightarrow \text{부동산가격}(P)\downarrow \Rightarrow \left(\frac{R}{P} + \frac{\Delta P}{P}\right)\uparrow$$

$$\Rightarrow r = \frac{R}{P} + \frac{\Delta P}{P}: \text{ 자산시장균형}$$

반대로 금리(r)가 하락했다고 가정하자. 자산시장은 다음과 같은 과정을 거쳐 (식 10−2)의 자산시장균형조건으로 회귀한다.

$$r\downarrow \Rightarrow r < (\frac{R}{P} + \frac{\Delta P}{P}) \Rightarrow \text{ 부동산투자 기회비용(이자부담)}\downarrow$$

$$\Rightarrow \text{ 부동산에 대한 수요}\uparrow \Rightarrow \text{ 부동산가격}(P)\uparrow \Rightarrow (\frac{R}{P} + \frac{\Delta P}{P})\downarrow$$

$$\Rightarrow r = \frac{R}{P} + \frac{\Delta P}{P}: \text{ 자산시장균형}$$

이제 부동산가격이 어떤 요인에 의해 영향을 받는가를 알기 위해 (식 10−2)의 자산시장균형조건을 부동산가격(P)에 대해 다시 정리하면 (식 10−3)을 도출할 수 있다.

$$P = \frac{R}{r - \Delta P/P} \qquad \text{(식 10–3)}$$

(식 10−3)이 의미하는 바는 임대료(R)가 상승하면 부동산가격(P)도 상승하고 반대로 임대료가 하락하면 부동산가격도 하락한다는 것이다. 또한 금리(r)가 상승하면 부동산가격(P)은 하락하고 반대로 금리가 하락하면 부동산가격은 상승한다. 마찬가지로 부동산가격 상승률($\Delta P/P$)이 증가하면 (식 10−3)에서 분모 값이 작아지므로 부동산가격(P)은 상승하고 반대로 부동산가격 상승률이 감소하면 분모 값이 커지므로 부동산가격은 하락한다.

(식 10−3)의 부동산가격 결정 방정식을 실제 사례에 적용해 보기로 하자. 어떤 주택의 연간 임대료(R) 3,000만원, 주택담보대출 금리(r) 5%, 연간 주택가격 상승률($\Delta P/P$)이 4%일 때 주택가격은 얼마일까? 이때의 주택가격은 30억원이다.

$$P = \frac{3{,}000\text{만 원}}{0.05 - 0.04} = 30\text{억 원}$$

다시 말해 금리와 주택가격 상승률이 각각 5%와 4%일 때 만약 연간 임대료가 3,000만원이라면 주택가격은 30억원이, 반대로 주택가격이 30억원이라면 이 주택의 연간 임대료는 3,000만원이 되어야 정상이라는 것이다. 그러나 현실경제에서 주택가격이 30억원인 주택의 연간 임대료가 3,000만원이라면 임대료가 지나치게 낮거나, 반대로 연간 임대료가 3,000만원인 주택의 가격이 30억원이라면 주택가격이 지나치게 높다고 생각할 것이다. 이처럼 임대료와 주택가격 사이에 현실과 동떨어진 결과를 얻게 된 것은 설명을 간단히 하기 위해 부동산을 보유할 때 세금을 포함한 어떠한 비용도 발생하지 않는다는 단순모형을 가정했기 때문이다.

자산시장균형조건에 대해 정확히 이해했으니 이제 현실을 제대로 반영할 수 있는 자산시장균형조건에 대해 알아보기로 한다. 부동산을 보유한 후 매각할 때는 이자비용 이외에 각종 세금과 운영경비(operation expense: OE)를 부담해야 한다. 먼저 임대료(R)에 부과하는 임대소득세(rental income tax)와 부동산가격에 부과하는 재산세(property tax) 및 종합부동산세(comprehensive real estate holding tax) 등과 같은 부동산보유세(real estate holding tax)를 부담해야 한다. 또한 자본이득(capital gain), 즉 부동산가격 상승분에 대해 양도소득세(capital gain tax)를 부담해야 한다. 따라서 (식 10－2) 자산시장균형조건은 다음과 같이 달라진다.

$$r = \frac{(1-t)R}{P} + \frac{(1-g)\triangle P}{P} - T - c \qquad \text{(식 10–4)}$$

여기서, t: 임대소득세율, g: 양도소득세율, T: 부동산보유세율,
c: 운영경비율(＝운영경비/부동산가격)

(식 10－4)의 자산시장균형조건이 의미하는 바는 경쟁적인 시장에서 부동산 투자수익률, 즉 임대소득세를 제외한 순임대수익률[$(1-t)R/P$]과 양도소득세를 제외한 순부동산가격상승률[$(1-g)\triangle P/P$]을 더한 값에서 부동산보유세율(T)과 운영경비율(c)를 제외한 값은 금리(r)와 일치한다는 것이다.

이제 부동산가격이 어떤 요인에 의해 영향을 받는가를 알기 위해 (식 10－4)의 자산시장균형조건을 부동산가격(P)에 대해 다시 정리하면 (식 10－5)를 도출할 수 있다.

$$P = \frac{(1-t)R}{r + T + c - (1-g)\triangle P/P} \qquad \text{(식 10–5)}$$

보다 현실적인 (식 10－5)의 부동산가격 결정 방정식을 설명하기 위해 (식 10－3)에서 가정한 예를 그대로 이용하기로 하자. 어떤 주택의 연간 임대료(R) 3,000만원, 주택담

보대출 금리(r) 5%, 임대소득세율(t) 5%, 부동산보유세율(T) 0.8%, 운영경비율(c) 0.1%, 양도소득세율(g) 20%, 그리고 연간 주택가격 상승률($\Delta P/P$)이 4%일 때 주택가격은 얼마일까? 이때의 주택가격은 10억6,000만원이다.

$$P = \frac{(1-0.05)3{,}000\text{만원}}{0.05+0.008+0.001-(1-0.2)0.04} = 10\text{억}6{,}000\text{만원}$$

다시 말해 임대소득세율 5%, 금리 5%, 부동산보유세율 0.8%, 운영경비율 0.1%, 양도소득세율 20%, 그리고 연간 주택가격 상승률이 4%일 때, 만약 연간 임대료가 3,000만원이라면 주택가격은 10억6,000만원이, 반대로 주택가격이 10억6,000만원이라면 이 주택의 연간 임대료는 3,000만원이 되어야 정상이라는 것이다. (식 10−3)의 사례와 비교할 때, 각종 세금과 운영경비를 반영한 (식 10−5)의 사례가 부동산가격과 임대료의 관계를 훨씬 더 현실성 있게 잘 반영한다는 것을 알 수 있다.

(식 10−5)의 자산시장균형조건을 이용한 부동산가격 결정 방정식은 미래의 부동산가격 또는 부동산경기를 예측하는 데 유용하게 이용할 수 있다. 이를 위해 부동산가격을 구성하고 있는 각각의 경제변수들이 부동산가격에 어떻게 영향을 미칠 수 있는가에 대해 알아보기로 하자.

1) 임대료(R)

(식 10−5)에서 보듯이 분자의 값인 임대료(R)가 상승하면 부동산가격은 상승하고 반대로 임대료가 하락하면 부동산가격(P)도 하락한다.

임대료↑(↓) ⇒ 부동산가격↑(↓)

향후 전·월세 임대료가 상승할 것인가, 혹은 하락할 것인가에 대한 예측은 한국감정원과 KB은행 등에서 매월 정기적으로 발표하는 전·월세가격의 추이를 보면 쉽게 예측할 수 있다. 2018년 이후 전·월세가격이 하향 안정세를 보이고 있다는 것은 당분간 주택가격 안정(혹은 하락)에 영향을 미칠 것으로 예측할 수 있다.

2) 금리(r)

(식 10−5)에서 보듯이 분모의 값인 금리(r)가 상승할 때 부동산가격(P)은 하락하

고 반대로 금리가 하락할 때 부동산가격은 상승한다.

금리↑(↓) ⇒ 부동산가격↓(↑)

특히 금리의 변화는 부동산가격에 절대적인 영향을 미치는 가장 중요한 요소이다. 일반적으로 부동산 관련 세제는 개편 시 반드시 국회의 동의를 얻어야 하므로 잦은 변화가 나타나지 않지만, 금리는 실물경기의 변동에 대응하는 가장 강력한 정책수단 중 하나이므로 금리의 변동 폭이 상대적으로 크게 나타날 수도 있다. 이것은 부동산경기 또는 부동산가격의 변화를 예측할 때 가장 중요한 요소인 금리의 변화를 정확히 예측하는 것이 무엇보다 중요하다는 것을 의미한다.

일반적으로 중앙은행이 기준금리를 인상하면 앞에서 설명했듯이 소비와 투자가 감소하므로 GDP는 감소한다. GDP의 감소에 따른 국민소득의 감소는 부동산에 대한 수요를 감소시키고 부동산가격의 하락으로 이어진다. 중앙은행이 기준금리를 인상할 경우 주택담보대출 금리인 모기지금리도 따라서 상승한다. 모기지금리의 상승은 주택담보대출의 이자상환 부담을 가중시키므로 주택에 대한 수요는 감소하고 주택가격은 하락한다. 또한 금리가 상승할 때 부동산을 포함한 자산가격의 하락은 부의 효과(wealth effect)로 인해 소비가 감소하므로 실물경제를 악화시키고 이는 다시 부동산에 대한 수요의 감소로 부동산경기를 악화시키는 요인으로 작용한다. 물론 금리가 하락할 경우에는 위에서 설명한 내용과 정반대의 이유로 부동산가격은 상승한다.

3) 부동산 관련 세금: 임대소득세율(t), 부동산보유세율(T), 양도소득세율(g)

(식 10-5)에서 보듯이 임대소득세율(t)이 상승하면 세금을 제외한 순임대소득이 감소하므로 부동산가격은 하락하고 반대로 임대소득세율이 하락하면 순임대소득은 증가하므로 부동산가격은 상승한다. 임대소득세의 감면을 폐지하거나 축소하는 것은, 예를 들면 그동안 연간 2,000만원 미만의 임대소득에 대해서는 임대소득세를 면제했던 것을 2018년 1월부터 과세 대상에 포함시키기로 한 것은 순임대소득을 감소시키므로 부동산가격 하락에 기여한다.

임대소득세율↑(↓) ⇒ 부동산가격↓(↑)

분모의 값인 부동산보유세율(T)을 인상할 때 부동산가격(P)은 하락하고 반대로 부동산보유세율을 인하할 때 부동산가격은 상승한다.

부동산보유세율↑(↓) ⇒ 부동산가격↓(↑)

현재 우리나라에서 시행하고 있는 대표적인 부동산보유세는 재산세와 종합부동산세가 있다. 문재인 정부는 부동산시장 과열을 진정시키기 위해 부동산보유세를 강화한 바 있다.

(식 10−5)에서 보듯이 분모의 값인 양도소득세율(g)을 인상하면 부동산가격(P)은 하락하고 반대로 양도소득세율을 인하하면 부동산가격은 상승한다.

양도소득세율↑(↓) ⇒ 부동산가격↓(↑)

문재인 정부는 이전 정부에서 부동산경기를 부양하기 위해 양도소득세를 한시적으로 면제하거나 세율을 인하했던 것을 부동산경기가 과열되자 양도소득세를 강화하는 방향으로 부동산정책을 전환한 바 있다. 특히 다주택자들을 대상으로 한 부동산세제 강화와 세금 부과의 기준인 과표의 현실화율 인상은 다주택자들이 보유하고 있는 기존 주택의 공급을 늘려 부동산가격을 안정시키는 데 효과가 있을 것으로 생각한다. 부동산세제, 부동산금융, 부동산제도 관련 부동산정책에 대해서는 제11장에서 자세히 설명한다.

4) 운영경비율(c)과 부동산가격 상승률($\Delta P/P$)

(식 10−5)에서 보듯이 분모 값인 운영경비율(c)이 증가하면 부동산가격(P)은 하락하고 반대로 운영경비율이 감소하면 부동산가격은 상승한다.

운영경비율↑(↓) ⇒ 부동산가격↓(↑)

부동산가격 상승률($\Delta P/P$)이 증가하면 분모 값을 줄이므로 부동산가격(P)은 상승하고 반대로 부동산가격 상승률이 감소하면 부동산가격은 하락한다. 예를 들어 정부가 부동산금융을 규제하고, 부동산세제를 강화하며, 재건축이나 분양아파트 청약자격을 강화하는 부동산정책을 추진한다고 하더라도 부동산시장에 참여하는 다수가 향후 부동산가격 상승률($\Delta P/P$)이 더 크게 증가할 것으로 예상한다면 부동산가격이 상승하거나 부동산경기 과열 현상이 더 오랫동안 지속할 수도 있다. 우리나라의 경우 부동산시장에서 부동산가격 상승률($\Delta P/P$)을 높게 예상하면서 투기심리가 확산하는 경향이 있다. 그러나 투기

(speculation)란 상대방의 위험을 사는 행위로서 전형적인 '고위험 고수익'의 투자패턴에 해당하므로 부동산가격 상승률($\Delta P/P$)을 예상할 때는 앞에서 설명한 내용들을 중심으로 체계적인 분석이 뒤따라야 한다.

참고문헌

임덕호, 『경제학(제3판)』, 명경사, 2017.

임덕호, 『교양경제(제5판)』, 명경사, 2018.

최희갑 · 임병준, "주택가격 전망이 주택가격 및 경기에 미치는 영향", 국토연구 제63권, pp. 141~158, 2009.

11

부동산정책

제1절 부동산시장의 실패와 정부의 개입[1]

정부가 부동산시장에 개입하는 목적은 시장의 실패를 보완하는 데 있다. 정부가 부동산시장에 개입한다는 것은 시장기구(market mechanism)를 통해 해결하던 부동산 관련 문제를 정부가 직접 나서 해결한다는 것을 의미한다. 제11장에서는 정부가 부동산시장에 개입하게 된 원인과 정부 개입을 통해 어떻게 시장의 실패를 보완하는지 살펴보기로 한다.

자본주의 시장경제에서는 효율적인 생산과 자원배분으로 경제발전을 도모하고 있지만 시장자체의 기능만으로 해결할 수 없는 문제들이 발생한다. 경제발전 과정의 부산물인 그린벨트 훼손이나 대기오염 및 수질오염 증가 등과 같은 환경문제가 발생하고, 계층 간 소득격차가 확대되는 사회적 불평등 문제가 발생한다. 이처럼 시장 내부의 여러 가지 제약으로 인해 시장의 기능이 제대로 작동하지 않는 현상을 시장의 실패(market failure)라고 부르며, 이를 보완할 정부의 정책적 개입을 필요로 한다. 부동산시장의 실패가 나타나는 원인은 여러 가지를 들 수 있으나 그 중에서도 비교적 중요하다고 생각하는 다음의 네 가지로 요약할 수 있다.

1 정부의 부동산시장 개입과 관련된 내용은 다음의 저서를 참고하였음. 임덕호, 『경제학－기초이론 · 사례(제3판)』, 명경사, 2016.

1 외부효과

부동산시장의 실패가 발생하는 원인은 우선 부동산시장에서 외부효과가 나타나기 때문이다. 외부효과(external effect)란 한 개인의 경제활동이 타인에게 이익이나 손해를 발생시키는 경제현상으로서 외부경제와 외부불경제로 구분한다. 외부경제(external economy) 또는 양의 외부효과(positive externality)는 한 개인의 경제활동이 타인에게 이익을 발생시키고도 아무런 대가도 받지 못할 때 나타나는 경제현상을 말한다. 예를 들면 재개발을 통해 대규모 아파트 단지가 들어서면서 기부채납에 의한 공원이 조성되었다면 인근 주민이나 행인들의 만족감을 증대시키면서도 어떠한 대가도 받지 않는 외부경제 또는 양의 외부효과가 발생한다. 마찬가지로 정부가 국민들의 주거 안정을 위해 노력하는 이유도 주거가 안정되면 국민들의 건강과 만족감이 향상되고 그 결과 노동 생산성도 증가할 수 있기 때문이다. 따라서 부동산시장에서 외부경제를 발생시키는 경제활동은 인센티브나 정부지원 등을 통해 장려해야 한다.

[그림 11-1] (a)에서 정부가 임대주택시장에 개입하지 않을 경우 임대료와 거래량은 임대주택에 대한 수요와 공급이 일치하는 균형점 E_0에서 각각 P_0와 Q_0이다. 정부가 임대주택의 공급을 늘리기 위해 임대주택 사업자에게 보조금을 지급하거나 세금을 감면한다면 임대주택의 공급곡선은 우측으로 이동하고($S_0 \rightarrow S_1$) 새로운 균형점 E_1에서 임대료는 P_1으로 하락하고 거래량은 Q_1으로 증가한다. 정부가 외부경제를 발생시키는 임대주택의 공급을 늘리기 위해 임대주택시장에 개입한 결과 임대료는 하락하고 거래량은 증가하는 바람직한 결과를 가져온 것을 알 수 있다.

반대로 외부불경제(external diseconomy) 또는 음의 외부효과(negative externality)는 한 개인의 경제활동이 타인에게 손해를 발생시키고도 어떠한 보상도 이루어지지 않을 때 나타나는 경제현상을 말한다. 예를 들면 공장에서 유발하는 수질오염이나 대기오염은 타인에게 손해를 발생시키고도 어떠한 보상도 하지 않는 외부불경제 또는 음의 외부효과가 발생한다. 마찬가지로 부동산시장에서도 외부불경제가 나타난다. 만약 정부가 부동산시장의 기능에만 맡긴다면 서울의 강남지역 같은 경우 마천루 형태의 초고층 아파트가 들어설 가능성이 매우 높다. 이 경우 교통 혼잡이나 환경파괴 등과 같은 외부불경제의 발생으로 심각한 사회문제를 야기할 수 있다. 따라서 외부불경제를 발생시키는 경제활동은 세금이나 부담금, 그리고 규제 등을 통해 억제할 필요가 있다. 정부가 아파트 용적률이나 층고를 규

그림 11-1 외부경제와 외부불경제

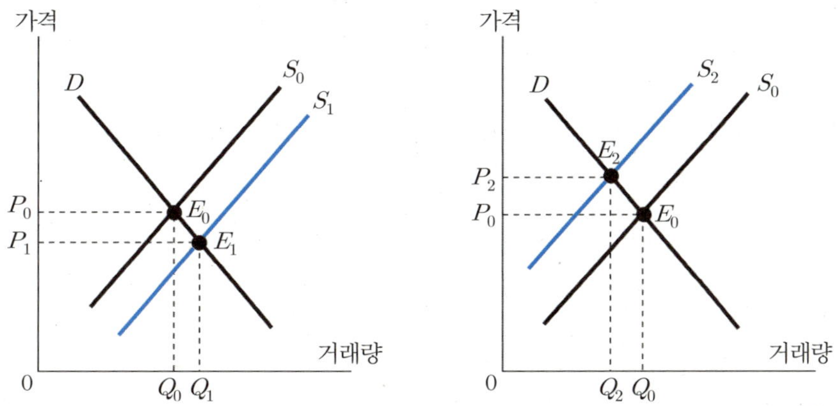

(a) 외부경제와 보조금 지급 (b) 외부불경제와 용적률 규제

제하는 것도 외부불경제를 최소화하기 위한 조치이다.

[그림 11-1] (b)에서 보듯이 정부의 개입이 없을 경우 서울의 강남지역 아파트는 초고층 고밀도 개발로 인해 아파트의 가격과 거래량은 각각 P_0와 Q_0이다. 그러나 교통혼잡이나 환경파괴 등과 같은 외부불경제의 발생을 우려한 정부가 용적률(=건축면적/대지면적)을 대폭 낮추고 층고를 규제하는 정책을 시행하고 있다. 정부의 규제로 인해 강남지역 아파트의 공급곡선은 좌측으로 이동하고($S_0 \rightarrow S_2$) 새로운 균형점 E_2에서 가격은 P_2로 상승하고 거래량은 Q_2로 감소한다. 정부의 시장개입으로 비록 강남지역 아파트의 가격은 상승할 수 있으나 무분별한 고밀도 개발과 환경파괴로 인한 외부불경제를 사전에 예방할 수 있는 바람직한 결과를 가져온 것을 알 수 있다.

2 사회적 형평성 문제

시장기구는 사회적 형평성 문제를 충분히 고려하지 못한다. 이로 인해 소득분배가 사회적으로 바람직하지 않은 방향으로 이루어지는 시장의 실패가 나타난다. 시장기구는 타고난 능력이 있고, 고등교육을 받았거나, 탁월한 기술을 소유하고 있는 사람들에게 상대적으로 높은 소득을 제공한다. 마찬가지로 많은 유산을 물려받거나 값어치 있는 자본과 토지를 소유하고 있는 사람들에게도 높은 소득을 보장한다. 그러나 또 다른 많은 사람들은 능력이 뒤떨어지고 적절한 교육이나 훈련을 받을 기회를 갖지 못한다. 이들은 대부분 물려받은 유산이 거의 없으며 이렇다 할 재산도 소유하고 있지 않다. 따라서 이들의 소득분배 몫은 상대적으로 매우 낮을 수밖에 없다.

부동산시장에서도 양극화 현상은 예외가 아니다. 경제성장과 함께 소득불균형이 심화하면서 주택시장에도 양극화 현상이 나타나고 있다. 사회적 약자들에게 주거권은 바로 복지의 의미로 해석할 수 있다. 복지의 4대 축은 교육, 의료, 사회서비스, 그리고 주택이다. 주택은 기본적인 생활을 영위할 수 있도록 하는 가치재의 성격을 갖는다. 동시에 경제주체들은 현금, 예금, 주식, 채권 등과 함께 주택을 자산의 한 종류로 인식하고 있다. 따라서 주택시장에서 사회적 약자들과 자본가들 사이의 불평등을 완화하고 저소득층의 주거권 확보를 위해 정부가 주택시장에 개입한다.

3 시장의 불완전성과 정보의 비대칭성

제2장에서 설명했듯이 부족한 자원을 가장 효율적으로 배분할 수 있는 시장은 완전경쟁시장(perfectly competitive market)이다. 완전경쟁시장의 조건을 충족하기 위해서는 첫째, 시장에서 거래되는 재화는 동질적이어야 하며, 둘째, 어느 한 생산자나 소비자가 재화의 가격에 영향을 미칠 수 없어야 하고, 셋째, 기업들의 진 · 출입이 자유로워야 하며, 넷째, 소비자와 생산자 모두 시장에 대한 완전한 정보를 갖고 있어야 한다. 물론 현실경제에서 완전경쟁시장구조를 갖는 산업은 존재하지 않는다. 확실한 것은 시장이 경쟁적일수록 자원배분의 효율성은 증가한다는 것이다.

부동산시장은 완전경쟁시장과는 동떨어진 시장구조를 갖고 있으며 독과점 시장구조에 가깝다고 말할 수 있다. 부동산은 편의시설 등의 접근성, 교육여건 등의 주변 환경, 그리고 방향이나 내부시설 등과 같은 물리적 특성에 따라 그 가치를 달리하므로 가장 이질적인 재화라고 말할 수 있다. 부동산은 입지의 고정성과 토지공급의 제한성으로 인해 높은 진입장벽이 존재하며 소수의 생산자나 소비자가 부동산가격에 영향을 미칠 수 있다. 부동산은 대표적으로 정보의 비대칭성이 존재하는 재화이다. 정보의 비대칭성(asymmetry of information)이란 부동산 거래에 필요한 정보가 거래에 참여하는 모든 당사자에게 공평하게 확보되어 있는 것이 아니라 극히 일부의 당사자에게만 편재되어 있는 현상을 말한다.[2] 이처럼 부동산의 특성을 고려할 때 부동산시장은 자율조정기능에 의해 부동산 재화를 효율적으로 분배하는 데 한계가 있을 수밖에 없다. 따라서 부동산시장에서 발생하는 시장의 실패를 보완하기 위해서는 부동산시장에 정부의 개입이 필요하다는 것을 의미한다.

4 공공재

재화 및 서비스가 공공재인 경우에는 시장에서 거래될 수 없는 시장의 실패가 나타난다. 예를 들어 국방, 치안, 행정서비스 등과 같은 공공재(public goods)는 사용료를 지불하지 않더라도 소비행위를 배제할 수 없기 때문이다. 다시 말해 공공재는 사유재(private goods)와 달리 무임승차자(free rider)를 배제할 수 없다는 시장의 실패가 나타난다. 따라서 순수공공재의 경우 정부와 공공기관이 직접 나서서 공급할 수밖에 없다.

마찬가지로 도로나 지하철 등과 같이 초기투자비용, 즉 고정비용(fixed cost)이 대단히 큰 재화나 서비스들은 시장기구의 역할에만 의존할 수 없는 시장의 실패가 나타난다. 일반적으로 초기투자비용이 큰 산업은 판매량이 증가할수록 생산단가, 즉 평균비용(average cost)이 하락한다. 그러나 민간 기업이 시장이 충분히 확대될 때까지 기다리면서 대규모 투자손실을 감내하는 데는 한계가 있다. 따라서 공공인프라 건설에서 발생할 수 있는 시장의 실패를 보완하기 위해 정부가 시장에 직접 개입한다. 정부나 공공기관이 손실을 감내하면서 전기, 수도, 도로, 지하철, 공항 등과 같은 공공재를 저렴한 가격에 공급하는 것은 최대다수의 행복을 극대화 할 수 있는 효율적인 자원배분방식이라고 생각하기 때문이다.

제2절 우리나라 부동산정책 변천사

우리나라 부동산정책은 주택정책이라고 해도 과언이 아니다. 주택은 경제 활동의 기반이며 삶의 수준을 결정짓는 중요한 요소 중의 하나이다. 특히 급속한 도시화 과정을 거

2 주택시장에서 나타나는 정보의 비대칭성에 관한 자세한 내용은 다음의 논문을 참조할 것. 임덕호, "주택시장에 있어서 비대칭적 정보", 주택연구, vol. 4-2, 1996.

치면서 주택은 가계 자산 중 가장 큰 부분을 차지하고 있어 주택가격의 변화는 곧 가계 자산가치의 변화를 의미하면서 사회적 이슈로 부상하기도 한다.

우리나라 부동산정책을 시기별로 살펴보면, 1970년대까지는 공업화를 통한 고도성장 과정에서 부동산정책을 수립한 초기 단계라고 말할 수 있다. 1980년대에 들어와 주택 부족 문제가 사회적 문제로 부상하자 정부는 주택공급 확대정책을 추진하기 시작했다. 1990년대에 들어와 부동산정책이 뿌리내리기 시작했으며 1997년 외환위기 이후 명실상부한 부동산 금융정책을 도입하는 등 부동산정책이 정부의 가장 중요한 과제 중의 하나로 부상하기 시작했다. 2000년대 초 · 중반에는 부동산가격 급등에 따른 부동산시장 안정화 대책의 일환으로 각종 규제정책이 도입되었으며, 2008년 세계 금융위기 이후에는 경기불황을 타계하기 위한 수단으로서 부동산 활성화 대책이 주를 이루었다. 2012년 이후 공공재원의 고갈에 대한 우려의 목소리가 커지면서 민관협력 주택공급 사업 등의 주택정책이 도입되었다.[3] 2017년 이후에는 부동산가격이 다시 급등하는 양상을 보이면서 주택시장의 양극화 현상이 사회적 이슈로 떠오르자 부동산시장에 여러 규제정책들이 도입되었다.

1 1960~1970년대 부동산정책

1960년대에서 1970년대 초반까지는 공업화 및 산업화에 기반을 둔 국토계획 수립과 성장전략의 일환으로 부동산정책을 추진하였다. 특히 국토의 종합적인 개발을 위해 1963년 「국토건설종합계획법」이 제정되었으며, 이를 골자로 한 국토계획의 기본 구상인 「제1차국토종합개발계획(1972~1981)」이 추진된 시기이다. 제1차 국토종합개발계획은 '성장거점 개발 방식'과 '권역별 개발 방식'을 채택하고 전국을 하천 중심으로 4대권 8중권 17소권으로 구분하였다. 이 중에서 8중권을 중심도시와 함께 개발을 추진하는 사업방식을 취하였다. 그 결과 울산, 포항, 마산, 창원, 여수 등에 대규모 신산업단지를 조성하였으며, 경부고속국도와 다목적댐 등을 다수 건설하였다.[4]

이 기간 동안 산업화 및 공업화 추진을 위한 「토지수용법(1962)」, 공업지구 조성을 위한 「토지수용특례법」과 「수출공업단지개발조성법(1964)」 등의 법제 정비가 이루어졌다.

3 이대용, "우리나라 부동산정책 변화에 대한 검토 및 시사점–역대 정부별 주택정책을 중심으로", 주택금융월보, pp. 17, 2013.

4 국가기록원(http://www.archives.go.kr).

도시화를 위한 정책으로서 「도시계획법(1962)」, 「건축법(1962)」, 「부동산투기억제에 관한 특별조치법(1967)」, 「농촌근대화촉진법(1970)」 등을 도입하였다. 주택공급을 위해 1962년 대한주택공사를 설립하였고, 주택공급을 위한 재원 조성과 안정적 관리를 위해 1967년 한국주택금고를 설립하여 주택금융의 토대를 마련하였다.[5]

특히 서울의 강남권 개발에 따른 부동산투기의 조짐이 보이자 정부는 1967년 11월 「부동산투기억제에 관한 특별조치법」을 제정하여 토지세법을 보완하였다. 1968년 1월부터 '부동산투기억제세'를 도입하여 부동산 양도차익의 50%를 과세하고 금융기관의 부동산 담보 취득을 제한하였는데, 이 법은 1974년 12월 21일까지 시행되었다.

2 1970~1980년대 부동산정책

1970년대 초반에서 1980년대 초까지의 부동산정책은 공급확대에 중점을 둔 시기라고 할 수 있다. 정부는 부동산투기가 재현함에 따라 1978년 8월 '부동산투기억제 및 지가안정을 위한 종합대책'을 다시 발표하였다. 그 주요 내용은 토지거래 허가제 및 신고제의 도입, 기준시가 고시지역 대상 확대, 부동산소개업의 허가제 도입, 양도소득세 인상, 공한지 및 비업무용 토지의 과세 대상 지정 등을 포함하고 있다. 도시화가 진행되는 과정에서 난개발을 방지하기 위해 1971년 도시계획법의 일부를 개정하여 개발제한구역 제도를 도입하였다. 대도시 주변에 녹지대를 설정하는 등의 개발제한구역 시행으로 대도시의 과도한 팽창을 억제하는 데 기여하고 있다. 이와는 반대로 특정 지역의 성장을 유도하기 위한 「특정지역개발촉진에 관한 임시조치법(1972)」을 제정하였다.

정부는 1977년 신규 분양아파트 주변 지역의 아파트 가격을 안정시킬 목적으로 신규 분양아파트의 분양가를 직접 통제하는 분양가 상한제를 도입하였다. 동시에 고도 성장기에 재정투자 우선순위에서 밀릴 수밖에 없는 주택공급 부분에 비제도권 민간자금이 수혈될 수 있도록 하는 아파트 선분양제를 도입하였다. 아파트 선분양제는 주택건설업체들이 제도권 금융을 거치지 않고 직접 소비자로부터 무이자로 주택 건설 자금을 조달할 수 있는 길을 열어주었다.[6]

5 국가법령정보센터(http://www.law.go.kr).

6 임덕호, "후분양제의 도입 필요성과 도입방안", 주택연구 Vol 12, No 1 45－70, 2004.

3 1980~1986년 부동산정책

1980년에서 1986년 기간은 고도성장에 따른 인구의 도시집중 심화로 서울을 비롯한 수도권의 주택문제가 심각한 사회문제로 떠오르기 시작한 시기이다. 이 시기에는 「제2차 국토종합개발계획(1982~1991)」의 기본 목표인 인구의 지방정착 유도와 지역개발 촉진을 위한 부동산정책을 시행하였다. 국토의 다핵구조 형성과 지역생활권을 조성하고 후진지역의 개발을 촉진하기 위해 전국을 5대 대도시 생활권, 17개 지방도시 생활권, 6개 농촌도시 생활권으로 구분하여 총 28개의 지역 생활권으로 나누었다.

도시의 주택난을 해소하기 위하여 택지공급 확대를 위한 「택지개발촉진법(1980)」을 제정하였고, 「주택임대차보호법(1981)」, 「청약저축제도(1982)」, 「임대주택건설촉진법(1984)」을 도입하였다. 주택투기를 억제하기 위한 대책으로서 채권입찰제를 도입하여 분양가와 주변시세의 차이를 줄이고자 하였으며 청약과 분양 자격의 강화를 추진하였다. 또한 지가가 급격히 상승하는 지역과 투기적인 거래가 성행하는 지역에 대해서 「토지거래신고제(1984)」와 「토지거래허가제(1985)」를 도입하였다.

4 1987~1992년 부동산정책

1987년에서 1992년 기간은 주택공급 확대정책과 투기억제대책이 부동산정책의 주류를 이루었다. 급속한 도시화에 따른 개발수요 증대로 개발지는 물론 인근 및 주변 지역의 지가 상승으로 이어지면서 사회문제로 대두된 시기였다. 정부는 「택지소유상한에 관한법률」, 「개발이익환수에 관한 법률」, 「토지초과이득세법」으로 구분하는 소위 '토지공개념 3법'을 도입하였다. 정부는 토지공개념 도입의 판단 근거로 다음의 네 가지를 들고 있다. 첫째, 도시화 및 산업화로 토지수요가 급증하는 것에 비해 토지공급이 제한되어 주택 등 건축 가능한 1인당 평균 대지가 점차 줄어들고 있다. 둘째, 지가가 지나치게 상승하여 이로 인한 소득불균형이 심화하고, 공공사업비가 늘어나며, 물가불안도 커진다. 셋째, 토지개발에 따른 지가의 급등으로 발생한 개발이익이 토지소유주 개인의 사익으로 변질되고 있다. 넷째, 법인이 과도하게 토지를 소유하여 개인의 토지가 적고, 그것도 소수에 집중되어 있다. 토지는 사유재인 동시에 공공재적 특성을 갖는 재화이므로 공익을 우선으로 하는 토지소유의 제한은 불가피하다. 토지거래를 규제하여 실수요자의 토지소유를 지원하고,

개발이익을 불로소득으로 보아 세금으로 환수하며, 기업의 과다한 토지보유를 억제하여 토지이용의 효율성을 높이자는 것이 토지공개념 도입의 취지이다.[7]

주택시장의 안정을 위해 '주택 200만호 건설계획'을 발표하였으며, 건설계획에 따라 분당, 평촌, 일산, 중동, 산본의 제1기 수도권 신도시를 건설하였다. 수도권 신도시 조성을 통한 대규모 주택공급은 1990년대 실질주택가격의 하락에 기여한 것으로 평가받고 있다.[8] 특히 이 기간 동안 소득 1~2분위 도시영세민들의 주거안정을 도모하기 위해 도입한 영구임대주택(1989~1993년, 2009년 건설재개)의 공급은 저소득층을 위한 임대주택정책의 전환점이 되었다고 볼 수 있다.

5 1992~1997년 부동산정책

1993년에서 1997년까지는 주택 200만호 건설물량이 주택시장에 본격적으로 공급되기 시작하면서 주택시장이 전반적으로 안정을 유지한 시기였다. 다시 말해 이전 정부의 '주택 200만호 공급확대', '토지공개념', '분양가의 원가연동제' 등의 주택정책이 효과를 나타내기 시작한 시기였다. 이 기간 동안의 대표적인 정책으로서 금융실명제와 부동산실명제를 들 수 있다.[9] 이들 실명제법은 불법거래 및 투기와 세금회피 수단으로 사용하던 명의신탁을 금지하고, 차명으로 거래하던 금융자산 및 부동산자산을 양성화하여 금융 및 부동산거래의 투명성을 제고하는 데 크게 기여하였다. 서민 주거안정을 위해 '50년 공공임대주택제도(1992~1997)'을 도입하였다. 그러나 1997년 외환위기를 겪으면서 주택시장을 포함한 부동산시장은 한 번도 경험하지 못한 대혼란에 빠졌다. 거시경제의 충격은 부동산시장의 위기를 가져오고 이는 다시 거시경제의 충격으로 이어지는 악순환이 나타났다.

7 국가기록원 토지공개념 3법(http://www.archives.go.kr).

8 유승동, "역대정부 주택정책의 평가와 시사점", 기획재정부, 2017.

9 금융실명제는 금융기관과 금융거래 시 실명을 사용하도록 의무화 하고 실명거래에 의한 금융거래 정보에 대해서는 비밀을 보장하도록 하는 제도를 말한다. 부동산실명제는 부동산등기 시 실권리자의 명의로 해야 하고 타인의 명의로 신탁, 즉 이른바 '부동산명의신탁'을 금지하는 것을 말한다(출처: 국가기록원 http://www.archives.go.kr/).

6 1998~2002년 부동산정책

1998년에서 2002년까지는 외환위기를 극복하기 위해 대대적인 부동산시장 규제완화 정책을 도입한 시기였다. 특히 거시경제 충격의 여파로 주택수요가 크게 위축된 상황을 타계하기 위해 규제완화를 중심으로 한 주택정책이 추진되었다. 주택경기를 활성화하기 위해 주택수요를 진작할 수 있는 주택 관련 세금감면, 분양신청요건 완화와 같은 「주택경기활성화대책(1998년 5월)」을 시행하였다. 또한 토지거래 신고구역 및 허가구역 등 토지공개념제도를 완화하였으며, 아파트 분양가를 전면 자율화하여 공급을 촉진시켰다. 외국인의 국내 부동산 투자에 대한 규제를 국제적 규범에 맞는 수준으로 완화하고 외국인의 토지취득을 가능케 하였다. 주택공급을 촉진하고 건설경기를 활성화하며 서민들의 주거복지를 향상시키기 위해 '장기국민임대주택 50만호 건설 정책'을 추진하였다.

1997년 외환위기를 전환점으로 주택금융과 상업용 금융 부분에 많은 변화가 나타났다. 그동안 산업 전반에 커다란 영향을 미치는 주택건설산업과 부동산산업에 있어서 금융의 역할은 지나칠 정도로 제한적이었다. 1997년 외환위기 이후 주택금융 관련 규제완화 및 주택시장 활성화 방안의 시행으로 우리나라의 주택금융시장은 큰 변화를 경험하였다. 여신운용 관련 법률이 1998년 1월에 개정되어 부동산 대출에 대한 규제가 완화되면서 주택의 수요와 공급 부문에 제도권 금융의 역할이 확대되었다.[10]

우리나라의 주택금융은 민영화 이전에는 주로 한국주택은행 등과 같은 공공부문이 주도하였다. 외환위기 이후 민간 금융시장이 본격적으로 가동하면서 진정한 의미의 주택금융 대출이 이루어지기 시작했다. 정부는 주택금융 대출을 활성화하기 위해 1999년 '한국주택저당채권 유동화 주식회사'를 설립하여 주택담보대출채권을 유동화 할 수 있는 길을 열었다. 외환위기 이후 기업과 금융권의 대규모 구조조정으로 기업보유 부동산이 시장에 매물로 쏟아지자 부동산에 대한 수요기반을 확대해야 할 필요성이 제기되었다. 이에 따라 정부가 도입한 「자산유동화에 관한 법률(1988)」과 「부동산투자회사법(2001)」은 상업용 부동산 투자의 간접투자시장의 시대를 여는 계기가 되었다고 볼 수 있다.

10 손진수 외 3인, "우리나라 부동산산업의 발전과정과 과제", 부동산학연구, Vol. 21, No. 3, 2015.

7 2003~2007년 부동산정책

2003년에서 2007년 사이의 부동산정책은 부동산가격 안정을 위한 부동산수요의 억제에 초점을 맞추었으며 후반기에는 부동산공급을 확대하는 정책을 추진하였다. 또한 지역균형발전과 더불어 수도권 부동산시장 안정화를 위해 혁신도시 및 행정중심복합도시 등을 추진하는 등 지방분권과 지역 활성화에 초점을 맞춘 정책을 실시하였다. 2005년 이후 강남 및 수도권 일부 지역의 아파트가격 급등세가 수도권 전역으로 확산하기 시작하였다. 2006년에 정부는 소위 '버블세븐지역(서울의 강남구, 서초구, 송파구, 양천구 목동, 경기도의 용인시, 분당신도시, 평촌신도시)'을 중심으로 투기과열지구를 지정하여 분양권전매를 제한하였다. 더 나아가 2005년 종합부동산세와 2007년 1가구 2주택 소유자에 대한 양도소득세 중과세(세율 50% 적용)를 도입하는 등 부동산시장 안정화를 위한 조세정책을 추진하기도 하였다. 2006년에는 고가주택에 대한 **총부채상환비율**(debt to income ratio: DTI)과 **주택담보대출비율**(loan to value ratio: LTV)을 적용하면서 부동산금융 제도를 활용한 수요억제정책을 추진하였다.

공급확대를 위해 2005년 8월 제2기 수도권 신도시(위례, 판교, 동탄, 김포, 운정, 광교, 양주, 검단, 고덕 등) 개발을 발표하였다. 부동산투기억제를 위한 세제 강화, 부동산금융 대출 억제, 분양자격 요건 강화 등과 같은 수요억제정책은 물론 제2기 신도시 발표 등과 같은 공급확대정책을 병행하면서 포괄적이고 적극적인 부동산시장 안정화 대책을 추진하였다.

8 2008~2012년 부동산정책

2008년에서 2012년 사이에는 미국의 비우량 주택금융대출상품에서 비롯한 '서브프라임 모기지 사태'가 우리나라 부동산시장에도 커다란 영향을 미쳤다. 특히 미국의 서브프라임 모기지 사태에서 유발된 금융위기는 2차 유동화시장 파생상품의 가격 폭락으로 이어졌다. 그 결과 이 상품에 투자한 투자은행 및 기관들이 파산하면서 글로벌 금융시장의 신용경색 및 유동성 위기를 촉발하였다. 미국의 주택시장 발 금융위기는 국내 주택시장의 침체를 가져왔으며, 같은 기간 동안 국내 주택정책도 주택시장 활성화와 경기부양에 초점을 맞추었다.

주택시장 활성화를 위해 지방 미분양지역에 대한 대응책과 건설부문 유동성 지원 대책을 발표하였다. 또한 부동산 관련 세제와 부동산금융 규제를 완화하는 부동산시장 활성화 대책을 발표하였다. 취득세를 감면하고, 종합부동산세 부과 대상 고가주택의 기준을 기존 6억원에서 9억원으로 조정하며, 양도소득세율을 인하하는 부동산 세제를 개편하였다. LTV 규제를 완화하여 금융수요를 확대하고, 서울 강남 3구를 제외한 수도권의 모든 지역을 투기지역 지정에서 해제하였다. 더 나아가 분양가 상한제의 폐지와 함께 전매제한 조건을 완화하였다. 2008년 9월에는 '도심공급 활성화 및 보금자리주택 건설 방안'을 발표하였다. '보금자리주택'이란 주변시세보다 15~50%까지 저렴한 아파트를 공공이 재정 또는 기금의 지원을 받아 건설하거나 매입하여 공급하는 중소형 분양주택과 임대주택을 포괄하는 주택을 말한다.

9 2012~2016년 부동산정책

2012년에서 2016년 중반까지의 부동산정책은 임대주택시장의 안정과 부동산시장의 활성화에 초점을 맞추고 있다. 이 기간 동안 주택가격의 상승세가 둔화하자 매매수요가 줄어들면서 전세수요가 증가하는 임대차시장의 변화가 나타나기 시작했다. 특히 낮은 금리로 인해 전세에서 월세로 전환하는 임대 물건들이 늘어나면서 전세가격이 급등하자 정부는 전세수요를 매매수요로 전환하기 위한 대책을 내놓기 시작했다. 2013년 4.1대책에서 매입주택에 대해서는 5년간 양도소득세를, 생애최초주택 구입에 대해서는 취득세를 각각 면제하여 금융위기 이후 침체에 빠진 주택시장의 매매수요를 자극하는 정책을 발표하였다. 또한 이익과 손익 구조를 대출자와 분담하고 이자율을 파격적으로 낮게 책정한 '공유형 모기지제'를 도입하여 매매수요를 진작하고자 하였다.

2014년에는 LTV와 DTI를 70% 수준으로 완화하고 재건축 연한 조정(40년에서 30년으로)과 청약 1순위 자격 완화를 통해 기존주택 및 신규 분양주택의 수요를 늘리는 정책을 추진하였다. 부동산경기 침체기에 임대주택 건설 관련 주택도시기금의 이월액이 감소하는 현상이 나타나면서 기금과 공공기관의 부실 문제가 부상하였다. 이를 타계하기 위해 민간의 자금을 임대주택건설에 활용하는 '공공임대주택리츠'를 도입하고 중산층을 위한 기업형 임대주택인 '뉴스테이' 건설을 추진하였다.

이후 부동산가격이 상승세로 돌아서고 저금리 기조에 따른 주택담보대출이 증가하자 정부는 2016년 가계부채 관리 방안을 담고 있는 11.3대책을 발표하였다. 11.3대책에는 강남 4구 투기과열지역의 분양권 전매 금지 및 청약 1순위 조건의 강화를 담고 있어 부동산 정책이 부양에서 안정화 기조로 선회하기 시작했다.

임대차시장에서 비제도권에 있던 임대인들의 전세가 및 임대료 인상이 사회문제로 부상하자 비제도권 임대인들을 제도권으로 유도하기 위한 임대주택 등록제를 시행하였다. 임대주택 등록제의 목표는 임대료 인상폭 등을 통제함으로써 전월세 가격 안정을 기하는 데 있다. 이를 위해 정부는 임대주택 등록 주택에 대해서는 양도소득세 감면, 종합부동산세 합산 배제, 장기보유 특별공제, 취득세와 재산세 등 지방세 감면, 건강보험료 감면 혜택 등을 부여하고 있다.

10 2016년 이후 부동산정책

2016년 이후 서울과 수도권을 중심으로 부동산가격이 급등하기 시작하자 정부는 주택수요를 억제하는 강력한 투기억제책을 내놓기 시작했다. 2017년 8.2대책에서 서울 전 지역을 투기과열지구로, 강남 4구를 포함한 11개 구를 투기지역으로 지정하였다. 이들 지역에 대해서는 양도소득세를 강화하고 DTI와 LTV를 40% 수준으로 강화하는 주택금융 규제책을 발표하였다. 10.24대책에서는 가계부채 종합대책으로서 신DTI와 총부채원리금상환비율을 적용하는 가계대출 규제책을 추가로 발표하였다. 총부채상환비율(debt to income ratio: DTI)을 나타내는 DTI의 경우 대출 한도를 산정할 때 기존DTI에서는 기존대출의 이자 상환액만 반영했지만 신DTI에서는 기존대출의 원금까지 더해 산정하도록 하였다.

$$\text{기존}DTI = \frac{\text{신규주택담보대출원리금상환액} + \text{기존주택담보대출이자상환액}}{\text{연소득}}$$

$$\text{신}DTI = \frac{\text{신규주택담보대출원리금상환액} + \text{기존주택담보대출원리금상환액}}{\text{연소득}}$$

총부채원리금상환비율(debt service ratio: DSR)은 가계대출을 사람의 소득 대비 전체 금융부채의 원리금 상환액 비율로 나타내며 연간 총부채 원리금 상환액을 연간 소득으로 나누는 방식으로 산출한다.

$$DSR = \frac{\text{기존주택담보대출원리금상환액} + \text{금융권 모든 대출의 원리금 상환액}}{\text{연소득}}$$

그동안 법제정 이후 시행을 유예했던 '재건축초과이익환수제'는 2018년 1월부터 시행하면서 재건축 대상 아파트를 중심으로 한 투기과열을 진정시키는 효과를 가져왔다. 이 제도는 재건축을 통해 정상적인 주택가격 상승분을 초과하는 이득에 대해서는 최대 50%까지 초과이익을 환수할 수 있도록 정하고 있다.

2018년 8.2대책에서는 투기과열지구 적용 지역을 서울 전역 25개 구에서 경기 과천시와 세종시를 포함하는 27개 지역으로 확대하였다. 투기지역도 서울 강남 4구를 포함한 11개 구에서 추가로 세종시를 포함하는 12개 지역으로 확대하였다. 1세대 1주택 양도소득세 비과세 요건을 강화하고 투기지역에서 주택담보대출 건수를 차주당 1건에서 세대당 1건으로 강화하였다. 더 나아가 투기과열지구에서는 재건축 조합원 분양권 전매를 제한하고 재건축 또는 재개발 아파트 분양 시 5년간 재당첨을 제한하는 규정을 도입하였다.

8.2대책 발표로 진정세를 보일 것으로 기대했던 주택가격이 오히려 급등하는 현상이 나타나자 정부는 초강수를 두는 9.13대책을 발표하였다. 9.13대책의 핵심은 종합부동산세 강화, 주택담보대출 규제 강화, 임대사업자 혜택 축소 세 가지로 요약할 수 있다. 종합부동산세 강화 대책에는 다주택자에 대한 종합부동산세율을 3.2%로 강화하고, 과표에 반영하는 공정시장가액 비율을 연 5%씩 100%까지 인상하는 안을 담고 있다. 주택담보대출 규제 대책에는 2주택 이상 소유자는 규제지역 내 주택담보대출을 금지하며, 소위 말하는 '갭투자'를 막기 위해 전세자금대출 공적 보증을 금지하는 조치를 담고 있다. 임대사업자 혜택 축소 대책에는 그동안 임대주택 사업자 등록을 유도하기 위해 각종 세제 감면 및 주택담보대출 혜택을 부여했던 것을 투기지역 및 투기과열지구 내 주택에 대해서는 제외하는 내용을 담고 있다. 12월에는 제3기 수도권 신도시(과천지구, 계양테크노밸리, 왕숙지구, 교산지구) 개발을 발표함으로써 공급확대정책도 병행하는 주택가격 안정 정책을 추진하고 있다. 그 결과 9.13대책 이후 주택시장은 '거래절벽'이라는 말이 나올 정도로 급격히 냉각되는 모습을 보이고 있다.

11 역대정부의 대표적인 부동산정책

앞에서는 연도별 또는 기간별 우리나라 부동산정책의 변천사에 대해 알아보았다. 많은 사람들은 우리나라 부동산정책에 대해 보수정부에서는 부양책을 진보정부에서는 억제책을 시행하는 것으로 생각하는 경향이 있다. 그러나 [표 11-1]~[표 11~3]에서 알 수 있듯이 우리나라 부동산정책은 정부의 성향과는 상관없이 새정부가 출범할 당시의 부동산 시장 여건에 따라 부양책 또는 억제책을 사용하는 것이 일반적이다. 또한 대부분의 역대 정부들은 실물경기가 침체기에 있을 때 실물경기 부양 수단으로서 부동산정책을 활용했던 것이 사실이다.

표 11-1 역대정부의 주요 부동산정책: 제6공화국~국민의정부

	제6공화국	문민정부	국민의정부
공급촉진 정책	• 주택 200만호 건설		• 주택건설 확대 • 지방건설 활성화
공공임대 주택			• 국민임대주택 50만호 등 장기임대주택 건설
세제 및 금융		• 근로자주거안정지원 • 소득세법시행령 개정 • 주택건설업체 자금난 완화 • 임대주택 국민주택기금 지원확대	• 서민주거생활 안정을 위한 전 · 월세 종합대책 • 임대주택을 위한 국민주택 기금 지원확대 • 양도소득세 완화 • 자금지원 • 양도소득세 강화
제도개선	• 주택임대차보호법 개정 • 토지공개념법 제정 • 임대주택건설촉진법 개정	• 부동산실명제 • 택지소유상한에 관한 법률 시행령 개정	• 주택청약제도 개선
규제정책 (완화 포함)	• 채권입찰상한제 • 아파트분양가원가연동제	• 소형의무비율완화 • 일부지역 중대형분양가 규제 폐지 • 민간임대주택 규제완화	• 외국인 토지소유 규제완화 (등록 → 신고제)
종합정책	• 부동산종합정책		• 주택시장 전망과 안정대책 • 서민주거안정대책

주: 김주영(2010) 내용 보완.

표 11-2 역대정부의 주요 부동산정책: 참여정부~박근혜 정부

	참여정부	이명박 정부	박근혜 정부
공급촉진 정책	• 3.30주택시장 합리화 방안	• 도시 소형주택 공급활성화	
공공임대 주택	• 국민임대주택 100만호 건설계획		
세제 및 금융	• 임대주택사업 활성화	• 가계 주거비 부담완화 및 건설부문 유동성 지원 등 • 주택미분양해소 및 거래활성화 • 전월세시장 안정화	• 전월세 소득과세 • 공유형 모기지, 취득세 인하 • LTV, DTI 규제 완화
제도개선	• 서민주거안정과 부동산투기억제를 위한 부동산제도 개혁방안 • 후분양 활성화 • 주택 · 택지공급제도 개선		
규제정책 (완화 포함)	• 투기과열 지구내 분양권 전매제한 • 재건축시장안정대책 • 투기과열지구 탄력운용 • 재건축 임대주택의 건축비 및 건설비율 규정	• 경제난국 극복 종합대책	• 재건축규제합리화, 청약제도 개편 등
종합정책	• 주택시장안정 종합대책	• 주택거래 정상화 및 주거안정지원	• 주택시장 정상화

주: 김주영(2010) 내용 보완.

표 11-3 역대정부의 부동산정책: 문재인 정부

	문재인 정부
공급촉진정책	제3기 수도권 신도시(과천지구, 계양테크노밸리, 왕숙지구, 교산지구) 개발 발표
공공임대주택	무주택 청년들을 위한 소형임대주택 30만호 공급
세제 및 금융	양도소득세 강화, 종합부동산세 강화, 공정시장가액 비율 단계적 상향, 임대사업자 세제감면 혜택 폐지 또는 축소, 재건축초과이익 환수제 시행, LTV 및 DTI 강화 및 DSR 도입, 규제지역 내 다주택자 주택담보대출 금지
제도개선	공공주택(공공택지 내 민영주택 포함) 후분양제 도입, 분양원가공개 항목 확대
규제정책 (완화 포함)	투기과열지구 및 투기지역 확대 지정, 규제지역 내 분양주택 청약 1순위 자격 요건 강화, 재건축 및 재개발 조합원 지위 양도, 분양권 전매 제한 및 재당첨 금지 요건 강화
종합정책	주택가격 안정 종합대책 및 주거 양극화 완화

제3절 부동산정책의 분류

정부가 부동산시장에 개입하는 목적은 그 당시의 부동산시장 여건에 따라 크게 효율성과 형평성 두 가지로 나눌 수 있다. 제3절에서는 정부의 부동산시장 개입 방식을 좀 더 자세히 살펴보기 위해 부동산정책을 수요관리정책과 공급관리정책으로 구분하고 각 부문별 직접개입 방식과 간접개입 방식의 차이를 알아보기로 한다.[11] 수요관리정책(demand management policy)이란 수요의 변화를 유발하는 정책으로서 부동산 수요의 억제 또는 촉진을 위한 정책이다. 공급관리정책(supply management policy)은 부동산의 공급, 즉 개발 및 건설 관련 정책으로서 중장기적으로 시장에 공급이 이루어지는 시점에야 효과가 나타나는 정책이다. 따라서 부동산시장에서 수요관리정책의 효과는 단기간에 나타나는 반면에 공급관리정책의 효과는 심리적 요인을 제외하면 중장기간에 걸쳐 나타날 수 있다.

[표 11-4]는 정부의 부동산정책을 시장개입 방식에 따라 직접개입과 간접개입으로, 그리고 수요와 공급 어느 부문에 영향을 미치느냐에 따라 수요관리정책과 공급관리정책으로 구분한 것이다. 직접개입 방식은 정부가 시장을 직접적으로 개입하고 통제하는 정책을 의미한다. 예를 들면 분양가격의 통제, 거래의 제한, 투기과열지구 지정, 임대주택의 공급 등과 같이 시장에 직접적인 통제 또는 직접적인 공급을 통해 시장에 정책적인 개입을 하

표 11-4 부동산정책의 구분

구분	수요관리정책	공급관리정책
직접개입	투기과열지구지정/해제 전매제한 토지거래 허가 및 신고제 분양가 상한제	택지공급 공공임대주택공급 재건축/재개발 규제 용적률 규제
간접개입	부동산금융규제(LTV/DTI/DSR) 부동산금융상품 주택청약제도 개선 부동산조세(거래세 및 보유세)	MBS/PF 등 유동화를 통한 공급금융 활성화 임대주택등록제 시공 및 분양보증제도 공공지원 민간임대주택리츠

11 본 내용은 다음의 내용을 참고하였다. 이용만, "부동산정책의 규제완화 방향 – 주택정책을 중심으로", 부동산도시연구 제1권 1호, pp. 5~22, 2008.

는 것이다. 간접개입 방식은 정부가 수요와 공급에 영향을 미치는 요인들을 변화시켜 간접적으로 시장에 개입하는 것을 의미한다. 예를 들면, 조세제도, 정책금리 조정, 금융지원 등과 같이 시장의 수요와 공급에 영향을 미치는 요인들은 간접적으로 개입하는 정책에 해당한다. 물론 정책에 따라서는 수요뿐만 아니라 공급에도 영향을 미치기도 한다. 예를 들어 분양가 상한제는 수요에 직접적으로 영향을 미치면서 장기적으로는 공급에도 영향을 미치는 주택정책에 해당할 수 있다.

1 직접개입 방식

정부가 부동산수요의 억제 또는 활성화를 위해 사용하는 직접개입 방식 부동산정책은 투기과열지구의 지정 및 해제, 전매제한, 토지거래 허가 및 신고제, 그리고 분양가 상한제 등이 있다. 투기과열지구는 부동산가격 상승률이 소비자물가지수 상승률을 넘어선 지역을 대상으로 국토교통부장관이 주거정책심의위원회의 심의를 거쳐 지정하거나 해제할 수 있다. 투기과열지구로 지정이 되면 분양권 전매 금지 등 주택거래가 제한되고, 양도소득세 중과 등 세금 부담이 커지며, 주택담보대출 등 금융혜택도 줄어드는 등의 제한을 받는다.

전매제한이란 투기과열지구, 분양가 상한제 적용 주택, 그리고 수도권 공공택지 이외의 택지에서 건설 공급하는 주택의 입주자로 선정된 사람이 전매제한기간 이내에 그 주택 또는 지위를 타인에게 양도할 수 없는 것을 말한다.[12] 거주 의무기간 확인 제도는 거래를 위해서는 거주 의무기간을 확인해야 한다는 것을 의미한다. 국가가 시행하는 개발사업 등으로 투기적인 거래가 성행하거나, 지가가 급등하는 지역 또는 그러한 우려가 있는 지역의 경우에는 국토교통부장관이 토지거래 허가 및 신고지역으로 지정할 수 있다. 이 지역에서 토지거래 시 거래당사자는 공동으로 시장 · 군수 또는 구청장의 허가를 받아야 하며, 허가를 받지 않고 체결한 토지거래 계약은 그 효력이 발생하지 않는다. 분양가 상한제는 주택분양 시 택지비와 건축비에 주택건설업체의 적정이윤을 더해 분양가격을 산정한 후 그 가격 이하로 분양하도록 정한 제도로서 공공분양과 민간분양 대상의 범위는 국토교통부장관이 지정할 수 있다. 이러한 정책들은 단기적으로 부동산수요를 억제 혹은 활성화하

12 생활법령(easylaw.go.kr).

표 11-5 공공임대주택의 유형별 특성

구 분	정 의
영구임대주택	• 국가나 지방자치단체의 재정을 지원받아 최저소득 계층의 주거안정을 위하여 50년 이상 또는 영구적인 임대를 목적으로 공급하는 공공임대주택
국민임대주택	• 국가나 지방자치단체의 재정이나 「주택도시기금법」에 따른 주택도시기금(이하 '주택도시기금'이라 한다)의 자금을 지원받아 저소득 서민의 주거안정을 위하여 30년 이상 장기간 임대를 목적으로 공급하는 공공임대주택
행복주택	• 국가나 지방자치단체의 재정이나 주택도시기금의 자금을 지원받아 대학생, 사회초년생, 신혼부부 등 젊은 층의 주거안정을 목적으로 공급하는 공공임대주택
장기전세주택	• 국가나 지방자치단체의 재정이나 주택도시기금의 자금을 지원받아 전세계약의 방식으로 공급하는 공공임대주택
매입임대주택	• 국가나 지방자치단체의 재정이나 주택도시기금의 자금을 지원받아 기존주택을 매입하여 「국민기초생활보장법」에 따른 수급자 등에게 공급하는 공공임대주택
전세임대주택	• 국가나 지방자치단체의 재정이나 주택도시기금의 자금을 지원받아 기존주택을 임차하여 저소득 서민에게 전대(轉貸)하는 공공임대주택

자료: 국토교통부, 2016.

기 위한 수요관리정책에 속한다.

정부가 직접 공급부문에 개입하는 공급관리정책의 예로서 택지공급, 공공임대주택 공급, 재건축 및 재개발 규제, 용적률 규제 등을 들 수 있다. 정부의 공공택지 공급은 주택용지를 공급하는 데 가장 중요한 원천이다. 민간건설사 입장에서도 주요 용지 공급처가 LH공사의 주택용지임을 감안하면 정부의 택지공급이야말로 중장기 공급에 절대적인 영향을 미칠 수 있는 공급관리정책에 속한다. 공공임대주택은 국가의 재정 혹은 주택도시기금을 활용하여 공급하며 공공건설임대주택과 공공매입임대주택으로 구분한다. 우리나라에서는 시기별로 여러 명칭의 임대주택 공급이 이루어졌다. 우리나라 공공임대주택의 유형별 특성은 [표 11-5]에 잘 나타나 있다. 우리나라는 공공임대주택에 거주하는 가구의 비율이 2014년 기준 6.27%로 영국 18.2%(2011년), 프랑스 17.4%(2014년), 네덜란드 33.0%(2011년), 스웨덴 19.0%(2012년)과 비교하면 매우 낮은 수준이다. 이는 '10년 임대 후 분양전환' 물량을 제외한 수치이지만, 우리나라처럼 임대료의 변동성이 높은 나라에서는 임대주택의 비율을 훨씬 더 높여야 한다는 것이 학계의 주장이다.

일반적으로 재건축 및 재개발 사업은 주택가격에 상승 압력으로 작용할 가능성이 크기 때문에 주택시장 과열 시 재건축 및 재개발 사업에 대한 규제를 강화하는 것이 일반적이다. 예를 들면 재건축초과이익환수제, 투기과열지구의 경우 조합원 지위 양도 제한, 임대주택 의무 공급비율 조정, 재당첨 제한, 재건축 연한 및 안전진단 요건 조정 등을 통해 재건축 및 재개발 사업에 직접적으로 개입한다. 재건축초과이익환수제는 재건축을 통해 발생하는 개발이익(초과이익)을 환수하여 이를 주택가격 안정화 및 사회적 형평성을 위해 재분배한다는 취지로 2006년에 제정되었으나 그동안 시행을 유예하다가 2018년 1월부터 그 효력을 발휘하고 있다.

정부는 주택의 공급을 직접적으로 통제하기 위해 용적률 규제를 강화하거나 완화하기도 한다. 예를 들면 서울의 특정 지역에서 주택공급을 확대하기 위해 준주거지역 혹은 역세권을 중심으로 용적률을 높이는 정책을 추진하기도 한다. 용적률(ratio of building volume to lot)이란 대지 면적에 대한 건물 연면적의 비율을 말한다. 예를 들어 건폐율(building coverage ratio)(=건물바닥면적/대지면적) 50%에 용적률이 200%라면 100평의 대지에 바닥면적 50평짜리 건물을 4층까지 올릴 수 있다는 것을 의미한다. 특히 재건축 시 용적률이 높을 경우 지을 수 있는 가구수가 늘어나므로 조합원들이 부담해야 할 분담금이 줄어들어 재건축 사업 수익성이 높아진다. 재건축 연한을 현행 30년에서 40년으로 조정할 경우 장기적으로 재건축 공급물량은 감소한다. 그러나 재건축 연한까지 기다리면서 발생하는 금융비용이 그만큼 증가하므로 단기적으로 재건축 대상 아파트에 대한 수요의 감소로 가격이 하락할 수 있다.

2 간접개입 방식

정부가 수요관리정책을 통해 부동산시장에 간접적으로 개입하는 경우는 부동산금융 규제, 부동산금융 상품, 주택청약 제도 개선, 부동산조세 제도 등이 있다. 부동산금융 규제의 대표적인 예는 주택담보대출비율과 총부채상환비율 규제가 있다. 주택담보대출비율(loan to value ratio: LTV)이란 주택을 담보로 대출을 할 때 인정하는 담보대출의 총액을 의미한다. 따라서 LTV 규제를 강화하면 LTV 비율이 낮아져 같은 가격의 집을 구입하더라도 대출금액은 작아진다. 총부채상환비율(debt to income ratio: DTI)이란 금융부채 상환능력을 소득으로 따져서 대출 한도를 정하는 규제이다. 총부채원리금상환비율(debt service ratio: DSR)이란 모든 대출 원리금 상환액을 연소득과 비교해 대출 한도를 정하는 것을 말한다. 기존의 DTI는 신규 주택담보대출 원리금과 기존의 주택담보대출 이자만을 더한 값을 연소득으로 나눈 비율이지만 DSR은 모든 대출의 원리금 상환액을 연소득으로 나눈 비율이므로 대출규제를 더 강화한 셈이다.

부동산시장에 부동산금융 상품을 출시하는 것은 부동산시장의 수요에 간접적으로 영향을 미칠 수 있다. 대표적인 예로서 고령자의 주거문제와 연금문제를 동시에 해결하기 위한 주택연금 출시와 주택구입이 용이하도록 하는 고정금리 장기대출 상품의 출시를 들 수 있다. 또한 생애최초주택 구입자들을 위한 대출이라든지 특정 계층을 위해 출시하는 주택금융 대출상품들도 부동산시장의 수요에 간접적으로 영향을 미친다. 중앙은행의 금리정책 또한 부동산시장을 포함한 경제 전반에 커다란 영향을 미친다. 특히 중앙은행이 정하는 기준금리는 부동산시장에서 주택금융 상품의 대출금리와 주택금융 수요에 영향을 미치는 중요한 요소이다. 기준금리는 제7장에서 설명했듯이 상업용 부동산시장에서 수익용 부동산의 자산평가와 직결되는 자본환원율에 영향을 미친다. 따라서 기준금리는 주택시장과 상업용 부동산시장에서 수요에 간접적으로 영향을 미치는 요소이다. 또한 기준금리는 건설에 필요한 자금의 대출금리를 결정하는 데 영향을 미치므로 공급에도 간접적으로 영향을 미치는 요소이다.

정부가 간접개입 방식으로 부동산시장에서 공급에 영향을 미치는 예로서 유동화시장의 활성화를 통한 주택금융 공급의 확대를 들 수 있다. 이것은 유동화중개기관인 주택금융공사를 통해 주택저당채권(mortgage backed securities: MBS)을 발행하여 주택시장에 대출자금을 지속적으로 공급하는 정책을 의미한다. 프로젝트 금융(project financing: PF) 또한 공급에 간접적으로 영향을 미치는 정책수단이 될 수 있다. 프로젝트담보대출채권은 시공사의 시공보증을 바탕으로 부동산프로젝트를 담보물로 설정한 채권을 말한다. 이 채권은 부동산프로젝트를 통해 미래에 발생하는 현금흐름을 기초자산으로 하여 대출채권을 발행하는 구조이다. 정부는 PF대출 관련 부동산금융정책을 활용하여 공급에 간접적으로 영향을 미친다.

임대주택의 공급에 정부가 간접적으로 개입하는 방식으로서 임대주택 등록제를 들 수 있다. 정부는 임대주택의 제도권 등록을 유도하여 임대기간을 4~8년으로 장기화하고 임대료 상승률을 연 5% 이내로 제한하는 정책을 추진하고 있다. 임대주택 등록제는 비제도권의 전·월세 임대주택시장을 제도권으로 유인함으로써 임대주택시장에서 공급에 간접적인 영향을 미칠 수 있다.

시공보증과 분양보증은 주택사업자가 파산 등으로 공사를 중단하는 사유가 발생할 때 건축물의 시공을 보증하고 분양이행 또는 납부한 분양대금의 환급을 책임지는 보증을 말한다. 이와 같은 보증제도는 주택공급의 안정성을 강화함으로써 정부가 공급에 간접적으로 개입하는 효과를 갖는다. 공공지원 민간임대주택리츠 또한 정부가 공급에 간접적으로 개입하는 것으로 볼 수 있다. 정부재정의 한계를 보완하는 수단으로서 민간자금을 투자에 끌어들이는 부동산금융정책은 임대주택의 공급에 간접적으로 영향을 미친다.

3 주택시장 안정화 대책과 활성화 대책

우리나라 주택시장 관련 정부대책은 크게 안정화 대책과 활성화 대책으로 구분할 수 있다. 주택시장의 안정화 대책은 주택시장의 과열을 막기 위한 가격안정 대책이라 할 수 있다. 반면에 활성화 대책은 외환위기 혹은 금융위기 등과 같이 경제위기 시에 침체에 빠진 주택시장을 살리기 위한 대책이라고 말할 수 있다.

1) 주택시장 안정화 대책

역대정부들이 추진했던 주택시장 안정화 대책들을 분석하면 다음과 같다. 첫째, 주택시장 안정화 대책으로 사용한 정책들은 주로 단기적으로 효과를 발휘할 수 있는 수요관리

그림 11-2 주택 보유세의 강화가 주택시장에 미치는 영향

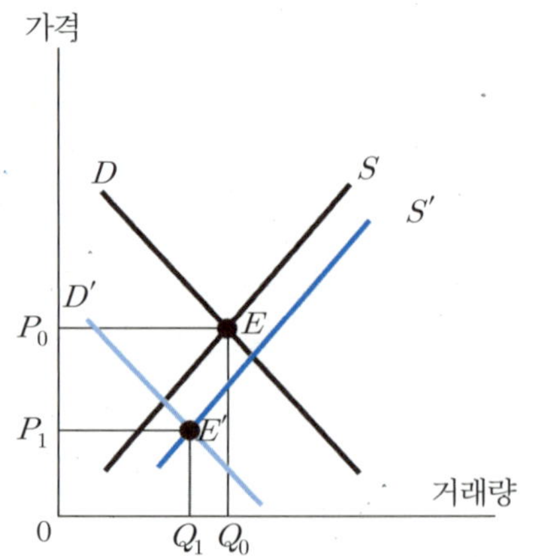

그림 11-3 양도소득세의 강화가 주택시장에 미치는 영향

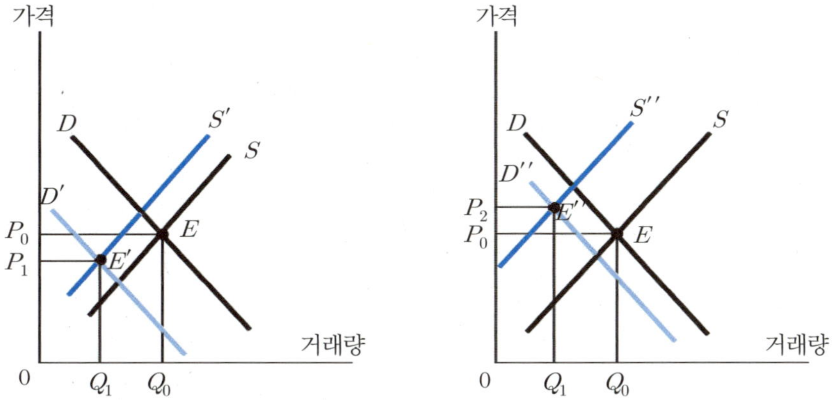

(a) 수요의 감소가 더 클 경우 (b) 공급의 감소가 더 클 경우

정책이 주류를 이루고 있다. 수요관리정책의 예로서 투기지역 및 투기과열지구를 지정하여 거래를 규제하고, 주택 보유세 및 양도소득세 등과 같은 세제를 강화하며, LTV · DTI · DSR과 같은 부동산금융을 규제하는 등의 정책들을 들 수 있다. 둘째, 주택시장 과열이 장기화할 경우 수요관리정책뿐만 아니라 공급관리정책도 병행하는 경향이 있다. 예를 들면 장기적으로 효과를 발휘할 수 있는 신도시 개발이나 임대주택 확대 등과 같은 대규모 주택공급계획은 대표적인 공급관리정책에 해당한다.

[그림 11－2]는 재산세나 종합부동산세와 같은 주택 보유세의 강화가 주택시장에 미치는 영향을 나타낸다. 주택 보유세를 강화하기 이전에 주택가격과 거래량은 수요와 공급이 일치하는 점 E에서 각각 P_0와 Q_0이다. 정부가 주택 보유세를 강화하면 주택에 대한 수요는 감소하므로 수요곡선은 좌측으로($D \rightarrow D'$) 이동하고 기존주택의 공급은 증가하므로 공급곡선은 우측으로($S \rightarrow S'$) 이동한다. 정부가 주택 보유세를 강화할 경우 새로운 균형점 E'에서 가격은 P_0에서 P_1으로 하락하고 거래량은 Q_0에서 Q_1으로 감소한다.

[그림 11－3]은 양도소득세를 강화할 경우 주택시장에 미치는 영향을 나타낸다. 양도소득세를 부과할 경우 양도차익에 따른 세금 부담을 우려한 나머지 기존주택의 공급이 감소한다면 공급곡선은 좌측으로 이동한다. 마찬가지로 양도소득세 부담액이 늘어나면 세금을 제외하고 남은 순투자수익의 감소로 주택에 대한 수요가 감소하므로 수요곡선 또한

그림 11-4 주택금융규제 강화와 주택공급 확대 효과

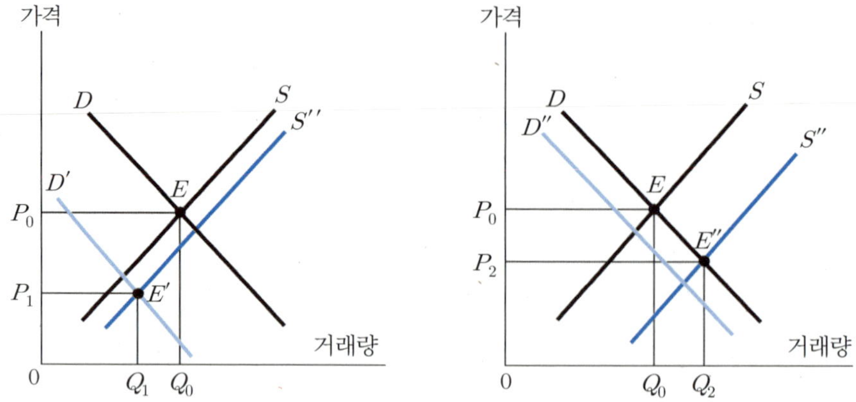

(a) 수요의 감소가 더 클 경우 (b) 공급의 증가가 더 클 경우

좌측으로 이동한다. 따라서 [그림 11−3] (a)와 (b)에서 보듯이 양도소득세를 강화할 경우 새로운 균형점 E'에서 주택 거래량은 모두 감소한다. 그러나 주택가격은 수요와 공급의 감소 정도에 따라 상승할 수도 혹은 하락할 수도 있다. [그림 11−3] (a)처럼 공급곡선보다 수요곡선의 좌측 이동이 더 크게 나타난다면 새로운 균형점 E'에서 가격은 P_0에서 P_1으로 하락한다. 반대로 그림 (b)와 같이 공급곡선의 좌측 이동이 더 크게 나타난다면 가격은 P_0에서 P_2로 상승한다. 양도소득세 강화에 따른 수요와 공급의 감소 정도는 그 당시의 주택시장 상황과 정부의 정책의지에 따라 다르게 나타날 수 있다.

정부가 LTV · DTI · DSR과 같은 부동산금융 규제를 강화하는 것은 주택수요를 감소시켜 주택시장 과열을 진정시키려는 대표적인 수요관리정책에 해당한다. 따라서 [그림 11−4]와 같이 수요곡선은 좌측으로 이동한다. 정부가 신도시개발 등과 같은 대규모 주택공급계획을 발표할 경우 주택 구입을 미루는 실수요자들이 나타나기 때문에 주택에 대한 수요곡선은 좌측으로 이동한다. 정부의 대규모 주택공급계획의 발표는 장기적으로 신규주택의 공급을 큰 폭으로 증가시키므로 공급곡선은 우측으로 이동한다. 단기적으로도 심리적 효과에 의해 기존주택의 공급물량이 증가할 수 있다. 결론적으로 정부가 주택금융 규제 강화와 주택공급확대 정책을 동시에 추진한다면 주택에 대한 수요곡선은 좌측으로 이동하고 공급곡선은 우측으로 이동하므로 [그림 11−4]의 (a)와 (b)에서 보듯이 주택가격은 하락한다. 그러나 이 경우 주택 거래량은 수요곡선과 공급곡선의 상대적 이동 폭에 따라 증가할 수도 혹은 감소할 수도 있다. [그림 11－4] (a)에서 보듯이 주택금융 규제 강화에 따른 주택수요의 감소가 대규모 주택공급계획 발표에 따른 주택공급의 증가보다 더 크게 나타날 경우 주택 거래량은 Q_0에서 Q_1으로 감소한다. 반면에 그림 (b)에서 보듯이 주택공급의 증가가 주택에 대한 수요의 감소보다 더 크다면 주택 거래량은 Q_0에서 Q_2로 증가한다.

2) 주택시장 활성화 대책

침체에 빠진 부동산경기를 살리기 위한 부동산 활성화 대책에서도 여러 수요관리정책들을 포함한다. 특히 부동산시장 안정화 대책에서 수요억제를 위해 규제했던 정책들을 완화하는 수요촉진 정책들을 포함한다. 예를 들면 양도소득세 감면, 종합부동산세 완화, 주택 구입을 위한 세제 지원, 저리의 주택담보대출 상품 등이 이에 해당한다. 또한 재건축 및 재개발 관련 규제를 완화하는 정책들을 포함한다. 재건축 및 재개발 관련 대책들은 장기적으로 주택공급을 확대하여 주택가격 안정에 기여한다는 점에서 활성화 대책과 안정화 대책 모두에 속할 수 있다. 각각의 주택시장 활성화 대책이 주택시장에 미치는 효과는 주택시장 안정화 대책과 반대로 나타나며, 활성화 대책의 분석 기법은 안정화 대책의 분석 방식과 유사하므로 생략한다.

제4절 지속가능 주택정책

1 임차가구의 주거안정 대책

현재 우리나라는 선진국들에 비해 상대적으로 자가보유율이 낮고 임차가구 비율이 높은 편이다. 따라서 임차가구의 주거안정을 위한 인프라 구축을 지속적으로 추진할 필요가 있다. 우선 주택 임대시장에서 전세보증금에 대한 안정성 확보가 필요하다. 현재 임차인 전세보증금의 안전한 반환을 위한 '전세금 반환 보증상품'이 출시되어 운영 중이나 가입자 수는 미미한 실정이다. 주택 임대시장에서 큰 부분을 차지하고 있는 전세시장의 안정성을 담보하기 위해서는 전세보증금 상품의 확대와 함께 가입자 수를 늘릴 수 있는 제도적 장치가 필요하다.

둘째, 월세로 전환하는 세입자들의 주거비 부담을 완화시킬 수 있는 방안을 강구해야 한다. 현재 세입자들의 주거비 부담을 완화하기 위해 전월세 상한선을 설정하는 제도가 있기는 하지만 유명무실한 상태다. 전월세 등록 제도를 활용하여 비제도권에 있는 전월세 시장을 제도권으로 유도할 필요가 있다. 이를 통해 장기계약을 유도하고 실질적인 전월세 상한제의 적용 등으로 임차인에게 혜택이 돌아갈 수 있는 방안을 마련해야 한다. 또한 임대주택 소유주의 전월세 소득을 정확히 파악하여 적정 세금을 부담하도록 하는 조세의 형평성에도 관심을 가져야 한다. 전자계약서의 도입, 표준임대료에 대한 정보 공시 등을 통해 시장의 투명성을 높이고 전월세 인상폭을 적절히 통제할 수 있는 자료를 축적해 나가야 한다.

2 1인 가구 증가와 주택정책

지난 30여년 동안 우리나라 가구 구성의 특성은 핵가족화의 가속화라고 말할 수 있다. 절대적 우위를 점유했던 4인 가구가 급감하고 1인 가구가 급증하고 있다. 특히 2015년 기준 1인 가구 중 가장 큰 비중을 차지하고 있는 것은 바로 청년층 가구이다. 1인 가구의 증가는 사회적 · 경제적으로 새로운 주거문화를 형성하고 주택시장에 커다란 영향을 미칠 것으로 예상한다. 주택시장에서 과거와는 달리 소형주택의 공급물량이 지속적으로 증가하고 있는 것도 바로 1인 가구의 증가에 따른 주택수요의 변화에 기인한다. 1인 가구의 특성상 주택소유에 대한 욕구도 다인 가구에 비해 낮은 것으로 나타나 주택시장의 거래 유형에도 커다란 영향을 미칠 것으로 생각한다. 현재 국내 1인 가구의 주거환경은 다인 가구에 비해 인프라가 부족한 편이다. 1인 가구 현황을 정확히 파악하여 연령별 소득별 1인 가구 특성에 부합하는 주거정책을 수립할 필요가 있다.

3 인구 감소와 빈집 문제

인구의 고령화 및 저출산 문제는 심각한 경제적 · 사회적 문제로 부상하고 있다. 인구 감소와 인구구조의 변화는 가구수 감소로 나타나고, 이는 곧 일본과 같은 선진국에서 사회적 이슈로 부상하고 있는 빈집 문제를 유발할 수밖에 없다. 주택의 공급은 장기간에 걸쳐 이루어지고 한 번 지어지면 이동이 불가능하기 때문에 철거와 보수유지에 천문학적인 비용이 소요될 수 있다. 따라서 우리나라에서도 빈집이 발생할 가능성에 대해 면밀히 연구하고 빈집 발생 시 활용 방안에 대해 선제적 대응을 준비해야 할 때라고 생각한다. 이를 위해 빈집 문제 및 지역 공동화 현상 예방을 위한 관리 대책을 수립하고, 빈집 관리 체계를 구축하며, 데이터베이스를 구축하여 체계적인 모니터링을 실시하여야 한다. 빈집 관리 계획의 수립과 실행을 담당할 중앙정부와 지자체의 역할을 분담하고, 향후 빈집을 자원으로 활용할 수 있는 방안도 준비해야 한다.

4 청년가구 및 신혼부부 주거복지

최근 결혼 연령이 늦어지고 출산율이 감소하는 주요 원인으로 경제적 불안정, 높은 주택가격 및 임대료 부담, 육아의 부담 등을 들고 있다. 이러한 만혼 및 저출산 문제를 극복하기 위한 대책으로 생애주기 출발선상에 있는 1인 청년가구들을 대상으로 하는 주택정책을 통합적으로 시행할 필요가 있다. 청년들의 주거비 부담은 가구 형성에도 악영향을 미치는 것으로 알려져 있다. 일반적으로 청년들은 학업 및 취업 준비, 그리고 사회 진입 등을 위한 독립 과정에서 높은 주거비를 부담해야 한다. 따라서 청년 주거비 부담을 낮추어 생애주기 다음 단계로의 전환이 안정적이고 쉽게 이루어질 수 있도록 지속적인 정책 지원이 필요하다.

결혼의 감소와 저출산 문제는 신혼부부의 주거비 부담과 큰 연관성이 있는 것으로 알려져 있다. 따라서 주택정책 수립 시 신혼부부의 주거비 부담 문제를 해소할 수 있도록 보다 적극적으로 지속가능한 주택정책을 수립할 필요가 있다. 신혼부부 주거 지원 관련 대상자를 확대하고, 거주 시 실제로 필요한 편의시설과 육아지원 등이 이루어질 수 있는 물리적 시설의 확충에도 관심을 기울여야 하다. 아울러 입주자들의 생애주기를 고려하여 결혼 초기의 소형 주택에서 자녀 성장 후 중형 주택으로 이주할 수 있는 주거이동의 선순환 구조를 마련해야 한다.

참고문헌

국가기록원(www.archives.go.kr).

국가법령정보센터(www.law.go.kr).

김주영, 정부 주택정책의 특성과 시장안정 효과분석, 주택연구 18(2): 73~95, 2010.

손진수 외 3인, "우리나라 부동산산업의 발전과정과 과제", 부동산학연구 Vol. 21, No. 3, 2015.

유승동, "역대정부 주택정책의 평가와 시사점", 기획재정부, 2017.

이대용, "우리나라 부동산정책 변화에 대한 검토 및 시사점－역대 정부별 주택정책을 중심으로", 주택금융월보, pp. 17, 2013.

이용만, "부동산정책의 규제완화 방향－주택정책을 중심으로", 부동산도시연구 제1권 1호, pp. 5~22, 2008.

임덕호, "주택시장에 있어서 비대칭적 정보", 주택연구 Vol. 4－2, 1996.

임덕호, "후분양제의 도입 필요성과 도입 방안", 주택연구 Vol 12, No. 1, pp. 45~70, 2004.

임덕호, 『경제학(제3판)』, 명경사, 2016.

찾기 쉬운 생활법령(easylaw.go.kr).

찾아보기

국문색인

ㄱ

ㄴ

ㄷ

ㄹ

ㅁ

ㅂ

ㅅ

영문색인

E

F

G

H

I

R

S

[공저자 소개]

임 덕 호

한양대학교 상경대학 경제학과 졸업
미국 Rice University 대학원 경제학박사(도시경제학 전공)
한양대학교 제13대 총장 역임
한국주택학회 회장 역임
현재, 한양대학교 석좌교수
『교양경제(5판)』, 명경사
『경제학(3판)』, 명경사
『경제학원론』, 법문사(손정식 공저)
『경제학개론』, 법문사(손정식 공저)
『미시경제학』, 형설출판사(조병택 공저)

진 창 하

건국대학교 상경대학 무역학과 졸업
미국 Georgia State University 대학원 부동산학 석/박사
미국 The University of Texas (Pan－American) 재무경제학과 조교수 역임
한양대학교 융합산업대학원 부원장 및 부동산전공주임
현재, 한양대학교 부교수
『2007년 미국부동산학회(ARES) 부동산금융부문 우수논문상』
『2015년 국토교통부 장관 표창수상』
『2017년 한국부동산분석학회 우수논문상수상』

부동산학개론

2019년 8월 20일 제 1 판 인쇄
2019년 8월 30일 제 1 판 발행

공저자 임덕호 · 진창하
발행인 임 권 규
발행처 홍 문 사

05855 서울시 송파구 송파대로 167 테라타워 B동 802호
등록 1993. 6. 24. 제1-1543호
TEL. 712-5311(代) FAX. 716-5311

값 25,000원

ISBN 978-89-7770-438-1 93320